インサイドボックス
究極の創造的思考法

コロンビア大学ビジネススクール教授
ジェイコブ・ゴールデンバーグ
イノベーションコンサルタント
ドリュー・ボイド［著］
池村千秋［訳］

INSIDE
THE BOX

A Proven System of
Creativity for
Breakthrough Results

文藝春秋

さて、問題です。

左の点すべてを、一筆書きの直線で結べ。
ただし、線が折れていいのは3回だけ。

答えは次の見開きに。
ぜひ自分でやってみましょう。
（制限時間10分）

線は枠の外に飛び出している！

正解

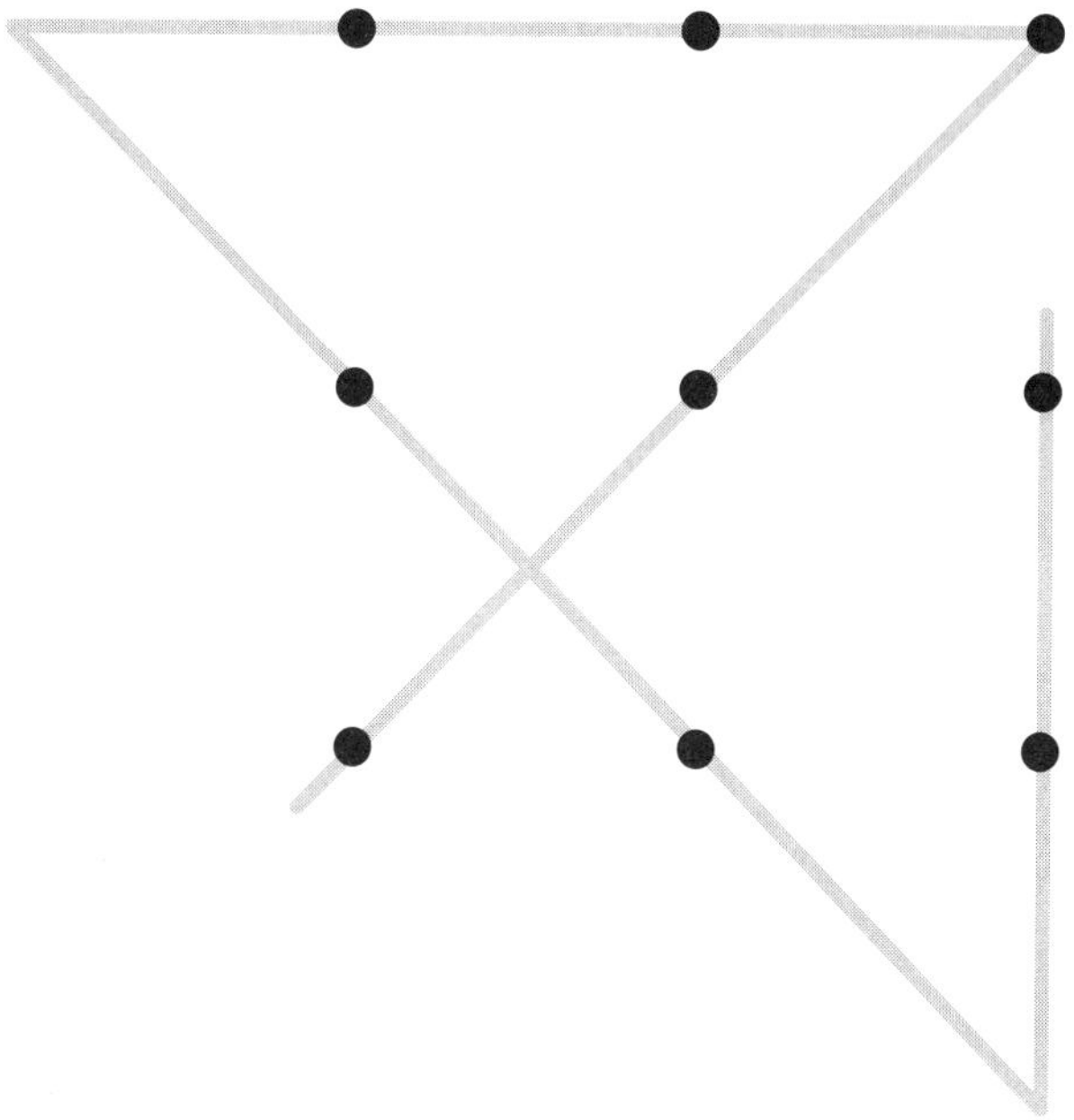

だから
創造性を発揮するには
枠の外で考えないといけないのか？

アウトサイドボックス？

実は、そんなことはない。
枠の外に出ていいと
ヒントを与えられても、
正解率は変わらない。

（1981年、ジョセフ・アルバとロバート・ワイズバーグの実験）

では、創造的な思考法はどこにあるのか？

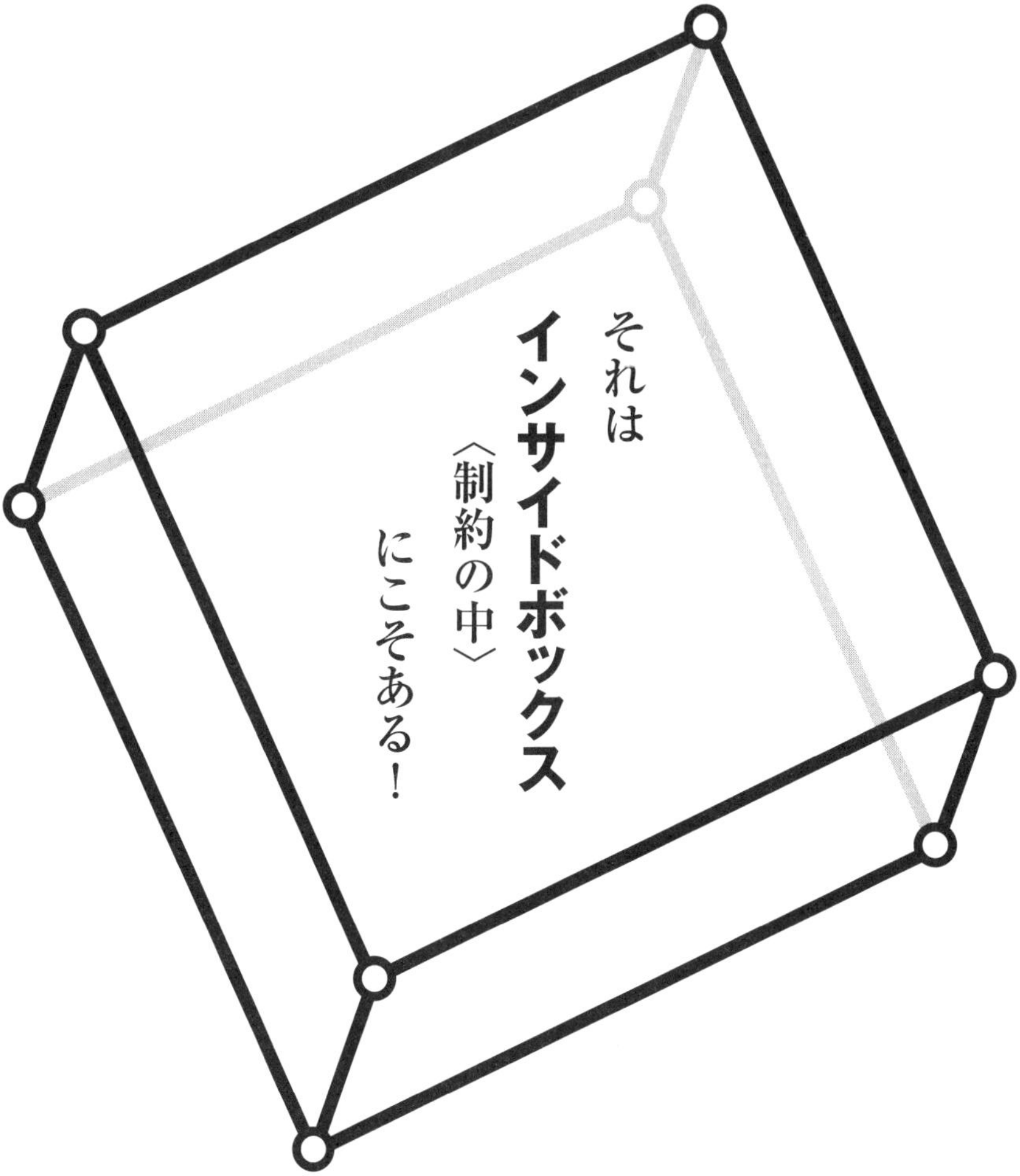

それは
インサイドボックス
〈制約の中〉
にこそある！

目次

インサイドボックス　究極の創造的思考法

序章　創造性は誰もが習得できる技能だ　14

イノベーションを生み出す「創造性」には、枠からはみ出た発想「アウトサイドボックス」が必要と言われる。だが本書の考え方は逆だ。創造性は、自分のよく知る世界の「ヒナ型」から生まれるのだ！

第1章　イノベーションは制約の中にこそ潜んでいる　37

「枠の外」思考の代表例と言われる「背面跳び」は、一見それまでの技術と真逆だが、実は開発者の得意な技術の中から発想されていた。自分の内側の制約の中「インサイドボックス」が創造性を生む

第2章　引き算のテクニック　71

世界中のイノベーションは五つのヒナ型に分類できてしまう。インサイドボックス思考法が駆使する五つのテクニック、最初は「引き算」だ。汚れを落とす成分を引き算した洗剤が起こした革命とは？

第3章　分割のテクニック　119
選択肢を制約することが、創造的解決策を生む。二番目のテクニックは「分割」だ。要素を切りわけて組み合わせ直すと、新たな可能性が見えてくる。GE社が冷蔵庫を分割するとなにが起こったか？

第4章　掛け算のテクニック　159
「枠の中」の要素をとにかく何倍かに増量すると思いもよらぬものが生まれる。「掛け算」のテクニックの応用範囲は広い。超高層ビルの建築法、髭剃り、便器、試験問題にまでこれで変革が起こった

第5章　一石二鳥のテクニック　203
一つの特徴や部品に、それまで別々だった機能を担わせる。いわば「一石二鳥」のテクニックはシンプルゆえに強力だ。このテクニックで顧客が社員研修の講師になり、市民が科学調査スタッフになった

第6章　関数のテクニック　247
ここまで学んでくれば、より高度な「関数」のテクニックも使いこなせるだろう。一見無関係な二つの変数を連動させて、一方が変わればもう一方も変わるようにすることで、メリットを生み出すのだ

第７章　矛盾を見いだせ　285
複数のニーズがぶつかる「矛盾」状況では、人はどうにか妥協しようとする。だが妥協しないことが創造的解決の鉄則だ。たとえば交渉の場で妥協なしに矛盾を創造的に打破するテクニックを紹介しよう

第８章　人類の思考パターンを活用して変革を起こせ　325
企業家たちはみなイノベーションは素晴らしい、と口にするが、実際にはなかなか変革を起こせない。だがインサイドボックス思考法は、小学生でも使いこなして創造性を発揮できる究極のメソッドだ

エピローグ――子どもたちを発明家にしよう　337

謝辞　341

訳者あとがき　352

注　巻末

本文デザイン　浦郷和美
カバーデザイン　永井翔

世界をよりよい場所にすることを志す
過去と未来のすべてのイノベーターに
本書を捧げる

序章

創造性は誰もが習得できる技能だ

「やったぞ！」――私（ドリュー・ボイド）は、ジェイコブ・ゴールデンバーグに報告した。「私たちの方法論を試した子どもたちが結果を出したぞ」。そのとき、私がいたのはオハイオ州のシンシナティ、ジェイコブがいたのはイスラエルのエルサレム。七時間の時差を考えれば、エルサレムはもう夜遅く、インターネット電話で長話する時間帯ではなかった。それでもジェイコブは、成果を聞きたがった。ジェイコブはロニ・ホロウィッツとアムノン・レーヴァヴとともに、人が創造性を発揮するための新しい方法論を考案し、世界の企業幹部、エンジニア、マーケティング専門家などのビジネスリーダーたちに教えていた。しかし、この日の私の授業は、それが本当に誰でも確実に実践できる方法論なのかを問う試金石だった。

効果は実証されたと、私はジェイコブに言った。とくにある生徒は、多くのビジネス界のベテランたちがそうだったように、私たちのねらいどおり、見事に創造性を発揮した。私は一六歳のライアンにありふれた懐中電灯を与え、私たちの方法論を一通り説明したうえで、なにか新しいものを発明するよう促した。ライアンの発明は、オン／オフのスイッチの簡単な改良だった。スイッチに、明るさを調整する機能ももたせたのだ。さほど胸躍るようなアイデアには思えない？

そうかもしれない。実際、本書ではもっと革命的なアイデアをたくさん紹介していく。でも、「つまらない」と切り捨てる前に、ライアンの発明をとりまく状況を聞いてほしい。

ライアンは、シンシナティのヒューズセンター高校の特別支援学級の生徒だった。教室には、自閉症や学習障害など、さまざまな認知上・運動上の制約がある子どもたちが集まっていた。ライアンはダウン症だった。それでもこの男の子は、世界の有力企業の人たちと同じように、本書の方法論を学習し、それを実践できたのだ。

成功商品は制約の中のヒナ型から生まれていた

これまでの常識では、創造のプロセスを体系化することはできず、定石やパターンにはめ込むことは不可能だと考えられてきた。真に独創的で革新的なものを生み出すためには、枠の外（アウトサイドボックス）でものを考えなくてはならない、要するに固定観念を捨てよというわけだ。また、まずどういう問題を解決すべきかをはっきりさせ、制約を設けずにブレインストーミングをおこない、解決策が見つかるまでそれを続けるべし、とされる。そして、自分の製品やサービス、プロセスと直接関係ないものを躊躇なく参考にすべきだとされる。画期的なアイデアを生み出すためには、できるかぎり遠くの世界にさまよい出ることが有効だというのだ。

私たちの考えはその正反対だ。イノベーションの数を増やし、その質とスピードを高めるためには、一定のヒナ型にのっとって、勝手知った世界の内側で――つまり枠の外ではなく〈枠の中（インサイドボックス）〉、すなわち制約の中で――考えるべきだと、私たちは思っている。思いつきで言っているわけではない。ジェイコブとロニ、アムノン、そして彼らに助言したヘブライ大学（エルサレム）のダヴィド・マズルスキー、ソーリン・ソロモンの両教授がこの方法論を編み出すうえで着想のきっかけになったのは、旧ソ連の技術者・科学者である故ゲンリック・アルトシューラーの先駆的な著作だった。創造的な問題解決策が生み出される過程には共通する思考パターンがあり、それを割り出し、その方法論を意識的に学ぶことは可能だ——それがアルトシューラーの主張だった。そういう考えに基づき、彼はエンジニアリング上の問題解決策のパターンを明らかにしようとした。ジェイコブたちはそれに触発されて、革新的な製品やサービスを開発する際にも同様のアプローチが成り立たないかと考えた。

一九九九年、ジェイコブたちは成功している数百点もの商品を調べ、類似商品とどこが違うかを洗い出した。明らかになった事実を聞けば、あなたは驚くに違いない。革新的な商品は互いに似た点などないはずだと、あなたは思っているかもしれないが、研究の結果、それらの商品が考案される過程には、いくつかの共通のパターンが見いだせたのだ。そうしたパターンは、数種類のヒナ型に集約できた。それらのヒナ型に従って知恵を絞り、創造のプロセスを進めれば、創造性が弱まるどころか、強まるらしいと、ジェイコブたちは気づいた。

世界中のイノベーターたちは何千年もの昔から、そういうヒナ型を用いて数々の発明を生み出してきたのだろう。ほとんどの発明家は、自分でもそれに気づいていなかっただけだ。あなたの身の回りにある製品やサービスには、それらのヒナ型がＤＮＡのように組み込まれている。

こう言うと驚くかもしれないが、成功を収めている革新的・独創的商品の半分以上は、たった五つのヒナ型のいずれかによって生み出されている。その五つとは、「引き算」「分割」「掛け算」「一石二鳥」「関数」である。これらのヒナ型は、「体系的創造思考法（システマティック・インベンティブ・シンキング、略してＳＩＴ）」と私たちが名づけたイノベーション手法の土台をなすものだ。考案されてから二〇年ほどの間に、この方法論は、さまざまな局面のさまざまなイノベーションの取り組みに応用されるようになった。多くの企業がＳＩＴを実践することにより、世界中でさまざまな画期的成果をあげてきた。本書では、ＳＩＴの核をなす独特の原理とテクニックを説明していきたい。

ＳＩＴの「体系的（システマティック）」という言葉を聞いて、あなたは意外に感じたかもしれない。一般に「創造性」と「体系的」という概念は相容れないものだと考えられているからだ。しかし、それは思い違いだ。体系的に、つまり手順に沿って、創造をおこなうことは不可能でない。手順がはっきりしていれば、それに従うことで、誰もが創造性を発揮できる。先人たちが新しいアイデアを生み出すために太古の昔から無意識に用いてきた方法論を、意識的に活用できるようになるのだ。

ＤＶＤプレーヤーの革命はいかに起こったか

とはいえ、本当に効果があるのかと疑っている人も多いだろう。いくつか実例を紹介しよう。

世界有数のエレクトロニクス製品メーカー、フィリップスは、引き算のテクニックを用いてＤＶＤプレーヤー市場に革命を起こした。覚えている人もいるだろうが、昔のＤＶＤプレーヤーは、古いタイプのビデオデッキみたいに大きくて、ややこしい操作ボタンがずらりと並んでいた。そういう時代に、フィリップスのチームは私たちの方法論にのっとって、操作ボタンをプレーヤー本体から引き算することで、リモコンで操作するＤＶＤプレーヤーを開発した。これにより、ＤＶＤプレーヤーは、スリムで、安価で、威圧感がなく、使いやすくなった。こうしてフィリップスは、ＤＶＤプレーヤー市場を様変わりさせ、今日のＤＶＤプレーヤーやその他の家電製品のデザインの新しい標準形をつくり上げた。ＤＶＤプレーヤーの新デザインは、そのときフィリップスがＳＩＴを活用して生み出した一四九もの有用なアイデアの一つにすぎない。

世界最大手の旅行鞄メーカー、サムソナイトは、一石二鳥のテクニックを用いることで、大学生向けのバックパック市場への参入を果たした。大学生は教科書やノートパソコンなど重いものを持ち歩くので、バックパックが原因で肩や背中を痛めやすい。その対策として、大半のメーカーは肩ひもにクッションを入れていた。しかしサムソナイトのチームは、一石二鳥の解決策を考えた。荷物の重さを利用して、使う人の快適性を高めることに成功したのだ。肩ひもの形状を工夫することにより、それが肩のツボにやさしく当たって、指圧効果を生み出すようにしたのである。これなら、荷物が重ければ重いほど、ツボが強く押されて気持ちがいい。

教育出版で世界最大手のピアソン・エデュケーションは、掛け算のテクニックにより、中学校レベルの数学に苦戦している生徒のための新たな学習方法を考案できた。「掛け算」のテクニックと言っても、開発されたのは数学の教材だけではない。ピアソンはこの手法を用いて、学校の先生たちが授業計画を立てるのを助ける音声ガイドを考案したり、新しいウェブベースの顧客サービスシステムを開発したりすることにも成功した。

たった五つのテクニックの圧倒的効果

本書では、こうした〈枠の中（インサイドボックス）〉でアイデアを探すアプローチを駆使して、製品、サービス、プロセスを開発する方法を指南していく。五つのテクニックの一つひとつについて、私たちがコンサルティングした顧客の経験やそのほかの多くの実例を挙げながら説明したい。

一九八〇年代から第一線で活躍し続けているアメリカのジャズギタリスト、ビル・フリゼールは、ディレイ、ディストーション、リバーブ、オクターブシフト、ボリュームペダルといった、さまざまな電子効果を使って、ギターから新しい音を生み出す達人だ。その際によく用いるテクニックの一つは、ギターの六本の弦のうち一本しか使えないと仮定するというもの。引き算のテクニックを用いて、弦を一本に限定しているのだ。フリゼールは、ギターという制約の中に自分の思考を限定し、そこからいくつかの重要な要素を引き算することによって、創造性を発揮している。

このように、五つのテクニックがイノベーションのカギを握っているケースは枚挙にいとまがない。本書のアプローチを学べば学ぶほど、これらのテクニックを駆使して難しい問題を解決したり、画期的な進歩を成し遂げたりしている実例が目につくようになるだろう。

その五つのテクニックについて、簡単に紹介しておこう。

■**引き算**　しばしば、革新的な製品やサービスはなんらかの要素を取り除くことによって生まれる。製品やサービスに欠かせないとみなされていた要素を取り除くケースが多い。旅客航空サービスからさまざまな機内サービスを引き算して生まれたのが格安航空会社、従来型のヘッドホンから耳カバーを取り除いたのがイヤホン、油性マーカーからポリマーを取り除いたものがホワイトボード用の「消せるマーカー」だ。アップルはそれまでの常識を完全に無視し、スマートフォンのｉＰｈｏｎｅから通話機能を削除することにより、新製品「ｉＰｏｄタッチ」を開発した。この常識破りの商品は、これまでに六〇〇〇万台以上売れている。

■**分割**　既存の構成要素を分割し、一部を分離して用いるようにすることで、創造的な製品やサービスが生まれるケースも多い。たいていは、その要素を分離することが非生産的で非現実的だという思い込みを覆すことになる。エレクトロニクス製品のリモコンは、操作機能を本体から切り離すことで利便性を向上させている。エクササイズのダンベルは、重りと持ち手を分割することにより、自在に重さを調整して筋トレに励めるようにした。コンピュータのプリンターは、本体とインクカートリッジが分割されているので、手軽にインク交換ができる。

■掛け算　このテクニックは、製品やサービスの一部の要素をコピーして増量し、その際、それまで無意味もしくは奇妙と考えられていたような変更を加えるというものだ。わかりやすい例としては、子ども用の自転車に通常の車輪だけでなく補助輪をつけたケースが挙げられる。このイノベーションのおかげで、子どもたちは自転車のコツがつかめるまで安全に乗れる。スクリーンに複数のテレビ局の映像を同時に映し出せる「ピクチャー・イン・ピクチャー・テレビ」は、画面の数を増量した大ヒット商品だ。このテレビは、あるテレビ局の番組を見ながら、ほかの局のスポーツ中継やニュース番組もチェックしたいという消費者のニーズにこたえている。

■一石二鳥　製品やサービスの一つの要素に複数の機能（多くの場合は、それまで互いに無関係と思われていた機能だ）をもたせることで、イノベーションが成し遂げられるケースもある。足臭対策用品の「オドイーター」ブランドからかつて売り出された靴下は、足を冷やさないという機能と、足の防臭機能の両方を担った製品だった。化粧品の乳液や保湿クリームに日焼け止め効果をもたせるのも同様の例だ。このテクニックを古くから実践してきた業界に、広告業界がある。タクシーや路線バス、さらにはスクールバスにいたるまで、さまざまな車両を広告の媒体として用いてきたのだ。

■**関数**　それまで無関係と思われていた複数の要素を連動させることによって、革新的な製品やサービスが生まれるケースも多い。一つの要素が変わると、それに合わせて別の要素も変わるようにするのだ。今日の自動車ではこのテクニックが多用されている。雨の強さに合わせてワイパーの動く速度が変わったり、車のスピードに合わせてラジオの音量が変わったり、対向車が近づいてくると自動的にヘッドライトの光量が落ちたり、といった具合だ。スマートフォンは、持ち主がどこにいるかによって、近くのレストランやお店、友達の居場所などを教えてくれる。こうした情報と地理的な所在地は「関数」の関係にあると言えるだろう。このタイプのイノベーションはいまや私たちの生活に欠かせないが、それらはすべて関数のテクニックによって生み出されたものだ。

なぜヒナ型が大事なのか？

ちょっと待ってくれと、あなたは思っているかもしれない。こうした話は、これまで創造性について教わってきたことと、ことごとく矛盾するのではないか？　創造性は、ヒナ型に従うだけで発揮できるようなお手軽なものなのか？

一九一四年、ドイツの心理学者ヴォルフガング・ケーラーは、チンパンジーの問題解決能力に関する研究に着手し、(注1)のちにその成果を『類人猿の智恵試験』（邦訳・岩波書店）という著書にまとめて発表した。ある実験でケーラーは、生まれたばかりのメスのチンパンジー――「ヌエバ」と名づけた――がほかのチンパンジーを一度も見ないうちに、仲間から切り離して一頭だけ檻に入れた。

生まれて三日目、研究チームは檻の中に短い棒を置いてみた。ヌエバは興味を示し、それで地面を引っかいたりしてしばらく遊んでいたが、すぐに飽きて放り出した。

一〇分後、研究者たちは、果物を入れたボウルを檻の外に置いた。中からはぎりぎり手が届かない場所だ。ヌエバは檻の柵の間から精一杯手を伸ばすが、果物は取れない。何度試みてもうまくいかず、哀れっぽい声を発し、絶望したような鳴き声をあげた。やがて、とうとうあきらめて、意気消沈した様子でそっぽを向いてしまった。

それから七分後。ヌエバは突然、うめき声をあげるのをやめ、先ほどの棒をじっと見た。そして棒を手に取ると、檻の外に手を伸ばし、棒でボウルをひっかけて手前に引き寄せた。これで、果物を手で取れるようになった。ケーラーによれば、このときのヌエバの行動は明らかに意図的なものだったという。

一時間後、ケーラーは再度実験してみた。ヌエバが取った行動の順序は前回と同じだった。まず、果物を取ろうとし、手が届かずにいらだち、そのうちに絶望してあきらめた。しかし、そのあと棒を手に取るまでに要した時間は大幅に短縮された。三回目以降の実験では、最初から棒を手に取るようになった。

生後三日のヌエバは、ヒトを含む多くの霊長類の動物がずっと活用し続けてきたヒナ型にのっとり、便利な道具を考案したのだ。そのヒナ型とは、身近な物体を使って問題を解決するというものである。このアプローチの有用性に気づくと、ヌエバはその後何度もその方法を用いるようになった。

あなたの日々の生活では、パターンがきわめて大きな役割を担っている。人間は習慣の動物だと言われるが、習慣とは要するに、パターン化された行動のことだ。習慣のおかげで、あなたは効率的に生きることができる。ある種の情報や状況に接したとき、機械的に一定のパターンどおりの思考や行動が促されるからだ。起きて歯を磨き、服を着替え、朝食をとり、職場に出かける――そうした日々の多くの活動を習慣に従っておこなう結果、その都度、どう反応し、どう行動すべきかをいちいち考えずにすむ。

日常の習慣のように、ありふれた結果をもたらすパターンを実践するとき、人はほぼ無意識に行動している。しかしパターンのなかには、普段とは異なる結果をもたらすものもある。人はそのなかでとくに役に立ったパターンを覚えておくために、それを法則化し、いつでも使えるヒナ型として扱う。要するにヒナ型とは、新鮮で型破りに見えた結果を再現するために、意識的に繰り返し実践される行動と言える。

ヌエバのような赤ちゃんチンパンジーでさえ、有用性に気づいたあとは、ヒナ型に従って行動できた。ヌエバは棒を使って果物を手前に引き寄せる経験を通じて、「新しい課題に対処するために、身近な物体を用いるべし」というヒナ型を覚えた。類人猿はとくに、この方法論に従って行動するのが得意だ。ヌエバが直感的にそうしたように、類人猿は新しい課題にぶつかったとき、身近な物体を道具に使うことが多い。たとえば、アリを効率よく食べるために、アリ塚に棒を突っ込んだりする。ケーラーの研究により明らかになったのは、類人猿が道具を用いた間接的なアプローチによる問題解決法を新たに見いだせるだけでなく、それまで習慣的に用いてきた直接的なアプローチを捨てられるということだ。パターンを修正できるのである。また、類人猿はしばしば、パターンを一般化することにより、多くの局面で活用できるようにしている。

レノン／マッカートニーが用いていた曲づくりのパターン

ただし、誤解しないでほしい。ヒナ型を活用する目的は、あらゆることを単純な繰り返し作業にすることではない。飛び抜けて創造力に富んだ人たちも、ヒナ型を用いることによって卓越した成果をあげている。そういう人たちは、有効なパターンを見つけると、あとは徹底的にそのパターンに従って行動する。歴史上指折りの大成功を収めたミュージシャンであるビートルズのポール・マッカートニーと、共同で曲づくりをしていたジョン・レノンの二人もそうだった。マッカートニーはある伝記作家に対し、初期にどういうふうに曲をつくっていたかを打ち明けている。(注2)「共同名義の曲ではいつも、まずジョンが最初の一節を生み出す。それだけで十分だった。いつも、それが方向性を決め、いわば道路標識の役割を果たし、アイデアの源になって、一つの曲が生まれた。いやな言葉だけど、そういうヒナ型にのっとって曲をつくっていた」

マッカートニーとレノンは、ヌエバが棒を使っておこなったのと同じことを音楽で実践していた。二人は有効なパターンを見いだすと、それに磨きをかけて曲づくりのヒナ型をつくり、それを繰り返し用いて次々と大ヒット曲を生み出していったのだ。『ギネス世界記録』は、マッカートニーを「史上最も成功を収めた作曲家でレコーディングアーティスト」と認定している。レコードとCDの売り上げは、アルバムとシングルがそれぞれ一億枚を超す。

マッカートニーだけではない。音楽の世界では、ロシアの作曲家イーゴリ・ストラヴィンスキーもヒナ型を用いた。作家や詩人もヒナ型に従って作品をつくっている（ただし、ヒナ型という言い方はせずに「形式」と呼ぶ。一四行詩「ソネット」はそういう形式の典型だ）。詩人のロバート・フロスト、芸術家のサルバドール・ダリやミケランジェロは、ヒナ型に従うことで創造性が高まると理解していた。ミステリの女王アガサ・クリスティもヒナ型にのっとって作品を書いた。まず死体が発見され、刑事が犯行現場を調べ、手がかりを集め、容疑者を尋問する。そして最後の最後に、犯人が明らかにされる。その犯人は、読者が最も疑っていなかった人物、というわけだ。ストーリーのおおよその筋を組み立てると、あとは周囲の世界からヒントを得て、地名や人名などの事実関係を肉づけしていく。すべての作品は、いつも同じヒナ型に沿っていた。

同じヒナ型を踏襲して六六作もの殺人ミステリを書き続ければ、退屈な作品しか完成しないのではないかと思うかもしれない。しかしクリスティは、ヒナ型に従うことで自分に枠をはめた結果、創造性を高めることができた。創造性が減退することなどなかったのだ。歴史上、クリスティほど多くの著書を売り上げた作家はほかにいない。

ここで挙げたような業績は、けっして偶然の産物ではない。ヒナ型によって制約されると、創造性が高まるのだ。アガサ・クリスティは、ストーリー展開を一定の順序に限定した。ポール・マッカートニーは、自分で決めた作曲手順に従って曲づくりをした。では、チンパンジーのヌエバはどうだったか？　ヌエバは、鉄の枠で囲まれた檻の中という制約的な環境に放り込まれて、否が応でも創造性を発揮せざるをえない状況に置かれた。この赤ちゃんチンパンジーは、問題の解決策を編み出したとき、文字どおり〈枠の中〉にいたのだ。

このようなヒナ型の有用性は一般にあまり知られていない。それは、創造的な人たち自身も、自分がヒナ型に従っていることに気づいていないのが原因なのかもしれない。あるいは、まねされたくないと思って内緒にしているのかもしれない。ヒナ型を用いたと認めると、自分の創造的才能を軽く見られるのではないかと恐れている面もあるだろう。しかし、いずれにせよ、創造のプロセスでヒナ型が重要な役割を果たしていることは確かだ。あなたもその方法論を利用しない手はない。長い歴史を通じて活用され続けてきた最も有効なヒナ型を使って、あなたも新しいものをつくり出せばいい。

私たちは、この方法論を正式には「体系的創造思考法（SIT）」と名づけた。しかし、やや堅苦しいことは否めない。そこで、親しみやすい愛称も考えた。「インサイドボックス思考法」である。これは、ひとことで言えば、身近な資源を使って、いつでも真に革新的なアイデアを生み出すための手法だ。どこかからインスピレーションが湧き上がったり、創造性の女神が舞い降りたり、ひらめきの火花がきらめくのを待ったりする必要はない。本書のアプローチを実践すれば、必要に応じていつでも、新しいエキサイティングなものやアイデアを生み出せる。

「閉じた世界」で答えを探せ

本書のテクニックを正しく用いるためには、二つの原則を守らなくてはならない。一つは、「閉じた世界」の原則だ。この考え方は、すでにみなさんに紹介している。イノベーションをおこなうための最善で最速の方法は、身近な資源に目を向けること、という原則である。少し考えてみてほしい。あなたがこれまでに考案した最も賢明なアイデアは、どういうものだろう？　それはおそらく、にわかには信じがたいほどシンプルで、自分の力だけで思いついたものなのではないか？

ロニ・ホロウィッツが最初にこの考え方に行き着いたのは、博士論文を執筆していたときだった。ロニはジェイコブと同様、アルトシューラーの研究に触発されて、創造的な問題解決のプロセスになにが共通するのかを明らかにしようとしていた。研究を重ねるうちに、新しい革新的なアイデアをはじめて聞かされた人たちが興味深い反応を示すことに気づいた。驚きをあらわにすることが多いのだ。「ちくしょう、どうして俺が思いつかなかったんだ？」などと悔しがる。なぜ、驚くのか？　人々がとくに驚くのは、新しいアイデアが自分の目の前にあったことを知ったときや、ヒントが自分の周囲の環境や世界認識の中にあったことに気づいたときだ。答えは自分のよく知っている世界の中にあったのに、自分はそのアイデアを思いつけなかった。なぜだ！　こんなに近くに正解があったのに！　こうした反応が珍しくないことからも明らかなように、多くの場合、アイデアは身近な場所に隠れている――「閉じた世界」の中に。

あなたもそういう「閉じた世界」をもっている。自分の周囲の物理的世界や時間のことだ。その世界には、すぐに手の届く物体やアイデアがいろいろある。いま、あなたの「閉じた世界」には、この本がある。コーヒーを飲みながら本を読んでいたのであれば、カップもあるだろう。ひょっとすると、足元に犬が寝そべっているかもしれない。本書の方法論を活用する出発点は、そうした要素に注意深く目を配ることだ。ヒナ型を活用してイノベーションを実践するうえでは、それが「素材」となるのだ。

これは、多くの人の常識に反する発想だ。すでに述べたように、イノベーションを成し遂げるためには、自分の世界の外に足を踏み出さなくてはならないと、ほとんどの人が思い込んでいる。ブレインストーミングをはじめとする既存のアイデア創出手法の多くは、人々に無作為に刺激を与えることにより、「閉じた世界」の外に引きずり出そうとするものだ。しかし実際には、その世界の内側を探索することこそがイノベーションへの道なのだ。

ヌエバは自分の足元で新しいアイデアを見いだした。建築家のフランク・ロイド・ライトがピッツバーグの郊外に壮観な「フォーリングウォーター（落水荘）」を設計したときも同様だった。ライトは周囲の環境のあらゆる要素を自分の「閉じた世界」の一部と位置づけ、その土地に元々あった岩や小川をそのまま生かして邸宅を設計した。岩や小川を邪魔者とみなさず、人類が太古から用いてきたヒナ型を活用して、その「閉じた世界」の制約の中でイノベーションを成し遂げたのである。

形式が機能に従うのではなく、機能が形式に従う

本書のテクニックを正しく用いるためのもう一つの原則は、問題解決のプロセスに関する固定観念を書き換えることを私たちに要求する。イノベーションへの道は、まず解決すべき問題を明確に定義し、そのうえで解決策を探すというプロセスをたどるものだと、ほとんどの人は思い込んでいる。しかし、本書の方法論はそれを逆転させる。まず、具体的な場面や用途とは関係なしに新しい方法を発見し、そのあとで、その方法によって解決できる問題を逆算して探すのだ。

私たちは、この原則を「機能は形式に従う」と呼んでいる。よく言われる「形式は機能に従う」の逆だ（これは、一八九六年にアメリカの建築家ルイス・サリヴァンが述べた言葉だ）。心理学者のロナルド・A・フィンク、トーマス・B・ウォード、スティーブン・M・スミスが「機能は形式に従う」とでも呼ぶべき現象を最初に報告したのは、一九九二年のことだった。人が創造的にものを考えるプロセスは二つのパターンのいずれかをたどると、フィンクらは気づいた。一つは、問題から出発して、それをどうやって解決すればいいかを探るという方法。もう一つは、解決策から出発して、それによってどういう問題を解決できるかを考えるという方法である。フィンクらの研究によれば、人は前者のアプローチより、後者のアプローチを実践するほうが得意だという。(注3)たとえば、ミルクの温度によって色が変わる哺乳瓶を見せられて、それがどういう役に立つと思うかと聞かれたとしよう。たいていの人はすぐに、熱すぎるミルクを飲ませて赤ちゃ

んを火傷させないために有益だと言うだろう。では、逆の問いを投げかけられたら？　熱すぎるミルクで赤ちゃんを火傷させないためには、どうすればいいか？　温度によって色が変わる哺乳瓶というアイデアを思いつくまでに、あなたはどれくらい時間がかかるだろう？

その点、本書で紹介するテクニックの一つ（関数のテクニック）を用いれば、おのずと「温度によって色が変わる哺乳瓶」というアイデアに到達できる。そこからあとは、知識と経験をもとに、そのアイデアがどういう役に立つかを逆算して考えればいい。

要するに、まず本書のテクニックのいずれかを用いて「形式」を生み出し、そのあとで、それがどういう「機能」を果たせるかを考えるのだ。機能は形式に従う、のである。

現場の知恵・ドリューと研究室の知恵・ジェイコブ

この本は二人の著者が共同で書いたものだが、ここには二つのまったく異なる視点が含まれている。一つは、アカデミックな研究者であるジェイコブ・ゴールデンバーグの視点。ジェイコブは、生粋の「研究室のネズミ」だ。科学者として、人間の精神がどのようにイノベーションを生み出すかを解き明そうとしてきた。その研究が本書の土台をなしている。そうした研究成果は有力な学術誌に発表され、その方法論は産業界で広く採用されてきたが、これまでその知見は幅広い層に届いていなかった。

もう一つの視点は、四半世紀以上にわたり、企業の現場でイノベーションの取り組みを陣頭指揮してきたドリュー・ボイドの視点だ。世界中の企業の取締役室や会議室でインサイドボックス思考法をビジネスの実務に応用してきたという意味で、ドリューは言ってみれば「街のネズミ」である。「研究室のネズミ」のジェイコブが本書の方法論を理論的に深く理解しているとすれば、ドリューは、その方法論を現場でどのように実践すべきかを熟知している。

しかし、ドリューがそれを学ぶまでの道のりは、平坦とはとうてい言えなかった。というより、ずいぶん痛い思いも味わった。

ジェイコブと知り合うずっと前、ある自称「イノベーション・コンサルタント」と出会った。目を見張るような新製品を生み出せる独自の方法論があると、その人物は言う。ずいぶん虫のいい話に思えた。この男が言っていることは本当だろうか？　その方法論には、本当に効果があるのか？　ドリューは知りたいと思った。

そこで、そのコンサルタントのオフィスを訪ねて、自分の目で見てみることにした。オフィスに足を踏み入れて驚いた。そこは、未来的で型破りな空間だった。従業員はみんな、デザイナージーンズに、足元はブランドもののスニーカーという、くだけた服装。オフィスの中でフリスビーが飛び交い、天井には自転車が吊るしてある。明らかに普通のオフィスではないし、そもそも普通の会社でもない。いかにも創造性のエキスパート集団という雰囲気を発散していた。イノベーションを成し遂げるための詳細なステップと、そのための方法論やツールをたくさん知っているとのことだった。その方法論の名称も考え抜かれたものらしく、商標登録していた。それがドリューに強い印象を与えた。わざわざ商標登録するくらいだから、きっと素晴らしいものなのだろう、と。

ドリューは勤務先のジョンソン・エンド・ジョンソン（J&J）の上層部にはたらきかけ、このコンサルティング会社の手法を試してみるよう提案した。J&Jはそれを了承し、総額一〇〇万ドル以上の予算をつぎ込み、世界中の何百人もの従業員を参加させて、その「絶対確実」な方法論を実践した。

しかし、何カ月もの取り組みの末に生み出されたのは、ほんの一握りのちゃちなアイデアだけだった。それらのアイデアは経営陣の前で報告されたが、わずか一五分の説明で切り上げられ、すぐさまゴミ箱送りにされてしまった。プロジェクトは、惨憺《さんたん》たる大失敗に終わった。

もう二度と「イノベーションの方法論」の類いにはのめり込むまいと、ドリューは心に誓った。しかし数カ月後、『ウォールストリート・ジャーナル』紙を読んでいたとき、ある書評記事が目にとまった。紹介されていたのは、ジェイコブ・ゴールデンバーグという若いマーケティング研究者が書いた本だった。記事によると、「イノベーションのプロセスは、パターンなりヒナ型なりを相次いで当てはめていく過程にほかならない」とのことだった。本当に？　もしそのとおりだとすれば、実に興味深い。ドリューはそう思った。しかし次の瞬間、前回の痛い記憶がこみ上げてきた。この前の失敗以来、「同じ轍《てつ》は二度と踏まないぞ」と自分に言い聞かせてきたのだ。この新しいイノベーションの方法論を検討してみることにしたが、前の失敗に懲《こ》りてもっと慎重に臨もうと考えた。

ドリューはその方法論について調べ、今度は本物だと確信するにいたった。そこで、さっそく試してみようと思い、J&Jの同僚の一人と、新しい麻酔装置の開発プロジェクトでそれを実践した。このときの経験については第2章で詳しく紹介する。

数年後、街のネズミのドリューと研究室のネズミのジェイコブがついに対面した。それをきっかけに、二人の長い友人関係が始まり、現場の発見が研究室の新しい実験を触発し、研究室の発見が現場で取り入れられるようになった。ドリューは九年間にわたり、ジェイコブがコロンビア大学ビジネススクールで担当しているクラスでゲストスピーカーも務めた（このクラスでは、学生たちがジェイコブのアイデアを実務に生かす方法を模索している）。

人類のイノベーションの方法論を再発見する

この本では、秘密のベールをめくり、あなたの目の前にあった隠された世界を、すなわち、思考を限定する「枠」の内側の世界を披露したい。警告しておこう。本書では、創造性に関して既存の一般的な見方とは異なるアプローチを採用する。私たちは、創造的な活動を特殊な行為とみなしていない。創造性は生まれもっての才能ではなく、誰でも学習しマスターできる技能だと、私たちは考えている。その点では、ビジネスや人生全般で人々が身につけていくほかの技能と変わりがない。練習を積めば積むほど、その技能を上手に活用できるようになる。

インサイドボックス思考法は、現場の知恵と科学的裏づけのある知識を組み合わせることによって編み出された。本書では、実務と科学の両面で私たちが磨き上げた知識を紹介し、あなたが日々の生活でイノベーションをおこなうための実践的なガイドを提供したい。インサイドボックス思考法の方法論を学んで実践すれば、危機に直面してからあわてて創造的な問題解決法を探すのではなく、たえず継続的にイノベーションの能力を高めていけるだろう。

あなたに自分でも試してみようと思ってもらえるように、さまざまな業界や、製品やサービス、活動の実例をふんだんに盛り込んだ。方法論を形づくり完成させる過程で貢献した研究者や実務家たちにも登場してもらう。私たちのコンサルティング・研修会社であるシステマティック・インベンティブ・シンキング社のチームの実体験に基づくケーススタディも紹介する。企業の研修担当者たちが気前よく聞かせてくれた体験談も披露しよう。

私たちのアプローチに基づき、人類が目覚ましいイノベーションを成し遂げる際に無意識に用いてきた方法論を再発見し、それを実践する人たちが増えはじめている。本書では、そうした人々の世界にみなさんを案内したい。まず、「閉じた世界」をもう少し詳しく検討する。「閉じた世界」がもつ創造的な力を理解し、創造をめざす活動でそれを活用しようと思ってもらいたい。次に、五つのテクニックを順番に説明する。発明家や企業、さらには子どもたちがテクニックを活用した事例を紹介し、何百回にもわたるワークショップを通じて得た教訓を披露し、実践のためのステップ・バイ・ステップの道筋と、よくある落とし穴に陥らないための方法も示す。

そして最後に、イノベーションをめざす際に直面するきわめて手ごわい問題に光を当てる。その問題とは、誰もが恐れる「矛盾」だ。二つの相反するニーズに引き裂かれるケースがどうしても出てくる。そういうとき、片方の問題を解決しようとすれば、もう片方の問題で状況が悪化したり、容認しがたい状態になったりすることが珍しくない。そのような矛盾のせいで創造的活動が妨げられる場合もしばしばある。矛盾に対する発想を転換し、創造への道に立ちふさがる障害を取り除く方法を論じたい。

私たちが本書を書いた目的は、あらゆる分野のあらゆる人が仕事と私生活でインサイドボックス思考法を使えるようにすることだ。それまではとうてい不可能だったようなイノベーションを成し遂げるために、〈枠の中〉でどのように自分の頭脳を使えばいいかを読者に知ってほしいと思う。

この方法論を学べば学ぶほど、それをどのように用いて、難しい問題を解決し、身の回りでさまざまな画期的なアイデアを生み出せばいいかがわかってくる。既存の世界の内側に目を向ければ、気づいたときにはイノベーションの新世界が目の前に開けているだろう。

まとめ

これまでの常識

- 創造性はパターン化できない。
- 枠の外（アウトサイドボックス）で考えないとイノベーションは生まれない！

ジェイコブとドリューの考え

- 創造性は一定のパターンから出てくる。
- 枠の中（インサイドボックス）で考えればイノベーションが素早く生まれる！

本書で学ぶ方法論

体系的創造思考法＝インサイドボックス思考法

イノベーターが用いている五つのヒナ型とその実例

- 引き算
- 分割
- 掛け算
- 一石二鳥
- 関数

ヒナ型を使う「インサイドボックス思考法」の原則

1 身の回りの「閉じた世界」の制約の中でアイデアを探す

2 ✕形式は機能に従う ⇕ ○機能は形式に従う

まず「形式」を生み出してから、その「機能」を考える

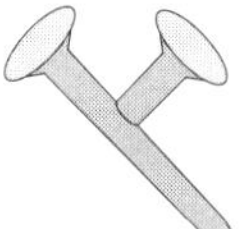
頭が２つある釘の
新しい機能は？
考えてみよう

次章では

なぜ「アウトサイドボックス」が間違っているのか？
「閉じた世界」の力を探る！

第1章 イノベーションは制約の中にこそ潜んでいる

わたしは怖いと思わない
人間の住まない星々の間の虚空のことを
わたしを脅えさせるものはもっと身近な場所にある
それはわたしの内面にある不毛の地だ
――ロバート・フロスト「不毛の地」

スポーツ史上屈指のイノベーション、背面跳びの真実

一九六八年は、酸素の薄い高地のメキシコシティでおこなわれた夏季オリンピックで、数々の偉業が成し遂げられた年として記憶されている。走り幅跳びの金メダルに輝いたアメリカのボブ・ビーモンが打ち立てた八メートル九〇センチという世界新記録は、スポーツの歴史で最大の偉業と称えられた。この記録はそれまでの世界記録を一挙に五五センチも上回るもので、その後二三年にわたり破られることがなかった。

話題を呼んだのは、ビーモンの偉業だけではない。スタジアムの別の一角でも、あるアスリー

トがスポーツ史上屈指のドラマチックでセンセーショナルな勝利を収めた。走り高跳びで、アメリカのディック・フォスベリーがみずから発明した背面跳びで優勝したのだ。この新しい跳躍法は、それまでの跳び方を劇的に変えるイノベーションだった。世界新記録こそ打ち立てられなかったが、フォスベリーの成功は走り高跳びの世界に革命を起こした。一〇年たつころには、ほぼすべての選手が背面跳びを採用するようになり、それまでの跳躍法は時代遅れになった。この新しい跳び方は、温和で内気で愛嬌のある創始者の名にちなんで「フォスベリー・フロップ」と呼ばれている。

この二人のアスリートは、まったく異なるアプローチで目覚ましい成功を収めた。走り幅跳びのビーモンは、既存のテクニックにのっとって競技をおこない、記録を塗り替えた。これは、それまでの延長線上で偉業を成し遂げたパターンと言える。一方、走り高跳びのフォスベリーは、新しいテクニックを発明することにより、既存のテクニックを用いているライバルたちを凌駕した。前者のパターンによって卓越した成果をあげるのも偉大なことだが、本書では後者のパターンに焦点を当てたい。

興味深いことに、フォスベリーの背面跳びのエピソードは、「革命的な成果は枠の外（アウトサイドボックス）に出てものを考えることで生まれる」という実例として紹介されることが多い。確かに、背面跳びは、当時主流だった跳躍法であるベリーロールとは対極的だった。ベリーロールでは、助走してバーに正面から向き合う形で跳躍し、右半身を上にして、バーを下に見る状態で、体を回転させてバーを跳び越す。それに対し、背面跳びは、バーに体の側面を向けて跳躍し、背中を下に向けてバーを跳び越す。このように、それまでの常識と正反対の方法を用いたという事実は、フォスベリーが枠の外でものを考えていた明確な証拠だとみなされてきた。

以上の定説は素晴らしい逸話に聞こえるが、真実は少し違う。背面跳びの発明物語は、実はもっと魅力的なストーリーだったのである。ジェイコブと仲間たちがフォスベリー本人に電子メールで聞いた話を紹介しよう。

フォスベリーが走り高跳びを始めたのは、一〇歳のときだった。ほかの子どもたちをまねして、はさみ跳びで跳びはじめた。しかしこの跳び方は、エネルギーを跳躍力に転換する効率が悪く、時代遅れになっていた。一年後、体育の教師とコーチが子どもたち全員に、ベリーロールで跳ぶよう指導した。それでもフォスベリーは、高校に入るまではさみ跳びを続けた。ベリーロールをマスターできなかったことが最大の理由だ（この三種類の跳び方の違いは、図１－１を参照）。

しかし高校になると、はさみ跳びはもはや許されなくなった。やむなくベリーロールに転向したフォスベリーは、ほぼゼロから跳び方を学び直す羽目になり、ライバルたちに大きく水をあけられてしまった。いらだちをつのらせたフォスベリーは、はさみ跳びに戻させてくれないかと、コーチに掛け合った。そのほうが成績を改善し、自信を取り戻せると訴えたのである。コーチはあまり気が進まなかったが、いらだたしい思いはよく理解できたので、好きにしていいと言った。こうして、フォスベリーはその後の競技人生を決定づける決断に踏み出した。ベリーロールの跳び方を磨くのではなく、たとえ非効率でも自分が跳びやすい方法に戻したのだ。

次の大会でさっそく、はさみ跳びを試すことにした。みんなと違う跳び方をするのは恥ずかしかったけれど、意を決して跳んでみた。すると自己ベストを更新し、一メートル六三センチを跳べた。しかし、もっと高く跳ぶためには、跳び方を修正しなくてはならないと気づいた。はさみ跳びの最大の弱点は、お尻がバーに当たりやすいことだ。そこでフォスベリーは、バーの上を越すときに、お尻を高く持ち上げるように努めた。そのためには、おのずと肩を下に下げることに

【図1-1】背面跳びはアウトサイドボックスの発想で生まれたのか？

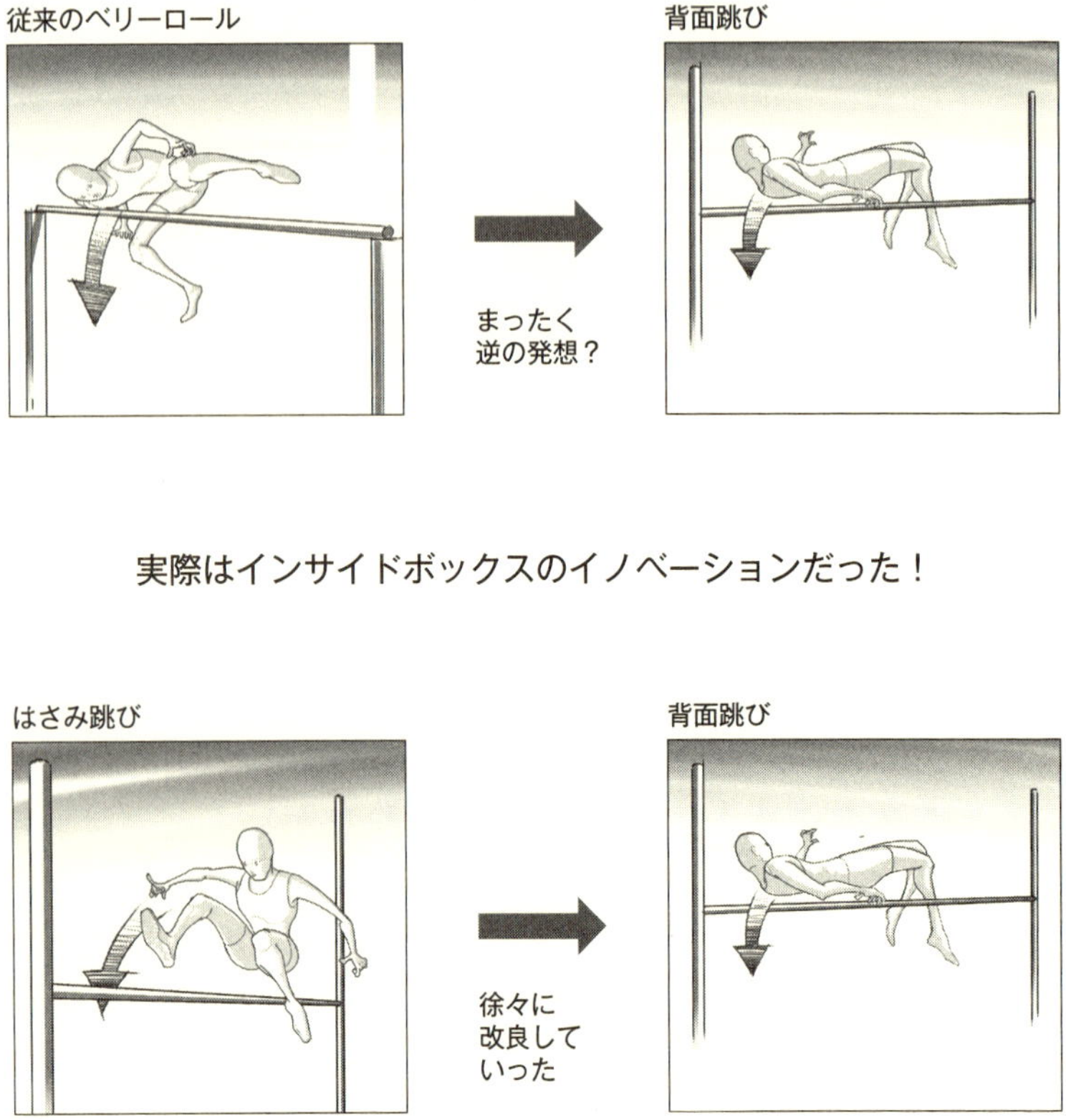

【図1-2】スポーツ史上の重要なイノベーションのランキング

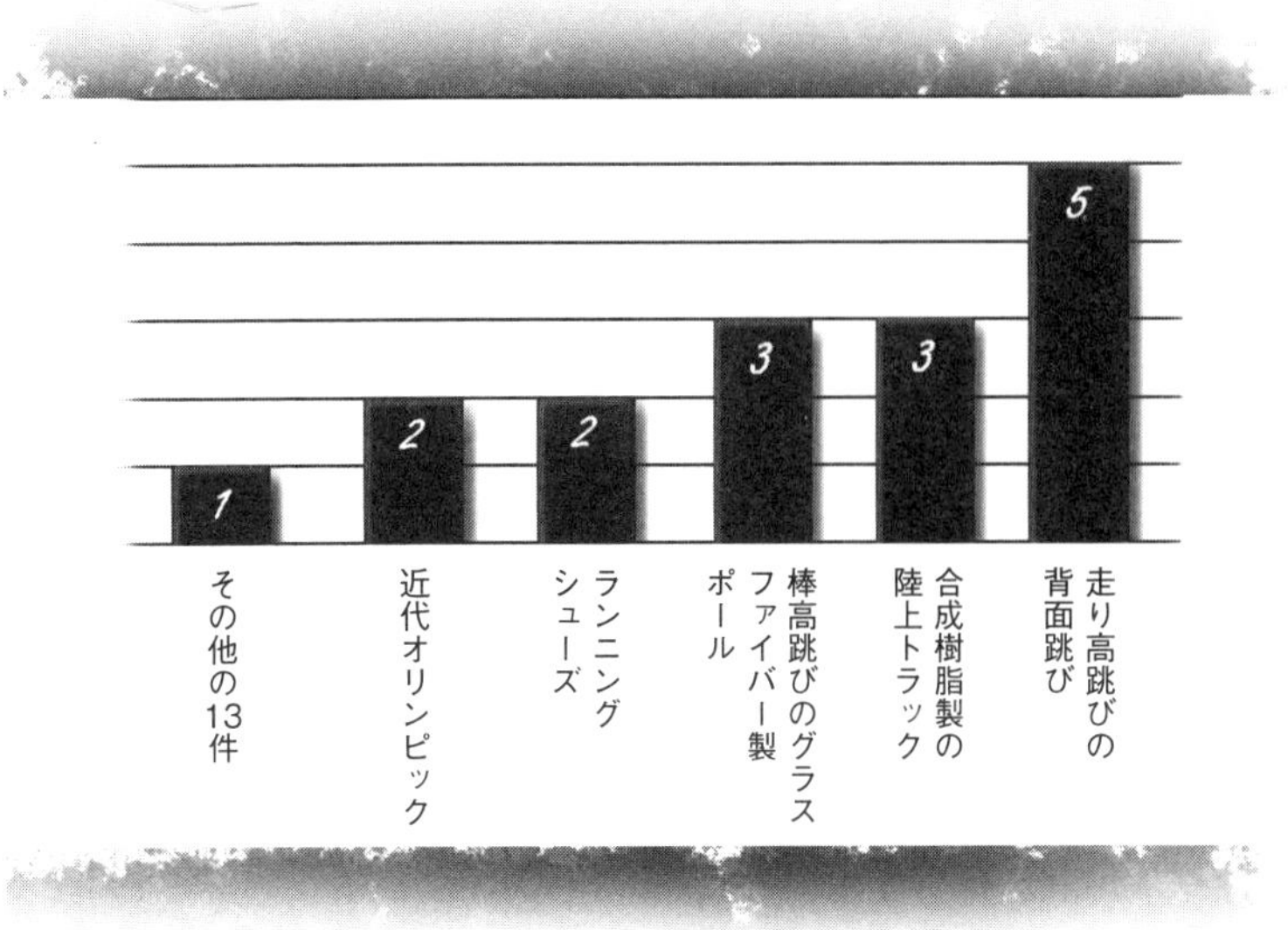

なる。この跳び方に磨きをかけていくと、記録をさらに一五センチ以上伸ばし、ある大会で四位に入れた。

フォスベリーのやっていることに、誰も気づいていなかった。毎回ほんの少しずつ古い方法を修正していったからだ。それでも、大会で好成績を残すようになると、ほかの選手のコーチたちが目にとめはじめた――あいつの跳び方はヘンだぞ、と。しかしルールブックのどこを見ても、その跳び方を禁止する規定は見つからなかった。既存の跳躍法に漸進的な改良を加えていっただけだったからだ。そうするうちに、フォスベリーは新しい跳び方を完成させていった。バーに側面を向けて踏み切り、宙で仰向けの状態になり、まず腰を上に突き上げてお尻がバーに当たらないようにし、バーを通過した瞬間に、すぐに足を宙に蹴り上げて足がぶつからないようにし、バーを跳び越すようになったのだ。

二〇〇三年、ジェイコブと仲間たちは、世界を代表するスポーツ専門家たちにインタビューをおこない、スポーツ史上に残る大革命の重要性を採点してもらった。最も高い評価を得たのは、フォスベリーの背面跳びだった。点数は平均5点。合成樹脂製の陸上トラックや、ランニングシューズなど、ほかのイノベーションに2点以上の差をつけていた（図1－2参照）。

創造性について語るセミナー講師はたいてい、枠の外に出てものを考えることの重要性を実証する実例として、背面跳び誕生のエピソードを紹介する。しかし以上で述べたように、事実は違う。フォスベリーは、言ってみれば、はさみの入った道具箱という枠の中で考えていたのだ。

「枠の外（アウトサイドボックス）で考えよ」は本当か？

本書では、制約の中でものを考えることによって、創造性を発揮し、イノベーションを成し遂げる方法論を説明していく。序章で紹介した「閉じた世界」の原則とこの方法論がどういう関係にあるのかも示したい。

しかし、具体的な話に入る前に、本書の基本的な考え方をあらためて確認しておこう。私たちは、「創造性を発揮するためには、枠の外（アウトサイドボックス）に出てものを考えなくてはならない」という、創造性に関する最強の固定観念に異を唱えている。私たちが思うに、真実はこの固定観念の対極にある。

実は、地平線の向こうに目をやることで新しいものを生み出せるケースはほとんどない。宇宙の彼方の遠い星に目を奪われて、目の前の世界とは関係のないコンセプトを思いつくだけに終わる確率のほうが高い。それに輪をかけて問題なのは、視線を上に上げると、どうしても発想が抽象的になってしまうことだ。地に足がつかない、具体性を欠いた発想に陥りがちなのだ。そのようなアイデアは、創造的でなく、陳腐なものである場合が多い。アイデアの真価は、それを実際に用いたときに具体的にどういう結果が得られるかによって決まる。あえて陳腐な言葉を使うことをお許しいただければ、「神は細部に宿る」のである。

創造性を着実に発揮するためには、現実離れしたことを考えたり、アイデアの女神が降臨するのを待ったりするより、問題や状況の内側に目を向け、選択肢を広げるのではなく制約したほうがうまくいく。では、「閉じた世界」でのインサイドボックス思考法とはどういうものかを見ていこう。

「ナイン・ドット・パズル」のミステリー

いまでこそ、創造性の研究はまっとうな科学研究の一分野と位置づけられているが、その歴史は比較的新しい。一九七〇年代前半、ほかに先駆けて創造性に関する学術的研究に乗り出した研究者の一人が心理学者のJ・P・ギルフォードだった。ギルフォードのよく知られた研究のなかに、「ナイン・ドット・パズル（九つの点パズル）」を用いたものがある。本書の巻頭であなたに解いてもらった、あのパズルだ。被験者に、九つの点を正方形状に配した図を示す。そして、これらの点すべてを一筆書きで結ぶよう求める。ただし、線が折れていいのは三回だけだ（要するに、四本の直線ですべての点を結ぶ）。今日では、このパズルのことはよく知られているし、正解も多くの人が知っている。しかし一九七〇年代当時は、このパズルを知っている人はほとんどいなかった（実は、一世紀近く前から存在したパズルなのだが）。

あなたは巻頭でこのパズルに正解できただろうか？

おそらくあなたは、目に見えない正方形の枠の中で線を描こうとして、うまくいかなかったのではないか？　このパズルを解くためには、正方形の枠の外に突き出す線を描く必要がある（図1－3参照）。

ギルフォードの実験の被験者は一人残らず、最初にパズルを解こうとしたとき、見えない正方形の枠の中にみずからの思考を限定してしまった（その点は、最後にはパズルを解けた被験者も例外でない）。別にそう指示されたわけでもないのに、正方形の外に広がる空白地帯に目がいかなかったのだ。最終的に、この空想上の足枷《あしかせ》を抜け出して正解にたどりつけた人は、被験者全体の二〇％にすぎなかった。

美しく左右対称を描くシンプルな解法と、被験者の八〇％が空想上の正方形の枠に目をくもらされていたという事実を目の当たりにして、ギルフォードは一つの一般論的な結論に飛びついた。創造性を発揮するためには、枠の外に出てものを考えなくてはならない、という教訓を導き出したのだ。この考え方は広く拡散した（もちろん、当時はまだインターネットのない時代だ。一九七〇年代に存在したメディアと口コミで伝播したのだ）。こうして、創造的になる方法を説くセミナー講師たちはいっせいに、「枠の外で考えよ」とマネージャーたちに指導しはじめた。

一九七〇年代と八〇年代の経営コンサルタントたちは、顧客候補に売り込みをおこなうとき、しばしばこのパズルを用いた(注1)。パズルを解かされた経営幹部たちの多くは自力で正解にたどりつけず、「こんなにシンプルな解答に気づけなかったということは、われわれは思っていたほど創造的でもなければ、聡明でもなかったようだ」と思い知らされ、創造性の専門家の力を借りようと決断する、というわけだ（コンサルタントたちがそう思わせたと言うべきかもしれないが）。

ナイン・ドット・パズルと「枠の外で考えよ」という言葉は創造性の象徴になり、マーケティング、マネジメント、アート、エンジニアリング、自己啓発の分野に一挙に広まった。「枠の外

【図1-3】ナイン・ドット・パズルの正解

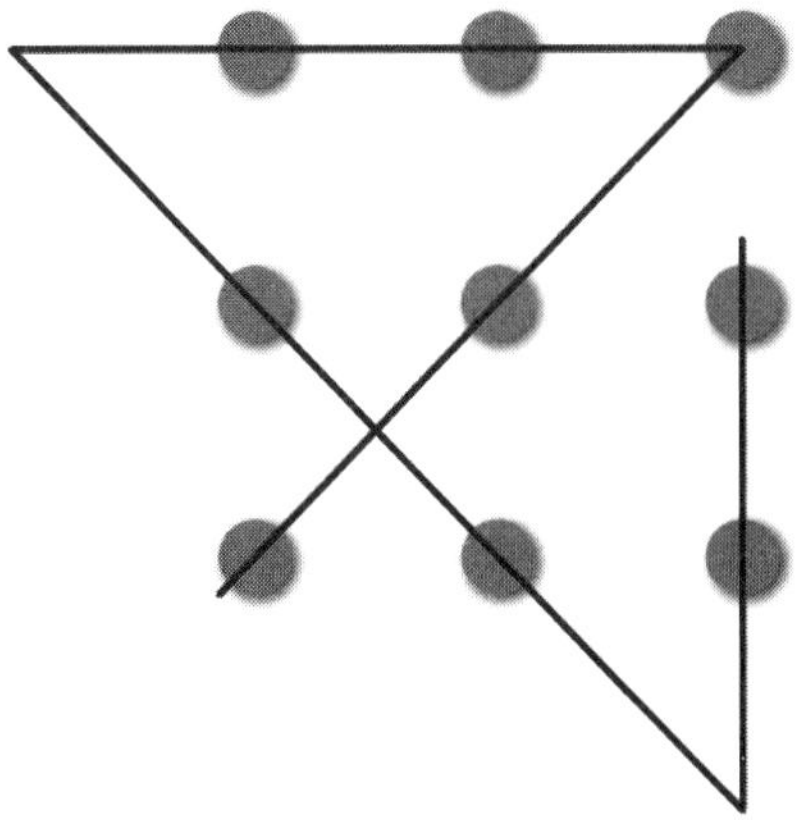

で考えよ」というキャッチフレーズとともに提唱されるアイデアは、尽きることがないように思えた。講演会のスピーカー、研修のトレーナー、研修プログラムの設計者、組織のコンサルタント、大学の教授はことごとく、枠の外で考えることの大きなメリットを声高に主張した。それは、魅力的で説得力のある考え方に見えた。

この理論は広く受け入れられ、直感的にも正しそうに思えたので、本当にそれが正しいか誰も検証しようとしなかった――クラーク・バーナムとケネス・デーヴィス、ジョセフ・アルバとロバート・ワイズバーグの二組の研究者がそれぞれ新たに実験をおこなうまでは。(注2)この両チームは、ギルフォードと同じパズルを使ったが、実験の方法を若干変えた。

両チームとも同じ手順で実験を進めた。まず、被験者を二つのグループにわけ、片方のグループには、ギルフォードの実験と同じ内容の指示を与える。もう片方のグループには、空想上の正方形の外に突き出すように線を描かなければ正解にたどりつけないと説明する。要するに、最初に「種明かし」をするのだ。この二番目の被験者グループでは、どのくらいの人が正解できたか？　ヒントをもらった被験者の六〇～九〇％はやすやすとパズルを解けただろうと、ほとんどの人は予測する。しかし実際には、その割合は二五％にすぎなかった。ヒントを与えても、わずか五％しか正解率が上昇しなかったのだ。

五％という数字は、統計上は意味のない違いだ。統計学者が言うところの「サンプリングバイアス（標本抽出バイアス）」により、五％程度の差は簡単に生じてしまう。

実験の結果をさらに掘り下げて考えてみよう。このパズルを解くためには、正方形の枠の外に足を踏み出す必要がある。ところが、枠の外に突き出すように線を引けと明確に指示されていても、被験者の正解率は実質的に変わらなかった。つまり、「枠の外で考えよ」と直接的にはっきりと指導しても効果がないと言える。

文字どおり「枠」が関係しているパズルを解くときに、「枠の外で考えよ」というアドバイスが役に立たなかったことを考えれば、「枠の外で考えれば創造性が刺激される」という比喩（パズルの解法そのもの以上に人口に膾炙《かいしゃ》しており、それだけ有害性も大きい）の信憑性も否定されるべきだ。単純だが鮮やかな実験によって、「枠の外で考える」ことと創造性の間に必然的な関連があるという神話は覆《くつがえ》されたのである。

もちろん、現実世界に、革新的なアイデアのありかを教えてくれる物理的な「枠」が存在するわけではない。しかし、創造的な問題解決策はえてして、自分の目の前に転がっている。そういうケースは、あなたが思っているよりずっと多い。

「閉じた世界」の原理とはなにか

ひとことで言えば、「閉じた世界」の原理は、問題の外側ではなく内側に目を向けることによって、真に創造的な――言い換えれば、独創的で有益な――アイデアのある未踏の地に入っていこうという考え方だ。

ロニ・ホロウィッツが「閉じた世界」の原理を発表したのは二〇〇〇年だが、理論を構築しはじめたのはその数年前のことだ。(注3) エンジニアリング上の問題に対してきわめて創造的と思われる解決策が見いだされたケースについてデータを集めたところ、革新的なアイデアはことごとく二つの条件を満たしていることがわかった。

一つは、ものごとをおこなう「正しい方法」に関する常識を覆していること（この点について、詳しくは第7章で論じる）。もう一つは、問題の周辺のごく狭い領域で解決策が発見されていることだ。ロニは、そうした領域を「閉じた世界」と呼んだ。創造性について教える際に、この原理を一般的なガイドラインとして活用できるのではないかと、彼は思うようになった。

私たちはロニとの数年にわたる共同研究、私たち独自の研究、そして仲間たちの実務経験を通じて、「閉じた世界」の原理があらゆる領域の創造的問題解決に当てはまるという証拠をふんだんに集めることができた。以下では、いくつかの事例を通じて、「閉じた世界」とはどういうものので、それを生かして創造性を発揮するためにどうすればいいかを見ていこう。

タイヤのパンクを車内のものだけで解決する

ある日の深夜、二人の若い航空宇宙エンジニアが職場での長い一日を終え、帰宅しようとした。ところが、駐車場まで来ると、一人の車のタイヤがパンクしていた。二人は親友同士。大学の学部時代からのつき合いで、一緒に問題を解決することを楽しんでいた。もっとも、このとき二人は、この些細な事件が自分たちの人生を変えることになろうとは思ってもいなかった。

自動車はレンタカーだったので、翌朝には返却しなくてはならなかったが、タイヤ交換は簡単にできるはずだった。ところが、いざタイヤレンチでホイールナットを緩めようとすると、ナットが錆びついていて動かない。二人はレンチに力をかけるために、あらゆることを試みた。レンチに足を乗せて体重をかけたりもした。しかし、ナットはびくとも動かない。当時は一九九〇年。携帯電話がまだ普及しておらず、助けを呼ぶことも不可能だ。それでも、駐車場に車を置きっぱなしにして帰りたくはなかった。

単純な力ずくではナットを緩められないとわかったので、二人はほかの方法を考えた。タイヤレンチがもっと長ければ、テコの原理によりナットに強い力を加えられるはずだ。それなら、パイプをレンチの持ち手部分につないで、一本の長い棒のようにすればいいのではないか？ しかし、その場にパイプの類いは見当たらなかった。二人は気づかされた。いま手近な場所にある道具を用いた解決策を見いだすしかないのだ、と。

ストーリーの続きを読む前に、あなたなりの解決策を考えて紙に書いてみよう。ただし、解決策は以下のものであってはならない（教室で同じ問いを投げかけると、こういう答えを述べる学生がしばしばいるのだが）。

＊携帯電話で助けを求める（当時は一九九〇年だったので、携帯電話はもっていなかった）。
＊スプレー缶入りのパンク修理剤で応急処置をする（二人はパンク修理剤をもっていなかった）。
＊金属パイプをレンチの持ち手部分につなぎ、テコの原理でナットに強い力を加える（まわりにパイプは見当たらなかった）。

＊ヒッチハイクをして、近くのガソリンスタンドまで乗せていってもらう（なぜ、この方法がだめなのか？　一つには、犯罪に巻き込まれる危険があるから。そしてもう一つは、それが私たちの決めたルールだからだ。このケーススタディのねらいは、「閉じた世界」で解決策を見いだすことなのだから）。

これらの非創造的な解決策には、一つの共通点がある。それは、問題の本質、すなわちパンクしたタイヤから離れた場所に解決策を見つけようとしていることだ。いずれも、完全に自動車の車体の「外」にある解決策だ。

以下では制約の中（インサイドボックス）で解決策を探してみよう。この場合で言えば、自動車の中だけに目を向けるのだ。

一つの候補としては、タイヤレンチの持ち手をタイヤの下に差し込んでから、エンジンをかけてタイヤを回転させることにより、レンチに強い力をかけてナットを緩めるというアイデアがありうる。ただし、うまくやり遂げるにはかなりの訓練が必要とされる。それより簡単なのは、ボンネットの下からオイルを抜き、ナットに数滴たらして回転しやすくするという方法だ（このようなケースでオイルを使う場合は、ブレーキオイルを用いること。ブレーキオイルは熱くなりにくく、サビに効きやすい）。自動車の部品を利用するやり方としては、排気管をレンチの持ち手部分につないで、テコの原理を生かすという方法も考えられる。しかし、この解決策はお勧めしない。排気管を車体から切り離すためにはノコギリが必要だし、排気管はたいていレンチの持ち手よりだいぶ太いので、レンチにうまくつなげない。そういう意味ではいいアイデアとは言いがたいが、車の外でパイプを探すよりは独創性がある。一歩前進と言えるだろう。

ここに挙げた三つのアイデアはすべて自動車の構成要素を活用するものであり、いずれも自動車の車内にある解決策だ。これらの解決策を見ると、問題からの距離と解決策の創造性との間に反比例の関係があることに気づくだろう。「閉じた世界」の原理によれば、問題から離れれば離れるほど、解決策が創造的でなくなるのだ。

実は、このストーリーに登場するエンジニアの一人がロニ・ホロウィッツだ。この経験をきっかけに、ロニは「閉じた世界」の原理を確立していく。そして、もう一人のエンジニアが本書の共著者であるジェイコブ・ゴールデンバーグだ。あの夜、ロニが自分たちの直面している問題を声に出して言うと――「忌々しいナットをどうにかするには、車の中かそのまわりで解決策を見つけなくちゃならないんだ！」――ジェイコブは一分もせずに解決策を思いついた。答えは目の前にあった。ずっとそこで二人を待っていたのだ。その解決策とは、ジャッキだ。ジャッキに手を伸ばしたとき、それがにっこりほほ笑みかけてきたような気がしたものだ。

ジャッキを使えば、タイヤレンチを回すのは簡単だった。ジャッキは、ネジや油圧により力を増幅させられるし、とても頑丈にできている（なにしろ、そもそもは自動車を持ち上げるための機具なのだから）。ロニとジェイコブはジャッキを用いてナットを緩め、しかもジャッキを壊すことも避けられた。もしかすると、あなたがいつか必要になるかもしれないので、このためのジャッキの使い方を図1－4に示しておいた。

これは、二人にとって決定的な転機になった。このとき、二つのことが明らかになった。第一は、問題の解決策は普通の状態では目に見えていない場合があり、そのような解決策が「創造的」なのだということ。第二は、自分たちが航空宇宙エンジニアの職を辞めて、〈枠の中〉での創造性について研究したいと思っているということだった。

【図1-4】解決策は閉じた世界にあった。
ジャッキでホイールナットを緩める方法

内側に目を向けよ

創造的な問題解決法について研究しはじめたロニは、エンジニアリング上の問題に関して、「閉じた世界」の中で解決策を見いだせているかを判別する方法を編み出した。

「閉じた世界」には、見てすぐにわかるような共通の特徴があるわけではないが、そういう世界に目を向けようと思うなら、問題に近づけばいい。外側ではなく、内側に目を向けるのだ。要するに、問題の解決策を探すときは、問題の核心に近づけば近づくほど、創造的なアイデアが見つかる。その事実を発見したとき、ロニは目からうろこが落ちた思いだった。

ただし、「閉じた世界」の中にある要素がすべて、問題の解決策を考案するのに役立つわけではない。私たちが主張したいのは、「閉じた世界」の中の要素を用いた解決策のほうが創造的だということだ。

この点に関連して、もう一つ指摘しておきたい。「閉じた世界」に着目する目的は、なによりも創造的な解決策を発見することにある。最善の解決策が「閉じた世界」の内側で見つかるとは限らない。最善の解決策は、枠の外に存在する場合もある。しかし、偶然や運任せでなしに創造性を発揮したければ、「閉じた世界」という制約の中で解決策を探さなくてはならない。これが本書の主張のカギだ。

自由ではなく制約によって創造性が強化されるという考え方は、認知心理学（人間の内面の認知プロセスを研究する学問だ）の最近の研究でも裏づけられている。この分野の研究により、「枠の外で考えよ」という常識にも疑問が呈されている。序章で簡単に触れたロナルド・A・フィンク、トーマス・B・ウォード、スティーブン・M・スミスが著書『創造的認知――実験で探るクリエイティブな発想のメカニズム』（邦訳・森北出版）で「範囲限定の原則」と呼んでいる考え方によれば、人は無限の要素を検討するのではなく、いくつかの要素だけを検討すると、創造的な問題解決策を思いつく力が強まるという。なぜか？　制約を課されることにより、思考を狭い範囲に集中でき、創造のプロセスが後押しされるからだ。

タイヤの例に戻ろう。この事例で候補に挙げられた問題解決策の数々を創造性の高さに応じて順位づけするよう人々に求めると、どういう結果になるか？　最も創造性が高いと評価されるのは、ジャッキを使う方法だ。この解決策は、タイヤのパンクという問題の「閉じた世界」にきわめて近い場所にある。なにしろ、ジャッキは単に車の中にある道具というだけではない。自動車のタイヤ交換システム――タイヤとは切っても切れない機能だ――に欠かせない部品だ。実際、タイヤ交換に関わる要素をすべて挙げろと言われて、ジャッキを忘れる人はいないだろう（興味深いことに、スペアタイヤを挙げるのを忘れる人は多い）。一方、自動車の外にある道具類を用いる解決策は創造性で劣ると、人々は評価する。

おそらく、活用できる資源の選択肢を減らし、問題解決に用いる要素を徹底的にそぎ落としたとき、人はみずからの問題解決能力を真に発揮しはじめるのだろう。創造性の本質は、限られた可能性のなかから知恵を使って解決策を見つけ出すことにある。遠くに向けてやみくもに跳躍するような性格のものではない。そこで私たちは、次の点を第一の鉄則としたい――「内側に目を向けよ！」。

タイヤのスリップを車の中にあるものだけで解決する

「閉じた世界」の原理を理解してもらうために、タイヤにまつわる事例をもう一つ考えてみよう。メキシコの寂しい海辺で、あなたの自動車が砂にはまり込んで前に進めなくなったとする。助けを求めようにも、あたりには誰もいない。木の棒や紙をタイヤの下に差し込めば、タイヤの空回りを防げるが、そんな木の棒や紙も手元にない。でも、大丈夫。あなたには「閉じた世界」がある。まず、肝に銘じるべきなのは、パニックにならないということ。人はストレスにさらされているときには、創造的にものを考えるのが難しいからだ。次に、目の前の問題に対する解決策を聞いた覚えがないか、通常の論理や常識で問題を解決できないかを考える。それでも解決策が見つからなければ、いよいよ内側を見る――自動車の内側を、枠の内側を、あなた自身の内側を。外に目を向けるのはよそう。ブレインストーミングのように片端から大量のアイデアをひねり出そうとしたり、連想思考を試みたり、マインドマップを描いたりすることはお勧めしない。この類いのアプローチをおこなうと、思考が問題からどんどん遠ざかってしまう。

この場合、内側に目を向ければ、タイヤと砂の間に差し込むものが必要だと気づくだろう。

「閉じた世界」の原理によれば、その道具は自動車の中で見つかるはずだ。そこで車内に目をやると……あった！　マットだ。マットの表面はツルツルではないので、タイヤがしっかり食いつき、空回りしない。それに、マットは柔軟にできているので、タイヤの下に差し込むのも簡単だ。マットはもう使い物にならないかもしれないが、無事に砂地獄を抜け出せれば、マットはあきらめがつくだろう。

ホワイトボードが消せない事件：ジェイコブの経験

その日、教室に足を踏み入れた瞬間、なにかがおかしいと感じた。学生たちが目を輝かせ、息を飲んでなにかを待っている。学生たちの表情から察すると、私にいたずらを仕組んでいるようだと思えた。

いたずらの中身はすぐにわかった。前の授業でホワイトボードに書いた図や数式を消そうとしたところ、どんなに強く拭いても消えない。マーカーが「消えないマーカー」にすり替えられていたのに、それに気づかずに書いてしまったようだ。

学生たちはニヤニヤ笑い、お手並み拝見とばかりに、上半身をうしろにそらせて座っている。インサイドボックス思考法が本当に有効なのか実証してみろ、というわけだ。学生たちはこう思っていたに違いない――教授が立ち往生しそうだぞ。

挑戦を受けて立つしかない。私は覚悟を決めて口を開いた。「最悪の場合、創造的な解決策が存在しない可能性もあります。でも、そういう解決策があるなら、これまで授業で学んできた方法論で見つけ出せるはずです」

まず、目の前の問題に対する常識的で非創造的な解決策にどのようなものがあるかを学生たちに尋ねた。

「管理事務所に行って、消えないマーカーを溶かすための液を調達すればいいのでは？」と、ある学生が発言した。

「いい答えだ」と、私は答えた。私は落ち着きを取り戻しはじめていた。とりあえず、学生たちに反乱を起こされたわけではなさそうだ。

「閉じた世界の原理を思い出してほしい。その考え方に従い、創造的な解決策を見つけるために、教室内にあるものだけを利用することにしよう。この方法でアイデアを見いだせれば、管理事務所に行くより有益でも効率的でもないかもしれないが、もっと独創的な解決策を導き出せる」

「教室の外に簡単な解決策があるのに、それより有益でないかもしれない解決策をわざわざ探すのですか？」と、別の学生が質問した。

「このクラスは、創造的な解決策を見つけることが目標だからね。非創造的な解決策は閉じた世界の外に、文字どおり教室の外に締め出してしまおう」

学生たちはバッグを引っかき回し、マニキュアの除光液や香水、その他、アルコールを含むさまざまな液体を見つけ出した（よく冷えた缶ビールを持っていた学生もいた）。どれも文字を消す役には立たなかったが、学生たちはクラスメートが教室に持ち込んでいたものの数々に目を丸くしていた。

「ね、わかったでしょ？」と言って、私はほほ笑んでみせた。「外に手を広げるのではなく、内側を探せば、思っていたよりずっと多くのものが見つかります。理由はともかく、内側に目を向けると、つい見落としがちなアイデアに気づけるのです」（それにしても、あの学生は私の授業に冷えた缶ビールを持ってくるなんて、どういうつもりだったんだろう？）

自信を取り戻してきた私は、こう続けた。「マーカー問題の閉じた世界にもっと接近すれば、ほかにどのようなアイデアが見つかるだろう？　解決策を探す範囲をさらに狭めて、問題の核心に関わる要素に、つまりホワイトボードに文字を書くという行為に関連した世界に限定してみましょう」

教室が静まり返った。反抗や無関心の沈黙ではない。学生たちは真剣に考えていた。

「ホワイトボード用のマーカーを使えば、文字を消せるはずです。ホワイトボード用の消せるマーカーには、溶媒の成分が含まれていたと思います」と、ある学生が自信なさげに言った。そこで、ホワイトボード用マーカーで、消えない線の一つをなぞってみた。すると、学生の言うとおりだった。線はほぼ消えていた。

教室は驚きに包まれて一瞬だけ静かになったが、すぐに学生たちが興奮気味に私語を交わしはじめた。私は喧騒を無視し、ホワイトボードの文字をマーカーでなぞり続けた。

とはいえ、すべての文字をなぞろうと思えば、とても時間がかかる。文字をすべて消すべきか、それともメッセージは伝わったと判断して授業を再開すべきか？　そのとき、また別の学生が大声を上げた。「ひょっとして、普通の消えないマーカーでも消せるんじゃないかな！」

やってみると、消えないマーカー――問題の原因そのものだ――にもホワイトボード用のマーカーと同じように効果があることがわかった。消えないマーカーにも十分な量の溶媒が含まれていたのだ。ホワイトボードの上の文字をなぞり、マーカーの溶媒が蒸発する前にすぐに拭き取れば、文字はきれいに消えた。問題の原因が問題の解決策になったのだ。

ただし、このやり方がホワイトボード用マーカーで消す方法より優れているわけではない。時間は同じくらいかかる。それでも、この解決策のほうが独創的だし、意外性もある。そして、

「閉じた世界」のいっそう内側にある。

エクササイズがうまくいったことに、私は喜ぶと同時に驚いてもいた。この出来事があったのはずいぶん昔のことで、当時はまだ、「閉じた世界」がいかに豊かな場かという実証的な証拠を十分に得られていなかったのだ。

「さあ、みなさん、これでわかりましたね！　閉じた世界は無限に広がる場ではないけれど、その世界の中にある資源は、私たちが最初に考えるより多いのです。だから、まずは内側に目を向ける習慣を身につけましょう。外の世界に解決策がない場合はなおさら、その必要があります」

私は胸を張って言った。「ときには、ありきたりの解決策ではうまくいかなかったり、ありきたりの解決策などそもそも存在しなかったりする場合もある。管理事務所が閉まっていて、誰もいないかもしれない。内側に目を向け、普通は見落としがちな資源に着目することは、頭を使う過酷な作業かもしれません。それでも、創造的な解決策が必要とされるときには、それが有効なやり方なのです」

私は安堵のため息をつくと、こう言った。「さて、誰か管理事務所に行って、ホワイトボードを消すものを取って来てくれませんか？」

「枠の外」の代表例、ブレインストーミングの落とし穴

ところで、枠の外で考える思考法は、実際のところどの程度有効なのか？

枠の外に出ることを重んじるアイデア創出法のなかで最も有名なものと言えば、ブレインストーミングだろう。

「ブレインストーミング（＝脳内で嵐を巻き起こす）」とは、なかなかうまい呼び名だ。激しい

エネルギーが解き放たれるようなイメージがかき立てられる。この手法は、シンプルだし、組織の現場に取り入れやすく、参加者も楽しいから、広く普及したのだろう。広告代理店のスタッフはクリエイティブなコンセプトや新しい広告戦略を考案するために、エンジニアたちは研究開発における障害を克服するために、これをおこなう。企業の上層部も、内部のさまざまな階層の従業員を集めてブレインストーミングをおこない、組織を発展させ、その目的を追求するために有益な新しいアイデアを割り出そうとすることがある。

ブレインストーミングはどこで生まれたのか？　いかにもな話だが、その発祥の地は、たえず新しいコンセプトとアイデアを生み出す必要に迫られている広告代理店だった。一九五三年、従業員の意見交換とチームワークの向上を通じて創造性を刺激する手法を言いあらわすために「ブレインストーミング」という言葉をはじめて使ったのは、広告代理店ＢＢＤＯの創業者であるアレックス・オズボーンだ。(注4) オズボーンに言わせれば、この手法を実践し、非難や評価にさらされる恐怖を感じずにアイデアを発表できる環境をつくれば、人々の生まれもっての創造性が解き放たれるとのことだった。みんなで集まって意見を出し合えば、同じ数の人がばらばらに頭をひねるより優れたアイデアを生み出せると、オズボーンは考えた。そして、たとえ突飛なものだったとしても多くのアイデアが出てくればくるほど、ふるいにかけたあとに質の高いアイデアが残る確率が高まると主張した。

オズボーンが提唱した新しい手法は大反響を呼び、さまざまな企業や組織、工場などで取り入れられた。ブレインストーミングが広く普及すると（本来の指針を無視しておこなわれるケースもしばしばあったのだが）、一九八〇年代後半から九〇年代にかけて、オズボーンの考え方が正しいのか、そしてブレインストーミングの効果を左右するのがどのような要素なのかを明らかにするための研究が始まった。ブレインストーミングの参加者の数は、どれくらいが最適なのか？　時間は、どのくらい続けるのがいいのか？　そして、研究者たちが最も知りたかったのは、次の問いの答えだ――ブレインストーミングは、同じ人数の人たちが互いに接触せずに問題を検討する場合に比べて、どのくらい効果が大きいのか？

研究を通じてわかってきた重要な発見は、以下のとおりだった。(注5)

＊ブレインストーミングをおこなったグループが、同じ人数の人たちがそれぞれ一人で考えたグループより大きな成果をあげるということはない。

＊ブレインストーミングをおこなったグループは、個人単位で考えたグループに比べて、生み出すアイデアの数が少ない。

＊生み出されたアイデアの質や創造性は、ブレインストーミングをおこなったグループのほうが低い。

＊人数が多ければ多いほど好ましいという常識に反し、ブレインストーミングに最適な人数は四人である。

こうした発見は、その後の研究でも繰り返し裏づけられてきた。もはや結論は明らかだと、研究者たちは考えるようになっている。人々を同じ部屋に集めるだけで、創造的なアイデアが次々と生み出されるなどということはないのだ。

研究者たちは、ブレインストーミングがこのような結果に終わる理由もいくつか挙げている。第一は、騒がしい場に身を置いていると、集中してものを考えにくいこと。第二は、アイデアの発見に貢献しようとせず、「ただ乗り」を決め込む参加者が出てくること。第三は、自分たちが正しい方向に進んでいるかどうかがわからないこと。

しかし、最も大きな原因はおそらく、批判されることへの恐怖だろう。批判や評価をおこなわないという建前になってはいても、みんなの前で間抜けに見られたくないと思うのが人情だ。その点、誰も真に受けないような突飛なアイデアを述べていれば、ばかにされずにすむ。参加者は実行可能性のあるアイデアを述べようという気持ちをいだきづらいのだ。その結果、ブレインストーミングから生まれるのは、ありきたりのアイデアか、そうでなければ非常識なアイデアばかりになり、独創的で実行可能性のあるアイデアはあまり出てこない。

話をまとめると、この五〇年間のデータを見るかぎり、ブレインストーミングは絶大な人気を誇る半面、創造的な問題解決策を生む効果は乏しいとみなせる。この点では、経営コンサルタントや創造性の専門家たちが提唱する「枠の外で考えよ」という方法論の多くも同じだ。

「閉じた世界」は外の世界より豊か

ここまで読んできて、「閉じた世界」の中に限定して解決策を考えると、選択肢が狭まり、見いだせる解決策の数も減るのではないかと案じている読者もいるだろう。問題の内側の世界は、無限に広がる外の世界に比べてはるかに狭い。それなのに、なぜ「閉じた世界」の原理に従うほうが創造的になれると言い切れるのか？

今日の創造性研究者の大半は、多くの案やヒントがありすぎると、アイデアの創出が妨げられるという点で一致している。行き当たりばったりの無秩序な思考は、創造性の足を引っ張ると考えられているのだ。無制約の自由は、単に問題を解決するだけであれば有効かもしれないが、創造的な問題解決をめざす場合はむしろ阻害要因になる。人工知能、心理学、認知科学、コンピュータ科学の専門家であるマーガレット・ボーデン博士もそのようにはっきり述べている。引用しよう。(注6)「制約は、創造性と相容れないどころか、創造性を発揮しやすくする作用がある。制約をすべて取り払うのは、創造的思考の可能性を壊すのと同じことだ。行き当たりばったりのやり方では、たとえおもしろいアイデアを思いついたとしても、それは風変わりで珍しいだけのものに終わる。常識を覆すようなものは生み出せない」

突拍子もない発想に聞こえるかもしれないが、思考を過度に無制約にすると、アイデアの無秩序状態が生まれ、革新的なアイデアを思いつく能力が弱まるのだ。手元にある乏しい素材だけで卓越した解決策が編み出されたケースは、誰でも目の当たりにしたり、みずから経験したりしたことがあるだろう。本来なくてはならない材料や道具が手に入らなければ、知恵をはたらかせる以外にない。アイデアの骨子を紙ナプキンに書いて説明して売り込みに成功したり、売り切れたコンサートチケットを（ダフ屋に頼らずに）手に入れたりするのは、制約のある状況で創造性を発揮して問題を解決した例と言える。このように、使える資源に十分厳しい制約を課すことができれば、アイデアの無秩序状態に陥ることを防ぎ、限られた領域に生産的な思考を集中させられる。創造的な問題解決策は、しばしばそういう狭い世界に潜んでいるのだ。

問題の内側の世界を見るようにすると、見つかるアイデアの数が少なくなることは事実だが、発見できるアイデアは、外の世界に目を向けたときに見つかるアイデアよりはるかに創造性が高い。ただし、「閉じた世界」の原理を実践すると言っても、外の広い世界で解決策を探すことをいっさいやめろと言うのではない。「閉じた世界」の中を探す前でもあとでも、それをおこなえばいい。私たちが言いたいのは、「閉じた世界」の中を探せば、創造的なアイデアを見つけられる可能性が高いということだ。常識的なアドバイスに従って、枠の外にばかり目を向けていては、そういうアイデアはおそらく見つからない。その点、「閉じた世界」の内側を探せば、最善のアイデアが見つかる保証はないが、創造的なアイデアはほぼ確実に見いだせる。

「閉じた世界」は、なにより驚きと創造のヒントに満ちた豊かな世界だ。あなたもそういう世界で問題の解決策を探すことに上達する必要がある。それが本書の最大の主張だ。以下の各章では、そのために役立つテクニックや手立てをふんだんに紹介していく。

世界ラリー選手権は「閉じた世界」の好例：ジェイコブの経験

コロンビア大学で創造性のクラスを受講していたジョンという学生は、自動車を製造し、世界ラリー選手権で走らせている企業で働いていた。授業で「閉じた世界」について聞かされると、ひとことと発言せずにいられなかった。ジョンいわく、世界ラリー選手権は文字どおり「閉じた世界」の原理にのっとって動いているという。競技のルールにより、レース中に問題が発生した場合は、ドライバーとコ・ドライバー（ナビゲーター）が手元にあるものだけで対処しなくてはならないのだ。ドライバーたちは「閉じた世界」でインサイドボックス思考法を実践するスペシャリストなのである。

世界ラリー選手権に出場する自動車の設計・製造・整備には、二二〇人あまりの人が関わっている。しかし、三日間にわたるレースの間は、ドライバーとコ・ドライバーの二人だけですべて走り切らなくてはならない。ドライバーは車を走らせることに集中し、コースの状況がどうなっていて、どのくらいの速度で走るべきかといった情報は、コ・ドライバーが指示する。一日のレースの間は、自動車の外部のものを用いることは許されない。

ヒュンダイの典型的な世界ラリー選手権用自動車（ターボエンジン搭載の四輪駆動。製作費用は約七〇万ドル）には、基本的な修理道具一式、二リットルのガソリン、一リットルの水、予備のタイヤ一つ、コカ・コーラが二缶、現金一〇〇ドルが積み込まれる。ドライバーとコ・ドライバーは、耐火性の下着、レーススーツ、ヘルメット、手袋、シューズを身に着ける。それ以外に持ち込んでいいのは、食べ物と飲み物だけだ。

レースは過酷を極める。どんなに入念に準備して臨んでも、不測のトラブルは避けられない。以下に、世界ラリー選手権で実際に起きたトラブルと、ドライバーとコ・ドライバーが編み出した解決策を紹介する。「閉じた世界」でものを考える体験をするために、正解を読む前に自分で考えて答えを紙に書いてみよう。

〈トラブル1〉川の中の岩

時速一五〇キロで浅い川を渡ろうとしたとき、川底の大きな岩に激突してエンジンのオイルパンの底に大きな穴が開き、エンジンオイルがすべて流れ出してしまった。とりあえず、故障する前にエンジンを切り、二人は対策を考えた。

〈解決策〉予備のオイルを二リットルもっていたが、まずはオイルパンの底部の穴をふさがなければ、またオイルが流れ出してしまう。二人はどうしたか？　修理道具セットを使ってオイルパンの底部を取りはずすと、耐火性下着を脱いで、それをオイルパンの下に敷き、そのうえであらためて底部を取りつけた。耐火性下着をいわばオムツにしたのだ。

〈トラブル２〉エンジンの冷却ファンの故障

エンジン室から大きな音と激しい振動がしてきた。車を路肩に止めて調べると、エンジンを冷却するファンの羽の一枚がはずれていた。羽がはずれてバランスを失ったファンは、このまま車を走らせ続ければ完全に機能しなくなる。しまいには、エンジンが過熱して壊れかねない。

〈解決策〉ドライバーがまだひとことも発しないうちに、頭の回転の速いコ・ドライバーは、はずれた羽の反対側にある羽も取りはずした。これでファンのバランスが取り戻され、車はレースに復帰できた。

〈トラブル３〉ラジエーターの穴

二人は遅れを取り戻そうとして近道を選び、デコボコ道を走りはじめた。ところが、走行中になにかが当たったらしく、ラジエーターに小さな穴が開いてしまった。エンジンが壊れる前に、ドライバーが車を停止させた。しかし、冷却水はほぼ流れ出てしまった。

〈解決策〉ドライバーは最初、予備の水でラジエーターを満たした。しかし、穴から水が少しずつ漏れていくので、やがて再び水がなくなってしまう。穴をふさぐか、そうでなければ、水を補給し続ける必要があった。手持ちの道具では穴をふさげなかったが、幸い、レースの終わりは近かった。そこで、ドライバーとコ・ドライバーは交互に、ラジエーターに液体を補給した――そう、自分たちのおしっこで。

〈トラブル4〉クラッチ滑り

最終日のレース中、クラッチ滑りが起きはじめた。ゴールは目前だったが、二人は三日近くの過酷なレースで疲労困憊していた。それでも、なんとか車を走らせ続けなくてはならない。

〈解決策〉コーラをこぼしたあとがベタベタすることを思い出したドライバーは、路肩に車を止めると、フロントガラスの汚れを落とすためのウォッシャー液のボトルの中身を捨て、ボトルとフロントガラスを結んでいたチューブもはずし、そのチューブでボトルとクラッチを結ぶようにした。そして、コ・ドライバーがボトルにコーラを注いだ。その後はクラッチが滑りはじめるたびに、コ・ドライバーがウォッシャーのハンドルを引いて、クラッチにコーラを吹きかけた。走行中のクラッチは熱を帯びているので、コーラの水分はすぐ蒸発し、糖分でベタベタした薄い膜だけがクラッチを覆った。これで、五分間はクラッチがきちんと作動した。コ・ドライバーがこの作業を何度も繰り返すうちに、ついに二人はゴールにたどり着けた。

以上の四つの解決策に、共通点があることに気づいただろうか？　いずれのトラブルも、レースカーの「閉じた世界」（ドライバーとコ・ドライバー自身もその構成要素だ）の中の見落とされがちな要素を活用することで解決されたのだ。

「閉じた世界」の解決策なのに創造的でない『アポロ13』：ジェイコブの経験

一九九五年の映画『アポロ13』に、観客が手に汗を握る「閉じた世界」のシーンがある。月に向かう途中の宇宙船アポロ13号で爆発事故が起きる。船体のダメージは激しく、ジム・ラヴェル船長の言葉を借りれば「機械船の片側が完全になくなって」いた。第二酸素タンクで爆発が起き、第一酸素タンクも損傷。酸素の蓄えがみるみるうちに減り、水と電力も減っていく。地球に帰りつくために、宇宙飛行士たちは創造的な解決策を見いださなくてはならなかった。

「ヒューストン、問題が発生した」と、宇宙飛行士たちはテキサス州ヒューストンの管制センターに報告。それを受けて、地上のエンジニアたちは無事帰還させるための方策を練りはじめる。問題の一つは、宇宙飛行士たちが乗り移った着陸船内の二酸化炭素濃度の上昇だった。着陸船の二酸化炭素除去フィルター接続部は円形なのに、四角いフィルターしかその場になかったのだ。地上チームのリーダーは、宇宙飛行士たちの手元にある備品類と同じものを一式（三つの箱に収まっていた）もってきて、部下たちにこう言った。「これを［と言って、四角いフィルターを手に取った］ためにつくられた接続部に［と言って、今度は丸いフィルターを手に取った］これの［と言って、今度は丸いフィルターを手に取った］これを合わせる方法を見つけなくてはならない」。そして、三つの箱の中身をテーブルにぶちまけて、つけ加えた——「使えるのは、ここにあるものだけだ」。

私は『アポロ13』をはじめて見たとき、この場面でどんなに胸をときめかせたかをいまでも覚えている。一緒に見ていたガールフレンドのアンナ（いまは妻になっている）にささやいた。「こういう状況では、創造的な問題解決策が編み出されるに決まっている。見ていてごらんよ」。「閉じた世界」の原理が実践に移される典型例になるだろうと、私は思っていた。なにしろ、地上スタッフと宇宙飛行士たちは、宇宙船の内側で解決策を探す以外に選択肢がない状況だった。彼らは文字どおり「閉じた世界」の中にいた。私が先見の明と深い知恵の持ち主であると立証されて、アンナの敬意を永遠に勝ち取れるに違いないと確信していた。

しかし、私の期待は裏切られた。地上のエンジニアたちが考えついた解決策は、実に退屈なものだった。それは、ナイロン製のカバーとテープを使って、四角いフィルターを丸い接続部にくっつけるという方法だったのだ。ちっとも創造的じゃない！　ときには、創造的とは言いがたいアイデアが「閉じた世界」に入り込む場合もあるのだとわかっただけだった。

そのような解決策が実用性に優れていたり、費用対効果が高かったりして、最善の解決策の有力候補であるケースもある。それでも、「閉じた世界」の内側に自分を閉じ込めてアイデアを探せば、外側を探すよりも創造的なアイデアが見つかりやすいことは間違いない。この点は定性的にも定量的にも実証されている。だから、創造的思考をめざすときは、そのような世界に目を向けるべきだ。そこで第2章以降では、〈枠の中（インサイドボックス）〉を探索するための道具を紹介していこう。〈枠の中〉の世界は、閉ざされてはいるが、けっして狭い世界ではない。

まとめ

「アウトサイドボックス」思考法の成功例としてあげられる「背面跳び」。

「ベリーロール（腹面跳び）」とまったく逆の発想で開発された？

ベリーロール

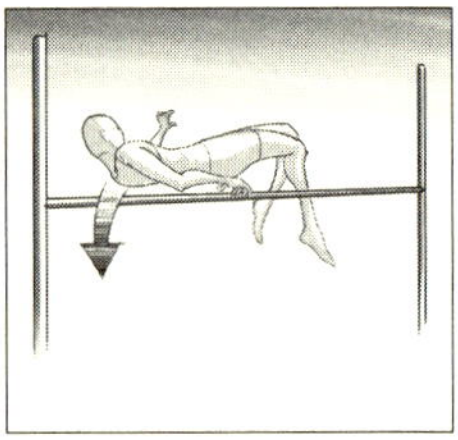

背面跳び

しかし、実際は「はさみ跳び」を改良していき、ここにたどり着いた。

はさみ跳び

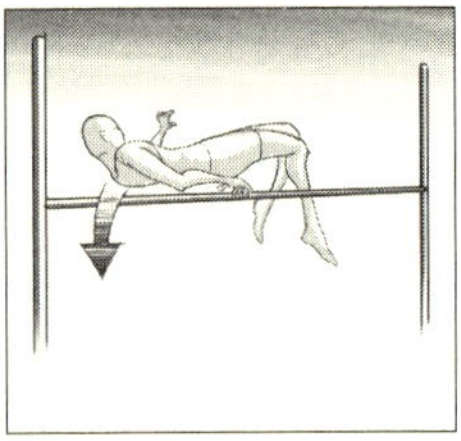

背面跳び

つまり従来の「制約の中」（インサイドボックス）でとことん考えた結果のイノベーションだったのである。

インサイドボックスの効果の証拠

■パンクしたタイヤのホイールナットが回らない

⬇ 車にあったジャッキで動かす

■ホワイトボードに消えないマーカーで書いてしまった

⬇ そのマーカーでなぞると消えた

「アウトサイドボックス」なブレインストーミングの
あまりに多すぎるアイデアは無秩序を生み、革新的な発想を妨げる

⬅

「閉じた世界」の方が創造的になれる！

次章では

驚きと創造のヒントに満ちた「閉じた世界」の中で
問題の解決策を探す実際的なテクニックを伝授！

第２章 引き算のテクニック

豊かになるための近道は、欲望をいくらか取り除くことである。
――ペトラルカ（一四世紀イタリアの詩人、学者、人文主義者）

先進的麻酔機器から要素を取り除いて革新：ドリューの経験

「まだ不十分だと思う」と、大手製薬・医療機器メーカー、ジョンソン・エンド・ジョンソン（Ｊ＆Ｊ）の麻酔機器開発チームで責任者を務めていたマイク・グスタフソンは言った。開発に着手して二年。いくつもの高度な機能を備えた試作品を完成させていたが、まだなにかが足りないと思えた。新しい麻酔機器の価値を高めるには、どうすればいいのか？　どのように利益を得るのが望ましいのか？　機器の代金という形で最初に一括して金を受け取るようにすべきなのか？　それとも、継続的に収益を得る方法を見いだせそうか？　これらの問いの答えを知りたかった。

開発中の麻酔機器が非常にユニークなものだという点には、誰も異論がなかった。それは、麻酔科医が監督せずに、言ってみれば患者が自分で麻酔剤の量を調整するものだった。患者は、小さなボールを手に持ち、ヘッドフォンを装着するよう言い渡される。そして麻酔剤の投与が始まると、ヘッドフォンを通じて「ボールを強く握ってください」と繰り返し指示される。患者にまだ意識があり、指示を理解できれば、言われたとおりボールを握るだろう。やがて麻酔が効いてくると、患者はボールを握らなくなる。その反応次第で、麻酔剤の量が調整される仕組みだ（麻酔剤の適量は、患者の体重やその他の要素も考慮して機械が判断する）。このシステムには、不慮の過剰投与を防げるというメリットがある。過剰投与の兆候を察知すると、機械が自動的に投薬を減らしたり中止したりし、患者に深呼吸するよう指示して目覚めさせる。麻酔の効果が薄まってくると、患者が指示に反応してまたボールを握るようになる。その後、あらためて麻酔剤を投与すると、再び麻酔が効きはじめる。この「ＳＥＤＡＳＹＳ」と名づけられたシステムは最先端の麻酔機器だと、開発チームは自負していた。Ｊ＆Ｊの社外医療顧問たちも同じ考えだった。業界で前例のない製品だったのだ。

私は二〇〇二年六月、マイクから電話で助言を求められた。当時Ｊ＆Ｊの一員だった私は、ジェイコブが提唱する新しいイノベーション方法論について知ったばかりだった。まだ、ジェイコブと会ったことはなかったが、彼の主張にとても興味をそそられていた。そこで、新しい麻酔機器の試作品を使って試験的にワークショップをおこない、そのアプローチの有効性を試してみないかと、マイクに持ちかけた。新しい方法論に興味はあったが、いきなり全社規模で大々的に導入するわけにはいかないと思っていた。序章で述べたように、この前に取り入れたイノベーション方法論が惨憺たる結果を招いていたからだ。実地テストもせずに、全社の同僚たちに多くの時間と労力を費やさせることはぜったいに避けたかった。マイクは、私の提案を受け入れてくれた。

私はジェイコブの仲間であるアムノン・レーヴァヴ（システマティック・インベンティブ・シンキング社のＣＥＯ）を招き、新型麻酔機器の開発チームの面々と一日間のワークショップをおこなってもらった。

ホテルの会議室に、エンジニアとマーケティング担当者が集まった。最初は、前向きなムードとは言えなかった。ほとんどの参加者の態度は冷ややかだった。なかには、あからさまに反抗的な態度を見せるメンバーもいた。彼らとしては、二年以上費やして先進的な試作品をつくり上げたという自負があった。あとは生産開始を待つばかりなのに、どうして一日かけて、新しいアイデアを見いだすためのワークショップをしなくてはならないのか？　どうして、画期的な製品になるとすでに約束されている製品をさらに改良しようと試みて、わざわざ時間を費やす必要があるのか？　チームのメンバーはエンジニアの例に漏れず、自分たちが開発したテクノロジーを愛していて、それが商業的にも成功すると信じて疑わなかった。一方、プロジェクト責任者として、新製品が確実に成功するようにする責任を負っていたマイクは、エンジニアたちほど自信をいだけずにいた。

アムノンは、狭い部屋に敵意が充満しているのを感じ取れた。メンバーのボディランゲージが反発を物語っていた。一同は腕を組み、顎を引き、しかめ面をしていた。アムノンはまず、メンバーに試作品の主要な構成要素を挙げさせた。これは、インサイドボックス思考法のいずれのテクニックを用いるにせよ、最初におこなうべきステップだ。試作品の麻酔機器は大型のデスクトップパソコンのような外見をしており、パソコンと同じように、モニター、キーボード、筐体《きょうたい》

（マシン本体の箱部分）、電源で構成されていた。また、政府の規制により、麻酔機器には停電時に備えた予備バッテリーの搭載が義務づけられている。チームのメンバーは、これらの要素を列挙していった。

アムノンは、次のステップに進んだ。メンバーを二人組にわけ、それぞれのペアに構成要素を一つずつ割り振った。そして、衝撃的なひとことを放った。「みなさんの課題は、その要素を取り除いたら、どうなるかを考えることです」。一同の表情を見れば、「そんなことは時間の無駄だ」と思っていることが一目瞭然だった。実を言うと、私も半信半疑だった——アムノンがインサイドボックス思考法の「引き算」のテクニックを試そうとしているのはわかっていたのだが。

引き算は、新しい構造や革新的な問題解決策を見いだすための方法論の一つだ。考え方はいたって単純。製品やプロセスの構成要素を取り除き、残りの要素だけで元どおり機能するかどうかを考えるのである。コツは、それまで不可欠だと思われていた要素を取り除いてみることだ。現実離れした発想だと思うだろう。常軌を逸していると感じるかもしれない。しかし、開発チームの面々は効果を見せつけられて驚くことになる。私も目を見張った。

アムノンは最初のペアに、「お二人の担当はモニターです」と言い渡し、さらに次のペアにはキーボード、その次のペアには予備バッテリーを割り振った。そして「次のペアは——」と言いかけたところで、さえぎられた。予備バッテリー担当になったエンジニアの二人組にとっては、我慢の限界だったのだ。二人には研究所で取り組むべき大切な仕事があり、こんな茶番につき合う暇はないと感じていた。

「予備バッテリーですって？　麻酔機器から予備バッテリーを取り除く？　そんな製品を売り出すのは、法律違反です。私たちは刑務所送りになってしまう！」と、二人は言った。この指摘は、そのとおりだった。ほかのメンバーが笑い声をあげはじめた。

私は落ち着かない気分だった。私たちは正念場に立たされていた。もし、このイノベーションの方法が有意義なものだとすぐに一同に納得させられなければ、チームのメンバーの支持を失ってしまう。私はまたしても、新しいイノベーション方法の導入に失敗することになる。そうなれば、社内で私自身の立場が危うくなるだけではない。私を信じてくれた友人のマイクの顔にも泥を塗ることになる。

アムノンは、抵抗を受けても引き下がらなかった。「突飛な発想だと感じるのは無理もありません。でも、少しだけおつき合いください。試してみましょう」と、イスラエル訛りのきつい英語で訴えた。物静かで自信ありげな態度が緊張をいくらかやわらげたようだ。アムノンはまったく動じていないように見えた。

二人のエンジニアは、絆を確認するかのように目配せした。二人には、地球上で最も先進的な麻酔機器を開発したという自負があった。デザインの面でも機能性の面でも、究極の製品だと思っていたのだ。言ってみれば、麻酔機器版のランボルギーニをつくり上げたという思いをいだいていた。アムノンが押しつけようとしている「テクニック」なるものは、自分たちの創造物を台無しにしかねないと思えた。

「予備バッテリーを取り除くと、製品がどうなるかを想像してみてください」と、アムノンはあくまでも主張した。「その製品に、どういう利点があるか？　誰がそういう製品を欲しがるか？」

二人がどういう態度を取るべきか頭の中で計算しているのが、手に取るようにわかった。やがて、片方が口を開いた。「わかりました。やってみましょう。でも、もしこのエクササイズが失敗に終われば、ワークショップを打ち切りにして、実際の仕事に戻らせていただきたい」

アムノンはこれに同意した。予備バッテリーなしの製品にどういうメリットがあるかという問いに対して、最初にあがった意見は、製品が軽量化でき、コストを減らせ、製造が容易になるというものだった。「考えてみれば、製品のほとんどのスペースを占領しているのは予備バッテリーです」と、エンジニアの一人が述べた。「もし本当に予備バッテリーをなくせれば、製品は想像を絶するくらいシンプルなものになります」。この点には、ほかのメンバーも同感だった。こんなことは、考えたこともなかった。予備バッテリーの搭載は法律で義務づけられている──それで終わりだった。しかし考えてみると、予備バッテリーの搭載をやめれば、製品がシンプルになり製造が簡単になるうえに、持ち運びもしやすくなる。

アムノンは、ただちに次のステップに進んだ。「予備バッテリーの搭載をやめれば、数々の大きな利点があるとわかりました」と言い、こう説明した──予備バッテリーを取り除くのが好ましいと確信できれば、「閉じた世界」の中で代わりになる要素を探せばいい、と。「閉じた世界の中に、予備バッテリーの機能を代替できるものはありませんか?」

第1章で述べたように、「閉じた世界」とは、その中のすべての要素(物体や人間)をすぐに利用できるスペースのことだ。本書のテクニックを用いてイノベーションをめざす場合は、そういう手の届く範囲内の要素が創造のための「材料」となる。この麻酔機器のケースでは、機器を用いる場である手術室を「閉じた世界」と位置づけた。つまり、図2-1に描かれている道具類や人間を動員してイノベーションをおこなうことになる。

あるエンジニアがためらいがちに挙手した。その男性はもじもじしていたが、ようやく意を決して口を開いた。「すでに手術室に設置されている別の機器の予備バッテリーに、麻酔機器を接続すればいいのではないでしょうか? たとえば、除細動器とか?」。みんながその人物のほう

【図2-1】麻酔機器開発の「閉じた世界」に創造性が隠れていた

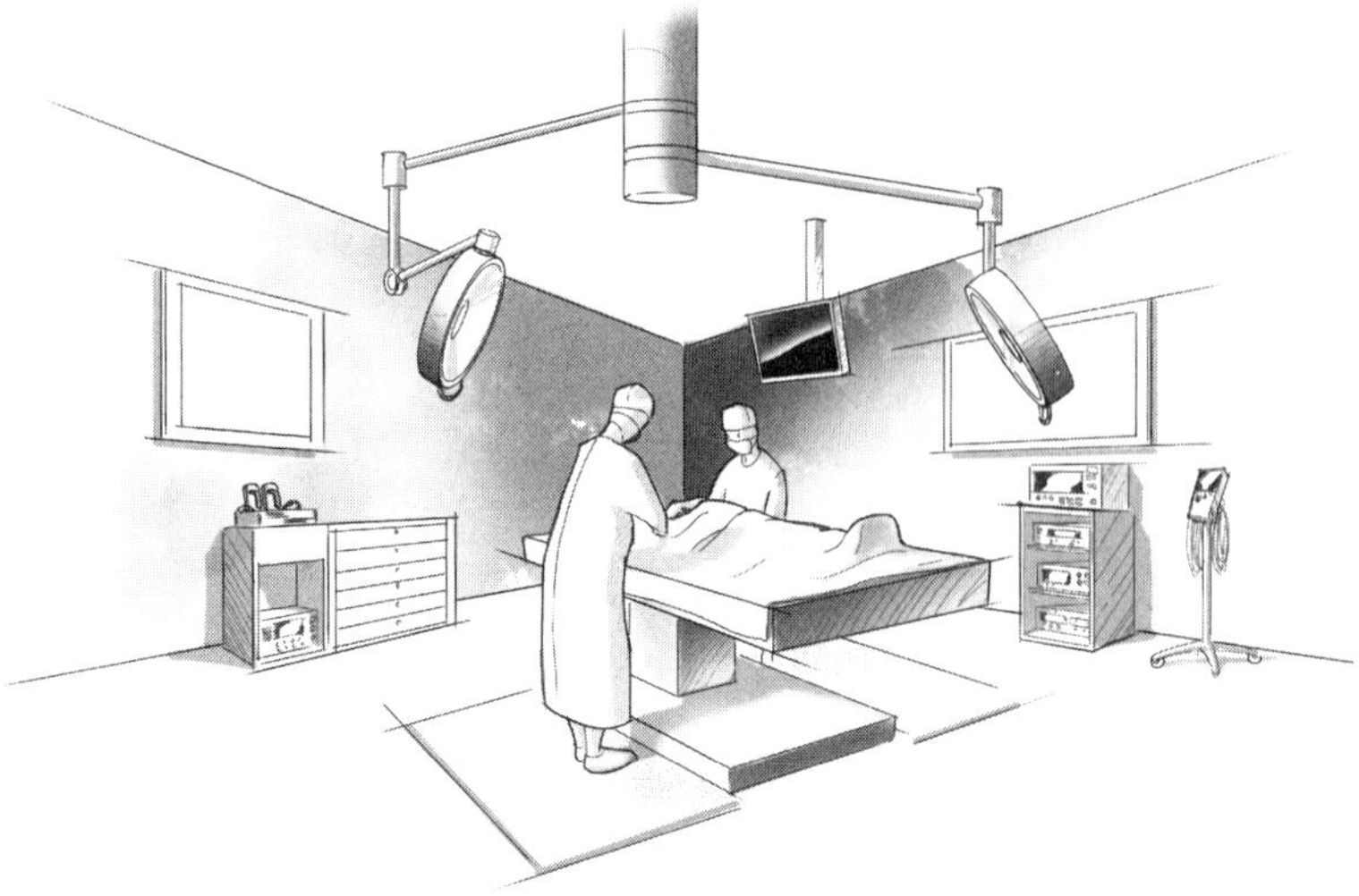

を見た。彼の声が次第に熱を帯びていった。「長いケーブルと適切なコネクターを用意すれば、除細動器から電力を得ることができます。除細動器の予備バッテリーには、もしもの場合に両方の機器を動かすだけの電気が蓄えられています！」。そう言うと、彼はノートとペンを取り出し、図を描きはじめた。肩越しにそれをのぞき込んだ同僚たちも納得してうなずいた。

これで空気が一変した。疑念と当惑を隠そうとしない頑固で反抗的なエンジニアの一団は、これを境に、好奇心旺盛で結束力の強いイノベーターのチームに変貌した。別の機器と接続するというシンプルでエレガントな解決策に、経験豊富なエンジニアたちも驚いていた。手術室にはかならず除細動器（心停止を起こした患者に電気的刺激を与えて、心臓のはたらきを回復させる機器だ）が置いてある。この方法なら問題を解決できそうに思えた。開発チームのメンバーは、アムノンが主張する方法論に従えばイノベーションを起こせるかもしれないと思いはじめていた。

アムノンはメンバーの発言をすべて書きとめたが、さほど驚いた様子は見せなかった。「この方法がうまくいかない明白な理由を思いついた人は？」。数人が発言し、いくらか意見交換があったのち、基本的に問題はないと、一同は結論づけた。アムノンは次のペアに問いかけた。「モニターはどうでしょう？　麻酔機器からモニターを取り除く利点は？」

モニター担当になった二人のエンジニアは、このエクササイズに乗り気でなかったが、予備バッテリーをめぐる議論を目の当たりにして、強い姿勢で抵抗することもはばかられた。片方が丁寧な口調で言った。「アムノン、忘れないでほしいのですが、私たちはモニターに関して顧客の声を集めるために何万ドルもの金を使ってきたのです」。それにエンジニアたちは、試作品のモニターがあらゆる競合製品より優れているという自負をいだいていた。この人物は、最後にぴしゃりと言った。「医師たちは、麻酔機器にはモニターがついているものと思っています。モニターのない麻酔機器など相手にしないのです。モニターは取り除けません」。アムノンは、すぐにこの発言の背後にあるものを見抜いた。それは「思い込み」である。二人のエンジニアは、モニターつきの麻酔機器ばかりを見続けてきたために、モニターなしの麻酔機器など想像することもできなかったのだ（この現象は非常に大きな意味をもつ。のちほど詳しく検討する）。

アムノンは、二人の指摘にも一理あると認めたうえで、それでもエクササイズを続けるよう促した。「予備バッテリーの場合と同じように、試しにやってみましょう。確かに、モニターがあるのにはれっきとした理由がある。それは実に正当な理由です。でも、少しだけ自分に問いかけてみてください。モニターのない麻酔機器をつくった場合、どういうメリットがあるでしょう？」

二人のエンジニアは、考えてみることに同意した。「製品が軽くなり、コストが削減でき、シンプルになります。持ち運びやすくなり、消費電力も減らせます」と、二人は答えた。

マーケティング担当者の一人が発言した。「医療スタッフの気が散りにくくなります。本当は、モニターなんて見る必要はないのです」。この女性は、少し考えてから再び口を開いたとき、きわめて挑発的なアイデアを述べた。「モニターを取り除いた製品を売り出せば、市場に強力なメッセージを発信できるでしょう」。その言葉の真意を問われて、彼女はこう言った。「モニターが不要なくらい、直感的に操作できるマシンだと思ってもらえるのでは？　医師はマシンを全面的に信頼できるので、患者の状態をチェックするためにモニターを見る必要などない、というわけです。モニターのない麻酔機器は、言ってみればインテリジェントな麻酔機器だと思ってもらえるかもしれません。それを売り出せば、市場のあり方を根底から変えられます！」

大勢のメンバーがうなずきながら聞いていた。マイクはニコニコしていた。あとで本人が語ったところによれば、このとき彼は、まったく新しいアプローチで麻酔機器開発プロジェクトを進めようと思ったという。予備バッテリーとモニターについて検討しただけで、多くの新しい可能性が開けてきたのだ。

「続けましょう」と、アムノンが言った。「手術室の閉じた世界の中に、モニターの機能を代替できるものはありますか？」

「簡単ですよ！」と、あるメンバーが言った。「データを手術室の主モニターに転送すればいいんですよ。医師はどっちみち、主モニターを見るわけですから」。手術室にはかならずモニターがあり、患者の状況に関わる重要なデータと、専門機器のとらえた画像が映し出されるようになっている。たとえば、患者の内臓を医療用カメラで撮影すればその画像が主モニターに映る。

手術中の医師が一つのモニターで患者の体内の画像と麻酔関連のデータ（心拍数や血圧など）を同時にチェックできるようにするというのは、きわめて画期的なアイデアだった。私は手術室の医師の仕事ぶりをずいぶん観察してきた。医師にとって、いくつものモニターをチェックするのは非常に煩雑な作業だ。そうした医師の手間を省ければ、患者に対する医療の質も高まるし、コストも減らせる。

私たちは新しい医療機器の改善点を少しずつ検討していくうちに、現場での医療の実践方法を大きく変える可能性を秘めた変更点を思いついたのである。そのすべての出発点は、製造開始を待つばかりとみなされていた製品から重要な要素を取り除いたらどうなるか、と考えてみたことだったのだ。

マイクは大満足だった。私に協力を求め、インサイドボックス思考法の方法論を試すことに同意したのは、プロジェクトに微調整を加えたいと思ったからだったが、いまではプロジェクトに対するビジョンがすっかり変わっていた。五つのテクニックのうちで引き算だけを試し、二、三時間のエクササイズを一回おこなったにすぎないのに、マイクと開発チームのメンバーは衝撃的な結論に達した。現状の試作品は完璧なものとは言えない、そう思うようになった。やり直しが必要だと思えた。そこで、開発チームは計画段階から再出発することを決めた。

この一日の試験的なワークショップから二カ月後、開発チームはインサイドボックス思考法の方法論を用いて五日間の新製品開発ワークショップを実施した。その後、市場に送り出されたSEDASYS麻酔システムは、ヨーロッパの多くの医療機関で用いられており、さらに世界に広がろうとしている。

誰もが逃れられない、思い込みという目隠し

引き算は、あるシステム（製品やプロセス）の重要な要素を取り除いてみるというテクニックだ。取り除く要素は、システム内部のものでなくてはならない。つまり、あなたがコントロールできるものである必要がある。また、その要素を取り除くとどうなるかを考えるときは、それ以外の要素をいじってはならない。慣れないうちは、引き算の結果として生まれる状況に対して違和感を拭えないかもしれない。たとえば、画面のないテレビを想像できるだろうか？　あるいは、フィラメントのない電球は？　このような思い切った発想の転換を成し遂げるためには、自分が思い込みの影響を受けるという事実を頭に入れておくべきだ。人は誰しも、ものごとを既存の視点でしか見ようとしなかったり、既存の方法でしか用いようとしなかったりする傾向があるのだ。

二〇世紀半ば、心理学者のカール・ドゥンカーは、有名な「ロウソク問題」の実験で思い込みの一種である「機能的思い込み」を鮮やかに描き出した。この実験でドゥンカーは、被験者を壁際のテーブルの前に連れていった。[注1]テーブルの上にあるのは、ロウソク、画鋲が入った小箱、それにマッチ（図2-2）。そのロウソクを壁に取りつけてくださいと、被験者に指示した。すると被験者は、ロウソクを画鋲で壁に刺そうとしたり、ロウソクを燃やして溶けたロウで壁にくっつけようとしたりした。画鋲の箱を使うことを思いついた人は一握りだった。箱を画鋲で壁に刺し、それをキャンドルホルダーのように用いればよかったのだ。

多くの人は、箱の機能に関する固定観念（＝「箱は画鋲を入れるもの」という思い込み）に毒されていて、箱が問題解決に役立つとは気づかないのである。興味深いことに、のちに別の実験をおこない、箱に画鋲が入った状態ではなく、画鋲と空の箱という状態で被験者に示すと、箱を

【図2-2】機能的思い込みを逃れるのは難しい

〔問題〕ロウソクを壁に取りつけるには？

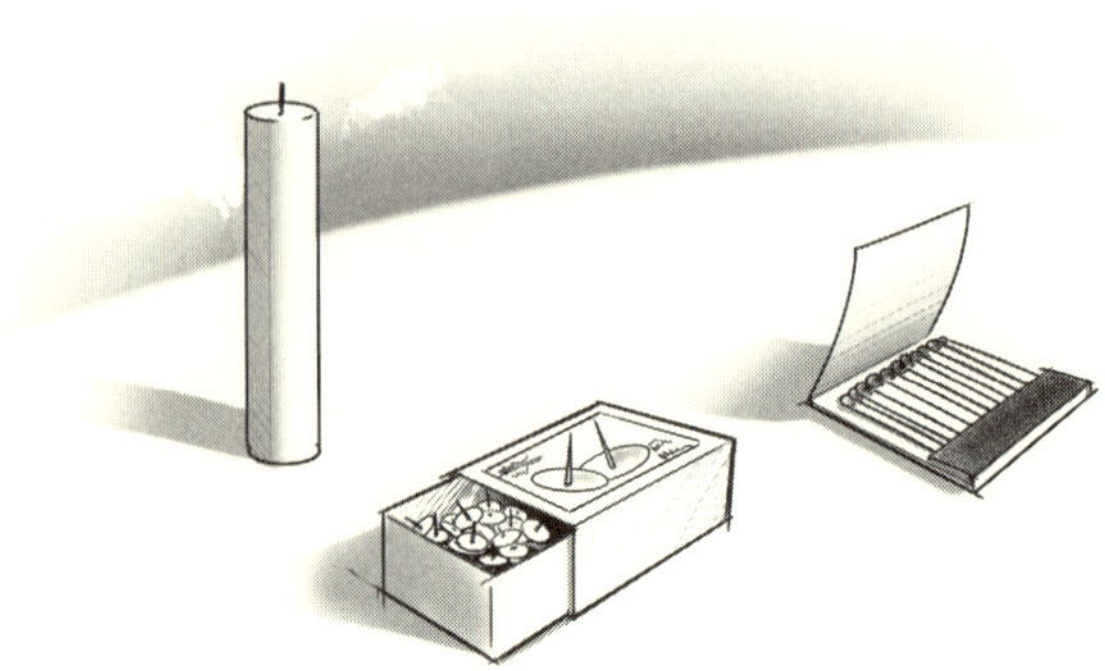

箱の機能についての思い込みを解除すると正解率が上がる

キャンドルホルダー代わりに使うという解決策にたどり着く人の割合が二倍に増えた（図２－２の下）。箱が通常の機能を果たしていない（つまり、画鋲を収納していない）状態を目の当たりにすることにより、箱が問題解決の手段になる可能性を思い描きやすくなったようだ。

私たちはイノベーションのワークショップをたくさん実施するうちに、これとは別のタイプの思い込みもあることに気づいた。「構造的思い込み」とでも呼ぶべき現象だ。人はものごとをひと塊として見たがる傾向があり、あるべきものが欠けていたり、ある部品が普通と異なる場所に取りつけられていたりすると、落ち着かない気分になるのだ。

ありえない要素を「取り除きっぱなし」にして成功したウォークマン

Ｊ＆Ｊの麻酔機器開発の事例では、要素を取り除いたあと、手術室という「閉じた世界」の中にある要素でその機能を代替させた。では、要素を取り除いたままにし、その要素が担っていた機能をほかの要素で代替させなければ、どういう結果になるのか？　カセットレコーダーから録音機能を取り除いたり、電話から通話の発信機能を取り除いたりするのはどうだろう？　常軌を逸している？　この先を読み進めれば、そうは感じなくなるだろう。以下では、このとおりの方法で誕生した二つの大ヒット商品を紹介しよう。

ＣＤプレーヤーやＭＰ３プレーヤーが登場する前、人々はカセットレコーダーで音楽を聴いていた。一九七九年にソニーが発売した大ヒット商品「ウォークマン」も、カセットレコーダーから生まれた製品だった(注２)。このイノベーションは、引き算のテクニックによって実現したと位置づけることができる。発端は、トップのひとことだった。ソニーの共同創業者である井深大は、長時間の飛行機の旅で音楽を楽しむのに適した携帯型の機器をつくってほしいと、自社の研究開発チームに指示した。当時のソニーのカセットレコーダーは、飛行機の中で聴くには大きすぎたのだ。エンジニアたちは小型化を実現するために、それまでのカセットレコーダーからスピーカーと録音機能を取り除いた。スピーカーの機能はヘッドフォンで代替させたが、録音機能をなにかで代替させることはしなかった。その機能は、完全に取り除かれたのだ。

できあがった試作品に満足した井深は、それを会長の盛田昭夫に見せた。盛田もそれを気に入った。そこで、ソニーのマーケティングチームは大がかりな消費者調査をおこない、商品化した場合に市場に受け入れられるかを探った。反応は散々だった。自分がそんな商品に魅力を感じるとは、誰も想像できなかったのだ。それでも、盛田はウォークマンの発売に踏み切った。その後の物語は知ってのとおりだ。ソニーは一カ月に五〇〇〇台売れれば上等だと思っていたが、既存のビジネスの常識は覆された。最初の二カ月の売り上げはなんと五万台。その後、全世界での売り上げは二億台を突破した。アップルのｉＰｏｄが登場するずっと前に、ソニーのウォークマンは音楽の聴き方に革命を起こしたのだ。

電話をかけられなくして大ヒットした携帯電話

既存製品の中核的機能を取り除いたことで大ヒット商品が生まれた事例を、もう一つ紹介しよう。その商品とは、モトローラの携帯電話「マンゴー」だ。(注3) マンゴーの開発物語は、技術的にシンプルな商品が大成功を収め、人々を驚かせた典型例と言える。

モトローラのイスラエル部門のマーケティング担当副社長は、ライバル社の低価格の携帯電話に対抗したいと考えた。そこで、コストを減らすために、電話をかける機能を取り除いた。あなたの読み間違いでもなければ、誤植でもない。電話をかける機能がない携帯電話をつくったのだ。

電話を受けるだけの携帯電話だ。こうして、きわめて特殊なニーズをもった隙間（ニッチ）市場向けのまったく新しいコミュニケーション機器が誕生した。

いったい、どういう人がそんな携帯電話を欲しがるのか？　ティーンエージャーの子どもをもつ親の気持ちになってみればいい。マンゴーと名づけられたその新製品は、親にとっては夢のような商品だ。通話発信機能がないので、子どもが使いすぎて電話料金がはね上がる心配がない（イスラエルでは、着信機能だけ使っているぶんには料金がいっさいかからない。だから、月々の支払いはゼロ。複雑な料金プランを検討する必要もない）。それでいて、通話を受けることはできるので、親はいつでも息子や娘と連絡が取れる。それに、コスト削減により低価格にできたので、壊れたり盗まれたりしても痛手は小さい。ややこしい点がまったくない商品なので、スーパーマーケットでも売ることができた。

このような子ども向け携帯電話をつくることは、モトローラにとってほかにも恩恵があった。子どもたちとの絆を早期に確立できるようになったのだ。人生最初の携帯電話としてマンゴーを使った子どもは、大人になってからモトローラの熱心な愛用者になる確率が高かった。

マンゴーを気に入ったのは、親と子どもだけではない。多くの営業部員や配達員を擁する企業にとっても都合がいい。従業員にマンゴーをもたせれば、コストを抑えつつ、スタッフの居場所をつねに把握できる。それらの企業の顧客にも好評だった。営業部員や配達員と連絡がつきやすくなったからだ。

発売から一年以内に、市場の五％がマンゴーを購入した。その年、なんとイスラエルは携帯電話普及率で世界第二位に躍り出た。広告業界専門誌のアドバタイジング・エイジ（国際版）は、一九九五年の一二の優れたマーケティング戦略の一つにマンゴーを選出している。

便利すぎる要素を取り除くと売れ出したケーキミックス

一九五〇年代、大手食品メーカーのゼネラル・ミルズは、同社の有名な「ベティ・クロッカー」ブランドの新商品としてケーキミックスを売り出した。一般に売られているケーキミックスの成分すべてに加えて、ミルクと卵も粉末状にして含めた。消費者がやるべきことは、ケーキミックスに水を加えてよく混ぜ、焼き型に注いでオーブンに入れるだけ。忙しい主婦にとっては時間と手間が省けるし、レシピも間違いようがないくらいシンプルだった。ヒット確実の新商品……のはずだった。

ところが、売れ行きはパッとしなかった。知名度と信頼性のあるベティ・クロッカーのブランドをもってしても、主婦たちにこのケーキミックスを買わせることができなかったのである。ゼネラル・ミルズは、心理学者チームの力を借りることにした。この状況は尋常でないと、同社の面々は感じていた。そこで、この商品を成功させるために、対策を入念に練らなくてはならないと考えたのだ。どうして、消費者はそっぽを向いたのか？

ひとことで言えば、原因は罪悪感だった。心理学者たちの分析によれば、当時の平均的なアメリカの主婦は、この便利なケーキミックスを使うことをうしろめたく感じていた。従来のケーキづくりの過程に比べて時間も手間も大幅に省けるので、夫や来客を騙しているような感覚にさいなまれたのだ。実際、味も申し分なく、食べた人は、主婦が長い時間を費やして焼いたに違いないと思い込んだ。その結果、女性たちは自分の労力に不相応な称賛を浴びることを居心地悪く感じ、この商品を使うのをやめてしまったのだ。

ゼネラル・ミルズは、迅速に対処する必要があった。マーケティング主導の発想で考えれば、主婦たちの罪悪感を取り除くための広告キャンペーンをおこなおうという話になっても不思議はない。たとえば、インスタントのケーキミックスを使えば主婦は時間を節約でき、家族のためにほかの大事なことに時間を割けるようになるとコマーシャルで訴える。革新的な商品を利用することがいかに賢明かを納得させるわけだ。

しかし、ゼネラル・ミルズはそういう戦略を採用しなかった。マーケティングの常識をことごとく無視して、商品のほうを修正した。それも、商品の利便性を減らしたのである。粉末の卵という成分を取り除いたのだ。これにより、主婦はケーキミックスに水と生卵を加えることを求められるようになった(注4)。同社が「卵を加えよう！」というキャッチフレーズであらためてケーキミックスを売り出すと、売り上げは飛躍的に増加した。

どうして、このわずかな変更が目を見張る成果を生んだのか？　まず、卵を加えるというささやかな作業が増えたことで、主婦たちの罪悪感がやわらいだ。時間を大幅に節約できるという事実は変わっていないのに、である。また、自分でおこなう作業が加わることで、主婦たちは自分でケーキをつくったという達成感と充実感を味わえるようになった。さらに言えば、卵は生命と誕生の象徴。自分がケーキに命を吹き込んだと実感させる効果もあったかもしれない――。最後の点はさすがにこじつけと言われるかもしれないが、いずれにせよ、この新しいアプローチが大きな変化をもたらしたことは誰も否定できない。

このケーキミックスの事例は、消費者心理に関する重要な教訓を含んでいる。消費者がほとんどなにもせずに利用できる商品やサービスを販売している企業は多い。そういう企業も引き算のテクニックを活用して商品やサービスの重要な要素を取り除き、消費者の作業負担をいくらか増やすことにより、イノベーションを起こせるのかもしれない。

DVDプレーヤーをスリムにしたのも引き算

取り除いた要素をほかの要素で代替させる場合は、次の二つのルールを守るべきだ。

第一に、取り除いた要素と同じものを再び持ち込んではならない。削除したものは、ずっと削除したままにしておこう。粉末の卵を取り除いて生卵で代替させたケーキミックスの場合、粉末の卵と生卵はまったく異なる性格をもっていた。当たり前のことに思えるかもしれないが、取り除いた要素がこっそり復活しないよう注意する必要がある。

第二に、代替物は身近な場所で――つまり、「閉じた世界」の制約の中で――探すべきだ。そのような代替物を見つけてこそ、シンプルだが真にユニークで意外性のあるイノベーションを成し遂げられる。ケーキミックスの場合、代替物である生卵は、主婦にとって身近な場所に、すなわち冷蔵庫の中にあった。レオナルド・ダ・ヴィンチはこう述べたと伝えられている――「シンプルであることが究極の洗練である」。まったく、そのとおりだ。

エレクトロニクス大手のフィリップスがDVDプレーヤーで引き算のテクニックを活用した例を見てみよう。DVDプレーヤーが登場しはじめた一九九八年、同社はアムノン・レーヴァヴとSITワークショップのトレーニングスタッフであるアミット・メイヤーを招いて助言を求めた。フィリップスのチームは、ライバル社の製品と一線を画した新しいDVDプレーヤーを開発したいと思っていた。チームのメンバーは、他社のDVDプレーヤーに関して興味深いことに気づいた。DVDはそれ以前のビデオカセットに比べてさまざまな利点があったが、ライバル社が発売しているDVDプレーヤーはことごとく、ビデオデッキとほぼ同じ外見をしていたのだ。大きさも、形状も、見た目も、雰囲気も、すべてビデオデッキそのものだった。フィリップスはこの発見をきっかけに、DVDプレーヤーがこれから普及しようという時期に、早くもライバルとの差別化を成し遂げるチャンスを見いだした。そこで同社は、市場が飽和し成熟するのを待つのではなく、まだテクノロジーが生まれて間もないときにイノベーションに踏み切ることを決めた。実を結べば、大胆かつ聡明な戦略だ。

時計の針を巻き戻して、当時フィリップスがどういう状況に置かれていたかを見てみよう。一九九七年にDVDが登場した当時、ビデオカセットは二〇年以上にわたって大衆向け市場で大きな成功を収めており、多くの家庭がビデオデッキで映画を見たり、テレビ番組を録画したりしていた。しかしDVDディスクには、ビデオカセットにはない利点がいくつもあった。ビデオカセットの厚みが約二・五センチだったのに対し、DVDディスクの厚みはたったの約一・二ミリ。DVDのほうがプレーヤーに挿入しやすく、操作も難しくない。それにDVDは、映画の特定のシーンにすぐに「ジャンプ」できる。ビデオの場合、冒頭からすべて早送りし続けるしかなかった。また、DVDは保管しやすく、製造しやすく、販売しやすい。

このように、ビデオカセットとは劇的に異なる記憶媒体が誕生したのに、プレーヤーのほうはビデオデッキとほとんど変わっていなかった。それまで売られていたビデオデッキの外見は、よくあるステレオデッキのような感じだった。長方形の黒かシルバーのボックスに、前面にズラリと並んだボタン類、そして再生時間や現在使用している機能を表示する小さなディスプレー、という具合だ。ビデオデッキ市場は非常に競争が激しかったので、業界各社は差別化をめざして次々と新機能を加えていった。しかし、それはやりすぎだった。消費者が使いこなせない機能がいくつも搭載されていたのだ。時間の設定からして、一筋縄ではいかなかった。その証拠に、ほとんどの家庭のビデオデッキのディスプレーには、「12:00」という時刻が点滅していた。大半のユーザーは時間設定という基本的な操作すらできず、出荷時の設定のまま使っていたのである。その結果、録画予約の機能はほぼ無用の長物になっていた。

DVDが登場したとき、エレクトロニクス企業は、この「魔法のディスク」の強みを生かして、まったく新しいプレーヤーを送り出す千載一遇のチャンスを迎えた。ところが、業界各社はこの好機をふいにした。一九九七年に売り出されたDVDプレーヤーは、それまでのビデオデッキそのままだったのだ。

どうして、業界各社はDVDプレーヤーをデザインした際に、まさに葬り去ろうとしていた二〇年前のテクノロジーと酷似したものにしてしまったのか？　おそらく、そのほうが消費者に安心感をもたせられると思ったのだろう。新しく売り込もうとしていたのは、消費者に長年愛され続けてきたビデオデッキに代わる製品だ。家庭の中でビデオデッキと同じ場所にすんなり置けて、同じようにステレオデッキやテレビと接続できるほうがよさそうに思えたのだろう。実際、ビデオデッキからDVDプレーヤーに移行することは難しくなかった（ユーザーは大量のビデオカセットのコレクションを処分するなり、LPレコードと一緒に倉庫の奥にしまうなりする必要があったけれど）。

ひとことで言えば、エレクトロニクス業界は、DVDプレーヤーを「カセットテープの代わりにディスクを使うビデオデッキ」のように位置づけていたのだ。しかし、フィリップスが選んだアプローチは違った。

アムノンの指導の下、フィリップスのチームは、引き算のテクニックのエクササイズを一通りおこなった。まず、DVDプレーヤーの構成要素をリストアップし、そのうえで、それぞれの要素を取り除いたらどうなるかを順番に検討していった（ほかの要素はすべてそのままにしておく

【図2-3】ビデオデッキのようだったDVDプレーヤーを革新するには？

長年愛されたビデオデッキ

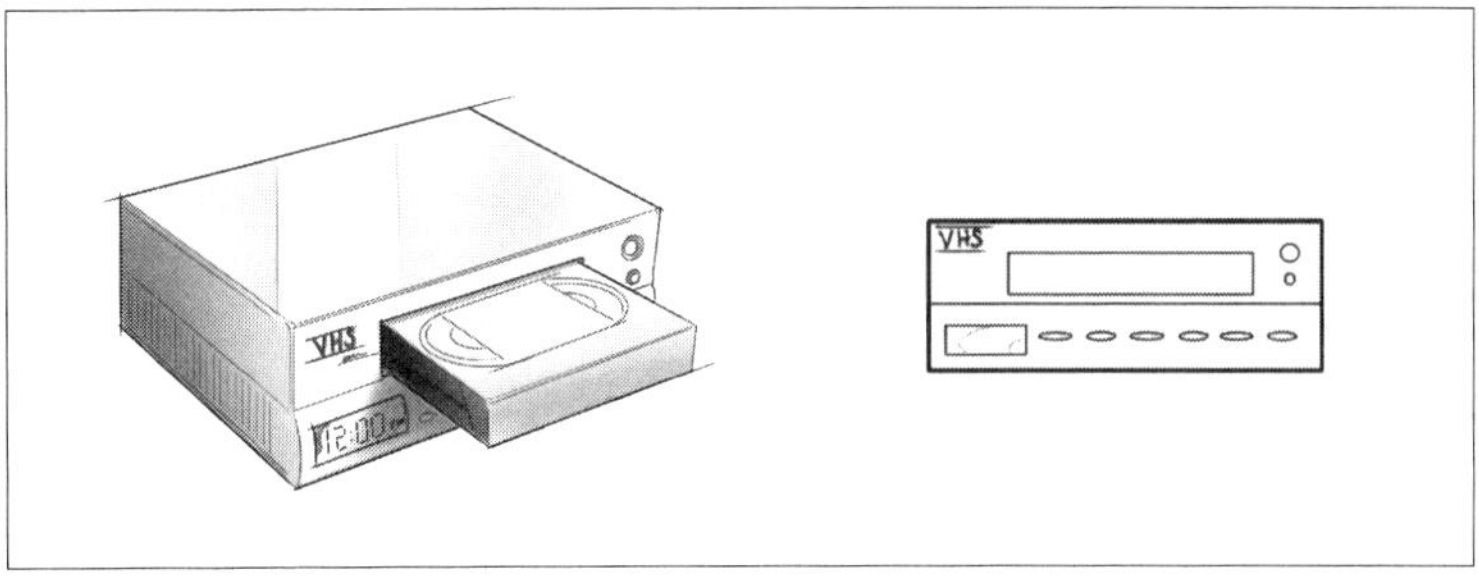

ボタンとディスプレーを引き算！

革新されたDVDプレーヤー

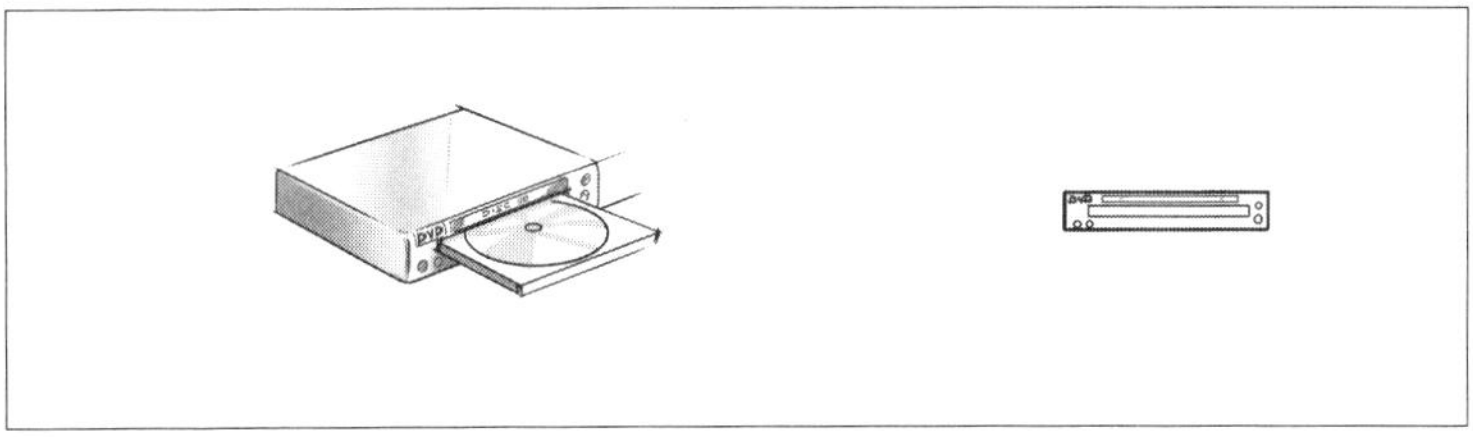

リモコンとTV画面が代替

ものとした)。個々の要素について考えるたびに、DVDプレーヤーのあり方について新しい選択肢が浮上し、新たな価値を生み出せる可能性が開けてきた。

最初に俎上《そじょう》に乗せたのは、プレーヤー前面のボタン類だった。一連のボタンを取り除いたらどうなるか？ 最初、部屋にいた誰もが声を立てて笑った。アムノンがホワイトボードに「ボタンのないDVD」と書くと、チームの面々はそれについて冗談を言い合った。しかし、その後の議論は大いに盛り上がった。プレーヤーのボックスがほぼ空洞だと知らなかったメンバーがいたり、「前面にボタンがすべて並んでいるデザインを消費者が望んでいることは明らかだ」と言い切るメンバーがいたり。ボタンのないDVDプレーヤーなど誰も見たことがなかったので、そういうプレーヤーにどういう利点があるかを思い浮かべることに一同は苦労した。しかしやがて、あるデザイナーが唐突に言った。「ボタンをなくせれば、とてもスリムにできますね」

よく考えてみれば、消費者はボタンなど必要としていなかった。そっくり同じボタンがリモコンにもあるからだ。のちに、実際にボックスからボタンを取り除いたDVDプレーヤーをつくると、部屋に置いたときに、すっきりしていてオシャレな印象になった(厳密に言うと、フィリップスの新しいプレーヤーでは、ボタンを完全になくすのではなく、ボックスの側面や裏面に移した。ユーザーがリモコンをなくした場合を考えたのだ)。こうして生まれた新しいプレーヤーは、場所を取らないだけでなく、威圧感がだいぶやわらいだ。DVDプレーヤーへの乗り換えに抵抗していた人たちの背中を押すうえで、ビデオデッキより使いやすそうな印象を与えられたことは大きな好材料になった。

次に、ボックス前面の大きなスペースを占めていたディスプレーを取り除くことを考えた。ディスプレーに表示される情報なしに、消費者がプレーヤーを操作することはできるのか？「閉じた世界」（この場合は、家庭のリビングルーム）の中に、ディスプレーの機能を代替できるものがあるだろうか？

答えは見つかった。テレビの画面を使えばいいのだ！　プレーヤーを接続するテレビ画面に、必要な情報を表示すればいい。Ｊ＆Ｊの麻酔機器開発チームと似たような解決策にたどり着いたことは、実に興味深い。

いま考えれば、当たり前の解決策に思えるかもしれない。しかし、当時は違った。思い込みの影響により、「テレビ画面は映画やテレビ番組を映し出すためのもの」と、誰もが決めてかかっていたからだ。ほかの機器の操作画面としてテレビ画面を活用しようとは、なかなか思いつかなかった。しかし、これでコツをつかんだフィリップスのエンジニアたちは、プレーヤーの前面から取り除いて、リモコンで操作したり、テレビ画面に表示させたりできる要素をさらにいくつも見つけられた。そうやって要素を引き算し、別の要素で代替させていった結果、業界で最も薄いＤＶＤプレーヤーが誕生した。「スリムライン」と名づけられた新製品は、権威あるデザイン賞も受賞した。その後、スリムライン的なデザインが市場で標準になり、ほかのメーカーがこぞって追随するまでに、さほど時間はかからなかった。三〇年にわたって業界に君臨し続けてきた固定観念を「引き算」が突き崩したのだ。

このイノベーションは、考案したエンジニアたち自身が予想していた以上に大きな影響を生むことになった。スリムライン的な発想は、エレクトロニクス分野だけでなく、多くの製品のデザインの原型になっている。いまアマゾン・ドットコムで「スリムライン・デザイン」を検索すれば、スピーカーやコンピュータにはじまり、電話や腕時計、さらには聖書にいたるまで、実にさまざまな分野の製品が見つかるだろう。

「後退」でiPodに新たな価値が生まれた

慣れないうちは、引き算のテクニックを実践するのを居心地悪く感じる人が多い。要素を取り除くのは、技術の進歩を逆行させるように思えるからだ。確かに後退ではあるのだが、技術的には前進より容易だという利点がある。製品やサービスに新しい要素をつけ加えるより、既存の要素を取り除くほうが時間も労力も資金もかからない。ところが、一見すると進歩のプロセスに反するように思えるので、要素を取り除くという選択肢になかなか思いいたらないのだ。

重要なのは、要素を削除することで新しい価値が生まれるかどうかだ。製品やサービスの改善につながらなければ、引き算をおこなってもさほど意味がない。要素を取り除くことによって、技術そのものは進歩しなくても、製品やサービスの質が向上すべきなのである。フィリップスのスリムラインはそういう製品だった。これは、たまたま運よく成功しただけとみなすべきなのか？　そんなことはないと、私たちは考えている。あなたの身のまわりにも、基本的な要素を取り除く（つまり、技術面で後退する）ことによって、消費者のために目を見張るような新しい価値を生み出した製品やサービスがたくさんある。アップルの携帯型デジタル音楽プレーヤー、iPodはその典型だ。

のちの成功を知っていると信じがたいかもしれないが、iPodは市場で最初に発売された携帯型デジタル音楽プレーヤーではない。二番目や三番目ですらなかった。なんと八番目だった。iPod以前に、IXI、リッスンアップ、Mpマン、リオなど、七種類のプレーヤーが存在した。最初の携帯型デジタル音楽プレーヤーであるIXIの試作品が完成したのは、一九七九年。アップルがiPodを発売したのは、二〇〇一年のことだった。これだけ後れを取っていながら、どうして大成功を収められたのか？　ほかのプレーヤーの大半を市場から駆逐した要素とは、なんだったのか？　音質が優れていたのか？　バッテリーの駆動時間が長かったのか？　あるいは、保存できる楽曲の数が多かったのか？　答えはそのいずれでもない。機能の面で言えば、ｉＰｏｄは既存のライバル製品よりことごとく劣っていた――二つの面を除いては。その二つの要素とは、シンプルさとデザイン性である。

まず、当時の状況をおさらいしておこう。携帯型デジタル音楽プレーヤー市場は競争が激しく、業界各社は新たな機能を追加して高機能の製品を送り出すことによって、ライバルに打ち勝とうとしていた。市場に最初に登場した携帯型デジタル音楽プレーヤーは、液晶ディスプレーを搭載し、ユーザーが楽曲のプレイリストを作成できるようになっていた。この機能は、ユーザーが保存している楽曲を整理し、再生する順序を管理するうえで非常に便利なものだった。やがて市場で競争が熱を帯びてくると、業界各社は液晶ディスプレーの改良を重ね、さらに多くの機能をもたせていった。液晶ディスプレーは携帯型デジタル音楽プレーヤーに欠かせない要素とみなされるようになり、メーカーは液晶ディスプレーの技術と機能の改良に血道を上げた。そうすることで、自分たちが前進していると思っていたのだ。

二〇〇一年にアップルが第一世代のｉＰｏｄを発売すると、大ヒット商品になった。その後、同社はイノベーション精神を発揮し、保存した楽曲をランダムに再生するシャッフル機能をもたせたタイプのｉＰｏｄを売り出した。「ｉＰｏｄシャッフル」である。このとき同社は、ディスプレーをなくすという形で技術面で後退することを選んだ。また、ユーザーが自分で選んだ順番で楽曲を聴くのではなく、ｉＰｏｄがランダムに選んだ順番に楽曲を聴くというのも一歩後退に感じられるかもしれない。エンターテインメントに関する自分の決定権が弱まることを消費者が望むはずがない？　しかし、この製品が売り出されると、驚くべき結果が待っていた。ｉＰｏｄシャッフルは、携帯型デジタル音楽プレーヤーの愛用者たちから熱烈に歓迎されたのである。どこが気に入られたのか？　まず、シャッフル機能を使えば、長い時間を費やしてプレイリストを作成・管理せずにすむ。ラジオのように、機械が勝手に楽曲を選んで聴かせてくれるのだ。それに、次にどの曲が流れてくるかわからないことが生み出す「驚き」の感覚も、音楽を聴く楽しみをいっそう大きくした。

技術面で後退したことに、消費者から不満は出なかったのか？　そんなことは、誰も気にしなかった。一部のテクノロジーマニアはともかく、消費者は、ビデオデッキのさまざまな細かい機能を必要としていなかったのと同じように、携帯型デジタル音楽プレーヤーの技術的進歩に興味はなかったのだ。

アップルはフィリップスと同様に、業界のあらゆるライバル企業が欠かせないと思っていた機能を取り除いた。そして、その取り除いた機能は取り除いたままにしておいた。ほかの要素でその機能を代替させなかったのである。そうすることで、多くの機能を詰め込んだ携帯型デジタル音楽プレーヤーよりｉＰｏｄシャッフルのほうが楽しくて使いやすいという、強力なメッセージを消費者に発信できた。

二〇〇六年に発売された第二世代のｉＰｏｄシャッフルも大ヒット商品になった。このとき、アップルが標的にした消費者層は、すでにｉＰｏｄをもっていて、二台目として、安くて、「開いた口がふさがらないくらい小さい」（アマゾン・ドットコムの説明）マシンを求めている人たちだった。同社としては、価格が安く、操作がシンプルな新製品がアップル・ブランドに新しいユーザーを呼び込むことも期待していた。ｉＰｏｄシャッフルが引き寄せた消費者が本格的なアップル・ファンになり、いずれはさらに高機能のｉＰｏｄや、さらにはマッキントッシュ・パソコンを買ってくれるかもしれない、と考えたのだ。実際、のちにスマートフォンのｉＰｈｏｎｅを購入した人の多くは、ｉＰｏｄユーザーだった。

ユーザーを対象にした調査によっても、ｉＰｏｄがユニークで革新的というイメージをもたれているることが裏づけられている。それまで不可欠だと思われていた要素を取り除くという単純な変更により、技術面では後退したが、音楽を聴くことがいっそう楽しくなり、音楽プレーヤーのあり方が完全に描き換えられた。これぞ、イノベーションと言うべきだろう。

「欠かせない」要素はどう判断する？

引き算は非常に単純な方法なので、それがいかに状況を一変させられるかを目の当たりにして驚く人も多い。Ｊ＆Ｊの麻酔機器の例で見たように、製品の主要な要素を取り除けと言われると、製品開発チームはえてして侮辱されたように感じる。それでも、同社のエンジニアたちはそういう抵抗感を乗り越え、引き算のテクニックに従って大きなイノベーションを成し遂げ、世界中の病院の手術室で医師たちの仕事の仕方を大きく変えた。

成功へのコツは、製品やサービスの根幹をなしている要素を取り除くことだ。しかし具体的には、どういう要素を削除すればいいのか？　本章で紹介してきた事例を見ると、取り除かれた要素は、最も欠かせない要素でもなければ、最も些細な要素でもなく、その中間だった。そういう要素にねらいを定めたとき、最も大きな効果をあげられる可能性が高い。麻酔機器の場合、いくら欠かせない要素を削除すると言っても、麻酔剤をなくすのはやりすぎだ。その点、予備バッテリーとモニターは、麻酔機器に欠かせない要素ではあるが、最も欠かせない要素ではなかった。

逆に、あまり些細な要素を取り除いても、思い込みを打ち破ることはできない。では、どうすれば適切な要素を選べるのか？　ときには、実際にやってみて判断するしかない場合もある。

「これは病みつきになる！」(注5)――ツイッターの部分的引き算

引き算を実践するときは、かならずしも要素を丸ごと削除する必要はない。言ってみれば、「部分的引き算」をおこなってもいい。それによって製品やサービスが新しい価値をもつのであれば、それも立派なテクニックだ。部分的引き算をおこなう場合は、いずれかの要素を選び、その要素の特定の側面を取り除く。世界で数億人が利用しているミニブログサービス、ツイッターはそのいい例だ。投稿の字数を一四〇字までに制限するという形で、従来のブログの機能を部分的に引き算したツイッターは、莫大な数の登録者を獲得し、途方もない量のアクセスと投稿を引きつけている。具体的には、どのようにしてそれを成し遂げたのか？

ツイッターの創業者であるノア・グラスやジャック・ドーシーらは、自分たちのコンセプトが間違っておらず、ヒットを生み出せる可能性が自分たちの手中にあると思っていた。そのコンセプトとは、同時に多数の友人に携帯メールを送信できるようなサービスを提供するというものだった。ツイッターはもともと、人々が友人たちに自分の近況を手軽に知らせる手段として想定されていたのだ。

しかし、携帯メールを土台にしたサービスを築こうとすると、いくつもの障害にぶつかった。まず、携帯メールの料金が高かった。しかも、電話会社は携帯メールの字数に上限を設けていた。一六〇字を上回るメッセージは、自動的に二つ以上に分割されるようになっていたのだ。そこで、ツイッターの創業チームは、自社のショートメッセージ・サービス（ＳＭＳ）のテキスト（要するに、いまで言う「ツイート」のことだ）の字数を最大一四〇字と決めた（ユーザー名とメッセージの前のコロンの分を考えて、一六〇字から二〇字減らした）。字数を一四〇字に制限することで、従来の携帯メールの機能を部分的に引き算したのである。二〇〇七年二月、ドーシーはツイッターにこう書き込んだ――「一四〇字で世界を変えられる」。

ドーシーの予言は当たった。いまや、ツイッターの登録者数は一億人を突破。一カ月のユニークビジター数は四億人を上回る。二〇一一年三月の日本の東日本大震災や、その二カ月前のエジプト革命のような大きな災害や事件が起きたときは、世界中の人々の情報収集の場として機能している。グラスはあるインタビューでこう述べている。(注6)「このサービスのなにがすごいって、それは相手と実際に一緒にいるような感覚を味わえることだ。それが人間の心理に及ぼす影響は計り知れない。つながっていると実感できる」

このように、部分的引き算は、完全な引き算と同じように大きな効果を生み出せる場合がある。ときには、ある要素を丸ごと削除するより、部分的に取り除くほうが懐疑的な人たちを引きつけやすいケースもある。

元々要素が少ない洗剤を引き算して、ファブリーズのアイデアを先取り

引き算をおこなうことに対して、最初のうち恐怖心をいだく人は多い。製品やサービスの価値が台無しになるのではないかと恐れるのだ。「閉じた世界」の中にわずかな要素しかないケースでは、とりわけそうした脅えを感じやすい。イノベーションのためという理由で数少ない要素の一つを取り除くなど、常軌を逸していると思ってしまう。しかし引き算のテクニックは、もともと少しの要素しかない状況でも目覚ましい成功を生み出せる。

洗濯洗剤を例に考えてみよう。洗濯洗剤の主な構成要素は、三つだけだ。活性成分（汚れを落とす成分）、香料、そして結合剤（すべての粒子を結合させるための成分）である。試しに考えてみよう。それぞれの要素を取り除いた場合、どうなるだろう？　どういうイメージが脳裏に立ち上がるだろうか？　ほとんどの人は、欠陥製品の洗剤のせいで服が台無しになると思ってぞっとする。三つの要素のどれか一つでも取り除けば、洗剤の用をなさなくなると思うのが普通の発想だろう。いずれかの要素が欠けた洗剤で大切な服を洗いたい人など、どこにいるだろう？

ヴィトコ・ディタージェンツという企業を紹介しよう。この会社は一九九六年、引き算のテクニックを活用して製品のラインナップを拡大させ、それまで存在しなかったような革新的な製品を生み出した。そうした製品の一つが洗濯洗剤だった。同社は、どのようにして自社の洗濯洗剤に対して引き算を実践したのか？　同社がどのようにワークショップをおこなったのかを、順を追って見ていこう。

〈ステップ1〉 製品の物理的な構成要素を列挙する。

＊活性成分
＊香料
＊結合剤

〈ステップ2〉 一つの要素を取り除いてみる。試しに活性成分を削除してみる。

〈ステップ3〉 それを取り除くとどうなるかを思い描く。この場合、出現するのは、香料と結合剤だけでできた「洗剤」だ。これでは服の汚れが落ちない。汚れを落とす機能は、活性成分を取り除いたときに失われたのだ。

〈ステップ4〉そのような製品のメリットはなにか？　ニーズと市場はどこにあるのか？　これらの点を検討する。最初は、ばかげていると思うだろう。汚れを落とせない洗剤なんて、誰が買うのか？

ここでワークショップ参加者の一人が発言した――洗剤の活性成分は、衣服に大きなダメージを与える。だから、活性成分を取り除けば服を長持ちさせられる。そのような活性成分抜きの洗剤の潜在的市場としては、まだ汚れていなくても、着たあとの服を洗濯したい人たちが想定できるだろう。汚れを落とすためではなく、いわば服をリフレッシュするために洗濯したい人にとって、活性成分抜きの洗剤は理想的な商品だ。

社内の技術部門によれば、活性成分がほとんど、もしくはまったくなしで安定した製品をつくることは、技術的に不可能ではないとのことだった。そういう製品なら、結合剤も少なくてすむ。このアイデアはうまくいくかもしれないと思えた。

最大の障害は法律の規定だった。法律上、一定量以上の活性成分を含んでいないものは「洗剤」として売れないことになっていた。しかしこの問題に対しては、ワークショップにも参加していたCEOがただちに答えを出した。洗濯洗剤とは別の新しいジャンルの商品として売り出せばいいじゃないか、というのだ。「衣類フレッシュナー」という呼び名はどうだろうと、CEOは提案した。まだ汚れていなくても、フレッシュな感じがしないという理由で服を洗濯したい人たち向けに、服を傷めることなくフレッシュさを取り戻せる商品——そういう新しい商品ジャンルが誕生したのだ。

この年、消費者用品大手のユニリーバがヴィトコの株式の六〇％を取得し、傘下に収めた。そしてヴィトコの活動の優先順位を見直し、新製品開発の取り組みをすべて打ち切った。買収により、多くの製品を手中に収めたユニリーバは、これ以上の新製品開発をおこなう必要性を感じなかったのだ。衣類フレッシュナーの開発も棚上げされた。

これは大失敗だった。この四年後、同社の最大のライバルであるプロクター&ギャンブル（P&G）が「衣類リフレッシャー」と銘打って、「ファブリーズ」ブランドから同様のコンセプトの製品を発売したのだ。その製品とは、衣類用消臭剤である。P&Gは徹底した市場調査をおこなった末、ヴィトコの開発チームが見いだしたのと同じことに気づいた。衣類を洗濯するのではなく、リフレッシュさせたいというニーズもあることを発見したのである。いまやP&Gの衣類用消臭剤ビジネスは、世界で年間一〇億ドルを売り上げるまでに成長している。

注目してほしいのは、引き算のテクニックを活用したヴィトコの開発チームがシンプルに、金をかけずに活性成分抜きの洗濯洗剤に対する潜在的需要に気づけたことだ。それに対し、P&Gは大々的な市場調査を実施してはじめてそのニーズを発見できた。この事実が浮き彫りにしているように、本書で紹介するイノベーションのヒナ型は、市場で成功を収めるための有効な手立てなのだ。市場調査を通じて消費者の声に耳を傾けることによっても、革新的なアイデアを見いだせるかもしれないが、本書のテクニックを実践すれば、同じアイデアにもっと手っ取り早くたどりつくことができる。

鉱山崩落事故の救出作戦でも引き算が活躍していた

ときには、引き算することを意図して選択したわけではなく、要素が引き算された状況に否応なく放り込まれるケースもある。そういうときも、このテクニックは創造的な可能性を広げる役に立つ。

二〇一〇年八月、チリの鉱山で坑道の崩落事故が起き、地下約七〇〇メートルの場所に三三人の作業員が閉じ込められた。崩落により、坑道からの救出は不可能だった。そこで、救助チームはただちに次の作戦に切り替えた。救出用の細い穴を掘り、作業員を脱出用カプセルに入れて引き上げる方針を決めたのだ。そして準備作業に取りかかり、事故発生から約七〇日後、作業員を一人ずつ地上に引き上げた。最後の一人が地上に出てきたとき、テレビの前で見守っていた世界中の人々が歓声を上げ、祝福した。三三人が緩慢で苦しい死から救われたのだ。

あまり知られていないのは、この救出アイデアが半世紀以上前に、引き算のテクニックによって考案されたものだという点だ。一九五五年五月、ドイツの都市ゲルゼンキルヒェンのダールブッシュ炭鉱で坑道崩落事故が起き、三人が地中に取り残された。崩落により坑道がことごとく埋まり、通常の脱出ルートはすべて閉ざされてしまった。

救助をめざしていた人たちはみな、坑道を再び開通させることしか頭になかったが、エーベルハルト・アウという三四歳の技師は別のアプローチで考えた(注７)。坑道からの救出という選択肢が引き算されたとみなしたのだ。取り除かれた要素を代替するものとして目をつけたのは、食料と水の補給のために用いていた細い穴だった。アウは補給穴を通じて地下に送り込むために、ありきたりの板金でつくれる細長いカプセルを設計した。カプセルの直径はわずか約三八・五センチ。

細い補給穴を通れるサイズだが、一人の人間がどうにか体を押し込められる広さはある。このカプセルを用いて、救助チームは三人の作業員を救い出せた。

「ダールブッシュ炭鉱で用いられた方法は、天才的なアイデアだった」と、鉱山事故の救出活動に携わって四〇年の経験をもち、オハイオ州鉱山安全トレーニングセンター（オハイオ州カディズ）で教えているジェフ・サボーは言う。(注8)「鉱山事故で地中に埋まった人の救助活動は何百年も昔からおこなわれていたが、細い穴から一人ずつ引き上げるという発想は前例がなかった」

毎度のことだが、いま考えれば当たり前の解決策に思えるだろう。しかし当時は、機能的・構造的思い込みに目隠しされて、多くの人がこの方法を思いつけなかった。人間は何千年も前から、鉱物資源を得るために大地を掘ってきた。そして、世代を重ねるごとに安全な土木・建築手法が考案され、鉱業技術が進化してきた。しかし、長い歴史を通じてイノベーションが重ねられてきたことには、マイナスの面もあった。鉱山専門家たちは、自分たちの知っているやり方が安全かつ効率的な採掘の最善の方法だと思い込むようになった。豊富な経験はたいてい強みになるが、この場合は経験の重みが創造的思考を妨げていた。

鉱山はいくつもの坑道の複雑なネットワークで構成される。鉱山専門家たちは、坑道を通すための計画作成能力、設計の技能、建築技術を誇りにしており、一人ひとりが坑道ネットワークの詳細な地図を頭に焼きつけている。そうでなければ、仕事が務まらない。しかし、その脳内の地図が強力な構造的思い込みを生み出していることも事実だ。鉱山事故が起きたときは、既存の坑道を使って作業員全員を同時に救い出すのが当然と考えられている。そこで、生き埋めになった人たちがいる場所につながる坑道を再び開通させることが試みられる。最初におこなう作戦としては、非常に合理的だ。長い期間をかけて鉱山を建設し、さらに長い期間そこで仕事をしてきた鉱山技師や鉱山経営者、安全対策専門家たちは、すべての坑道の位置関係と構造を正確に把握している。既存の坑道を救出ルートとして用いる方法は最も迅速で、安全だ。問題は、ときにこの最初の作戦がうまくいかない場合があることだ。

一九五五年のダールブッシュ炭鉱でも、既存の坑道を用いる作戦では作業員を救えないことが明らかになった。そこで、救助チームは「あらゆる選択肢を組上に乗せて検討」しなくてはならなくなったと、アメリカ鉱山救助協会のロブ・マギーは説明する。(注9) そういう制約を課されて、技師のアウは、きわめて独創的なことを思いついた。構造的思い込みの影響下で問題を見ることをやめ、引き算の視点で考えてみたのである。坑道という要素を解決策から取り去り、「閉じた世界」の内側でその代替物を探した。そして、見つけた代替物が補給用の細い穴だった。

この解決策を発見したことにより、アウは三人のドイツ人の命だけでなく、その後の多くの人たちの命も救った。彼のアイデアは、坑道からの救出が不可能な場合に選ぶべき作戦の定番として鉱山業界で広く採用されるようになったのだ。彼が設計したカプセルは、一九五六年と五七年にも、鉱山事故で生き埋めになった作業員の命を救った。一九六三年には、鉄鉱山で地下五八メートルの場所に一一人が二週間生き埋めになった際、このカプセルが救助作戦に力を発揮した。今日、アメリカ鉱山安全・健康協会はこのタイプのカプセルを常備していて、鉱山事故があれば世界のどこへでも送り出せるようにしている。

チリで三三人を救った「フェニックス・カプセル」は、アウのカプセルの改良版だ。チリ海軍の技師たちが製作した三つのカプセルは、アウのものよりいくらか大きく（直径五四センチ）、マイク、スピーカー、酸素ボンベを搭載していた。しかしこれらの点を別にすれば、基本的なアイデアは同じだった。アウは一九九六年に七五歳で世を去ったが、最後までこの救助用カプセルの特許を取得することはなかった。「大事なのは、みんなを地中から出してやることなんだ」と言っていたという。

もちろん、引き算のテクニックを活用するために、事故や災害の発生を待つ必要はない。この方法論を計画的に用いることで問題に新しい光を当てられれば、革新的な問題解決策が目に飛び込んでくるだろう。ドリューは、マネジメント研修に関するシンポジウムで講演したとき、それを肌で経験した。講演が終わると、七人の男性が声をかけてきた。南アフリカのスタンダード・バンクの経営陣だとのことだった。そのときの経験を紹介しよう。

「みんなクビにしてしまえ!」。銀行の経営戦略に応用:ドリューの経験

シンポジウムでインサイドボックス思考法の方法論を説明し、講演を終えると、銀行の経営陣から挨拶された。イノベーションの方法を意識的に学習し、ヒナ型に当てはめて実行することは可能だという考え方が気に入ったと言ってくれた。とくに、引き算のテクニックに興味をもったという。「このテクニックは、私たちが直面している問題にも有効だと思いますか?」と、経営陣の一人が言った。

そういう質問を受けたときは、いつも同じ返答をしている——「さあ、なんとも言えません。詳しいお話をうかがわないことには」。私たちは空いている会議室を見つけ、そこで腰を落ち着けて話すことにした。

「私たちは、ほかの銀行を買収して会社の規模を大きくしたいと思っています」と、幹部の一人が言った。どうやら、この人物が説明役を務めることになっているらしい。「その点では、みんなの意見が一致しています。けれど、どういう方法が最善かについては意見がわかれています。

南アフリカ国内の銀行を買収すべきだと主張する者がいる一方で、北米やヨーロッパの銀行を買収したほうがいいと主張する者もいます。この問題を解決するためには、あなたのイノベーション方法をどのように活用すればいいでしょうか？」

私は少し考えた。この種の経営戦略上の問題を検討するのははじめての経験だった。製品やサービスのイノベーションだけでなく、ビジネスモデルのイノベーションにも引き算のテクニックが有効だという確証はなかった。それでも、私はやってみることにした（あとになって知ったのだが、このときすでに、ジェイコブの仲間たちは企業戦略についてもインサイドボックス思考法の方法論を用いはじめていた）。

私は口を開いた。「それでは、手順どおりに進めましょう。引き算の最初のステップは主要な構成要素を洗い出すことです。銀行の構成要素には、どういうものがありますか？」

幹部たちは身を乗り出した。シンプルな問いを投げかけられたことで、すんなり議論に入っていけたようだ。一人が言った。「スタッフがいます。いろいろなタイプの従業員がいます」

「なるほど、では『スタッフ』と書きましょう」。私はマーカーを手に取ると、ホワイトボードに要素を書き出しはじめた。「ほかには？」

「資産があります」と誰かが言うと、「負債もある！」と別の一人が口をはさんだ。「建物とATM、それに店舗もある。これらを会計用語で有形固定資産（ＰＰＥ）と呼んでいます」

「続けてください」

「システムもあります。それにもちろん、顧客もいますね。あと、評判、言い換えればブランドもある」

ホワイトボードに、以下のような要素が書かれた。

＊スタッフ
＊資産
＊負債
＊設備や建物
＊システム
＊商品とサービス
＊顧客
＊ブランド

「では、引き算してみましょう。要素のどれかを取り除いた場合、どうなるかを考えるのです。できれば、不可欠な要素を削除するのが理想的です」。何人かの顔がゆがんだ。よくある反応だ。それに、このテクニックを試すと、一見すると滑稽な製品やサービスのアイデアが浮上し、笑い声があがることも多い。このときも、メンバーは笑いを抑えられなかった。

「スタッフを取り除きましょう！」と、一人の幹部が言った。半分は冗談だったが、どういう結論が導き出されるのか興味津々でもあったようだ。

「いいでしょう。では、みなさんの銀行に従業員が一人もいないと想像してください。ほかの要素はすべて現在のまま、従業員だけいないのです。さて、次の問いを考えてみましょう。みなさんの銀行にとって理想的な人材を擁している銀行を新たに買収するとすれば、どういう銀行でしょう？　みなさんの顧客層、ブランドの評判、商品とサービスを前提にした場合、それらの要素とぴったり適合する従業員をもっているのは、どの銀行でしょうか?」

一人が発言した。「もっと多様な従業員を雇いたい。たとえば、国際的な視点をもった人材がいればいいでしょう。いまの従業員とうまく融合でき、しかも新しい視点を持ち込めるような人たちが働いている銀行、それが買収したい銀行です」

銀行の幹部たちは、自分たちの銀行から重要な要素を一つ取り除くとどうなるかと考えてみるだけで、問題解決のための新しい視点を得ることができた。買収対象の銀行の地理的な所在地は重要でないとわかった。引き算と代替のテクニックを実践することにより、どういう銀行を買収すべきかという有益な対話が始まったのである。この新しい視点で問題を見たことにより、合併について話し合うことがますます楽しく思えてきた。

私はしばらく一同に意見交換させ、やがて切り出した。「さあ、次に進みましょう。また別の要素を取り除くのです。リストの中のどれでもいいですよ」

「ブランドにしましょう。銀行のブランドを取り除いたらどうでしょう?」と、誰かが言った。今度は、誰も笑い声をあげたりはしなかった。

「素晴らしいアイデアです。思い浮かべてみてください。みなさんの銀行には、いまある要素がすべてそのままある。ただし、ブランドだけはない。そういう状況で、みなさんの銀行のスタッフや顧客層などの要素とぴったり適合するようなブランドをもっている銀行を買収するとすれば、それはどういう銀行でしょう?」。幹部たちは考えはじめた。条件に合うのは、どの銀行なのか?沈黙が流れた。おのおのがホワイトボードに記されたほかの要素をもとに真剣に検討していた。

数分後、リーダーの男性が私に握手を求め、感謝の言葉を述べた。そして、礼儀正しく、私に退出を求めた。「私たちは話し合う必要がありますので」

この出来事があったのは二〇〇四年。その後、スタンダード・バンクは、アルゼンチン、トルコ、ロシア、ナイジェリアの銀行を傘下に収めた。(注10) これらの買収をおこなった際、実際に従業員やブランドやその他の要素を取り除いたわけではない。引き算のテクニックを実践して、それらの要素がなかったらどうなるかを思い描くだけで、問題に新しい光を当て、創造的な視点で新たなチャンスを見いだすことができたのだ。この方法論は、見事に機能したのである。

引き算のテクニックの進め方

引き算のテクニックの効果を最大限引き出すためには、以下の五つのステップで進めるべきだ。

① 製品やサービスの内部の構成要素を洗い出す。

② 不可欠な要素を一つ選び、それを取り除くとどうなるかを想像してみる。方法は二つある。
＊全面的削除――その要素を丸ごと取り除く。
＊部分的削除――その要素の一機能もしくは一側面だけを取り除くなり、消去するなりする。

③ 取り除いた結果、どういう状況が生まれるかをありありと思い浮かべる（どんなに突飛に思えても、その状況を思い描くことが大切だ）。

④ 以下の問いを自分に問いかける。削除をおこなったことで生まれた製品やサービスには、どのようなメリット、価値、市場があるか？　どういう人がそれを欲しがるのか？　その人は、

どういう理由でそのニーズをいだくのか？　特定の問題を解決しようとしているのなら、要素を取り除くことが問題解決にどのように役立つのか？

次に、「閉じた世界」の中にある要素を使って、削除された機能を代替させることを考えてみる。代替物として用いる要素は、内的な要素でも外的な要素でもいいが、取り除いたのと同じ要素を復活させてはならない。その代替版の製品やサービスには、どのようなメリット、価値、市場があるか？

⑤　その新しい製品やサービスが価値あるものだと思えた場合は、次のように自問する。そのアイデアは実現可能か？　そういう製品を実際に製造できるか？　そのサービスを提供できるか？　どうして可能なのか？　あるいは、どうして不可能なのか？　アイデアの実現可能性を高めるために、修正したり、磨きをかけたりできる点はないか？

あなたが日々使っている製品やサービスのなかには、引き算によって生み出されたものも多い（そのアイデアの生みの親がその点を自覚していたとは限らないが）。もし、あなたがいまコンタクトレンズをつけてこの本を読んでいるとすれば、あなたは「引き算された」製品を用いていることになる。コンタクトレンズは、眼鏡からフレームを取り除いた製品にほかならない。

セルフサービスは多くの場合、シンプルな引き算の産物だ。セルフサービスのガソリンスタンド、スーパーマーケットのセルフレジ、空港の無人チェックイン・発券機などはすべて、人間によるサービスを取り除き、顧客の労働で代替させている。この種のサービスは、いまでは当たり前になっているが、昔からそう思われていたわけではない。かつては、「いずれ街角で機械が金を吐き出す時代が来るだろう」などと言えば、頭がおかしいと思われただろう。しかし、「銀行を取り除く」という型破りの発想を実行に移した結果、いま世界中の人々が便利に利用しているATMが誕生したのである。

基本的な要素を取り除いたことで革新性が高まった食品も多い。インスタントの粉末スープは、スープから水を取り除いたものだ。缶入りの濃縮スープも部分的削除の好例と言えるだろう。それによって新たに生み出された恩恵は、缶のサイズの縮小と消費期限の長期化だ。消費者体験を大きく様変わりさせたオンラインショッピングのアマゾン・ドットコムと、DVDレンタル・動画配信のネットフリックスは、実店舗を取り除き、インターネットで代替させた。家具製造・販売大手のIKEAは、家具を組み立て前の状態で販売している。製造工程から組み立てプロセスを取り除き、顧客による組み立てで代替させたとみなせる。

正しくテクニックを使うために注意すべきこと

本書で紹介していくテクニックすべてに言えることだが、引き算を適切におこない、大きな成果をあげるためには、正しいやり方でおこなう必要がある。よくある落とし穴に陥らないために、以下の点に注意しよう。

●単に好ましくない要素を取り除いただけで終わらないようにする。

製品やサービスを改良するために、好ましくない要素を取り除くのは、ここで言う「引き算」ではない。製品やサービスの性格を微修正し、機能の仕方を変えようとしているだけだ。たとえば、炭酸飲料から糖類を取り除いて「シュガーフリー」の飲料をつくれば、確かに別の商品ができあがる。しかし、これは引き算とは異なる。レシピの変更にすぎない。カフェイン入りのコーヒーを「カフェインレス」に変えた場合も、その点は同じだ。

●欠かせない要素を取り除く。

Ｐ＆Ｇのファブリーズの例を思い出してほしい。この製品は、洗濯洗剤から欠かせない要素を──なんと洗剤そのものを！──取り除いたものとみなせる。製品やサービスに不可欠な要素を削除することを避けたがる人は多い。荒唐無稽に思えるからだろう。あるいは、自分たちの「作品」を破壊することに抵抗を感じるからなのかもしれないし、引き算のテクニックの威力を本気にしていないことが原因なのかもしれない。いずれにせよ、居心地の悪い気持ちを乗り越えるコツは、取り除かれる要素ではなく、残される要素のほうに意識を集中させ、それを脳裏にくっきり思い描くことだ。残された要素が全体として新しい有益な機能を果たしていると思えば、主要な要素を失ったことによる不快感がやわらぐだろう。

●削除した要素の代替物をあわてて決めない。

製品やサービスに欠かせない要素を取り除くと、人は強烈な違和感や不快感をいだく場合がある。そういうとき、構造的思い込みがひときわ猛威を振るう。製品やサービスを「救う」ために性急に動きたくなるのだ。反射的に代替物を探しはじめているケースが多い。引き算をするときは、あわてて代替物を見つけてくる結果にならないように注意すべきだ。中核的な機能を削除するときは、あらかじめ（「閉じた世界」の中で）代替物を用意しておくほうがいい。ソニーのウォークマンのように、核をなす要素を完全になくす（取り除いた要素をほかの要素で代替させせない）ことでイノベーションが成し遂げられるケースもあるが、そういうパターンは多くない。

●認知的不協和に屈しない。

人はなじみのない状況を前にすると、居心地悪さ（認知的不協和）を解消するために、それをわかりやすく説明したいという誘惑に駆られる。たとえば、テレビから画面を取り除いたと聞かされると、たいていの人はただちに、それをラジオと位置づけようとする。しかし、「画面のないテレビ」が受診するのは、ラジオ番組ではなくテレビ番組だ。番組はすべてテレビ局から送信される。それに、エンジニアなら誰でもわかるように、使用されている電子部品、周波数など、あらゆる要素に照らして、その物体はあくまでも「画面のないテレビ」であって、ラジオではない。「画面のないテレビ」をあっさりラジオと片づけてしまうと、まったく新しい形態のテレビを売り出せるチャンスを見落としかねない。ひょっとすると、長距離トラックの運転手など、自動車を長時間運転する人向けに、運転中に「聞ける」テレビを開発できるかもしれないのだ。

●単なる「簡略化」に陥らない。

引き算は、マーケティングでよく用いられるテクニックである簡略化とは異なる。簡略化とは要するに、製品やサービスの機能を取り除いたり、質を落としたりすることだ。そのねらいは、製品やサービスの価値を下げることにより、低価格で提供できるようにすることにある。企業はそれまでより幅広い市場に、とりわけ低価格指向の強い消費者に顧客層を広げるために、これをおこなう。

たとえばテレビメーカーは、高級モデルのテレビからスピーカーの音質や画面の解像度を落としそれに新しい型番をつけ、安い価格で売り出す。別の例としては、旅行会社がパッケージツアーの質を落とし（ホテルの部屋や旅客機の座席を安いものにする）、料金を安くして提供するケースを挙げることができる。旅行の行き先は同じだが、旅の快適性が下がる。このような簡略化のケースでは、新しい価値が生み出されていないことに注目してほしい。むしろ、価格を下げるために、価値を減らしている。対照的に、要素を削除（そして多くの場合は、その機能を別の要素で代替）したあとに新しい価値が生み出されるのが、引き算のテクニックなのである。

まとめ

創造性を妨げる「思い込み」を逃れて、要素を取り除くのが

引き算のテクニック

実例

- スピーカーと録音機能を取り除いた、ソニーのウォークマン
- 電話をかける機能を取り除いた、モトローラの携帯電話

引き算の方法

■ 削除した要素を他の要素で代替する

ルール1 削除した要素は元に戻さない

ルール2 代替物は閉じた世界の枠の中で探す

実例 DVDプレーヤー

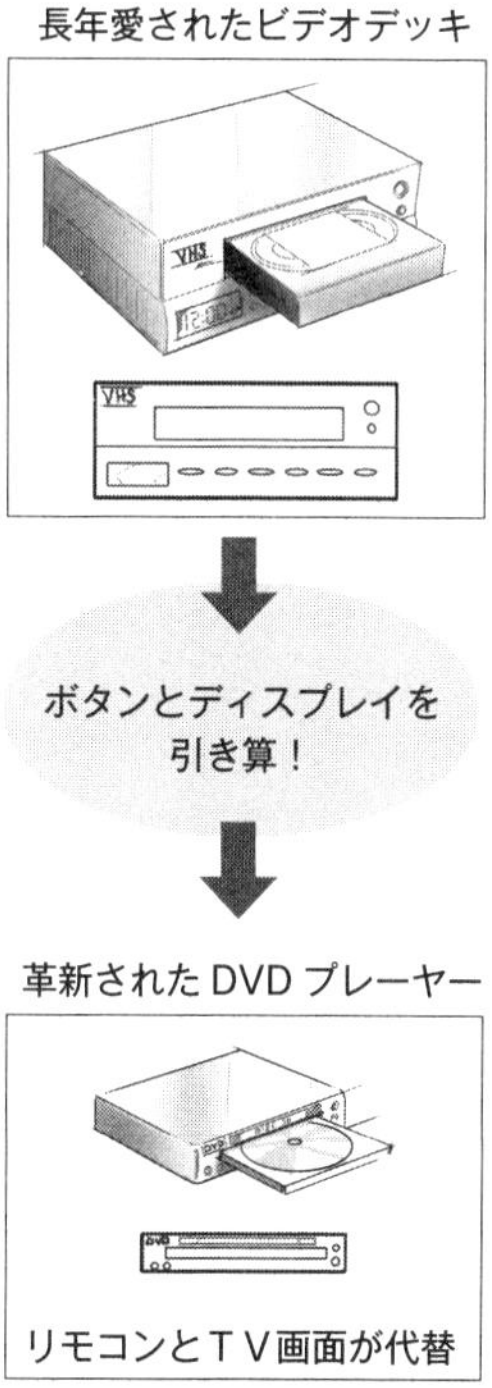

■ **最重要要素と、些細な要素の中間の、欠かせない要素を削除する**

実例 メッセージの字数を部分的に削除した、ツイッター

■ **要素が少なくても引き算を恐れるな**

実例 3つしかない要素から活性成分を削除した、消臭剤ファブリーズ

次章では

要素を分割して配置しなおすと、新しい機能が見えてくる。
分割のテクニックを紹介！

第3章 分割のテクニック

人生は、連想や足し算ではなく、乖離や割り算によって前に進む。
――アンリ・ベルクソン(フランスの哲学者)

ロックサウンド最大のイノベーション

お気に入りのバンドの演奏がライブとデジタル録音で異なることに、あなたも気づいたことがあるだろう。エリック・クラプトンのライブを見るのは素晴らしい経験だ。それは間違いないけれど、ライブで歌われる「いとしのレイラ」は、iPodで聞く一九七〇年録音のオリジナル版とは感じが違う。ライブでの歌は、どこか……不完全に聞こえるのだ。この四〇年間に、あなたが幸運にもクラプトンのライブに六回行ったことがあるとすれば、六つの異なる「いとしのレイラ」を聞いたはずだ。背筋に電流が走るくらい感激することもあれば、期待はずれのこともある。それは、あなたも納得済みだ。ライブのチケットを買うときは、その日のパフォーマンスが質の高いものであることに賭けている。しかし、その夜のクラプトンがどんなに好調でも、オリジナルのスタジオ録音をそっくり再現することはできない。スタジオ録音版では、すべての楽器の音とボーカルの声が完璧に発せられる。音程をはずしたり、タイミングがズレたり、呼吸が合わなかったりすることはいっさいない。

みなさんもご存じのとおり、素晴らしいスタジオ録音はたいてい、最初の一回では完成しない。二回目でもまず駄目だ。三〇回やっても完成しないこともある。プロデューサーは、自分が納得いくまで何度でもやり直しを求める。

レコーディングの際は、ライブと違って、バンドの全員が一緒に演奏するとは限らない。曲の個々の部分を別々に録音することが多い。リードギター、ドラム、ベースギター、ボーカルがそれぞれ一人でスタジオに入って演奏し、磁気テープなりデジタルファイルなりに自分のトラック（音の連なり）を録音する。そのあと、曲を完成させるためにレコーディングエンジニアが編集と調整をおこない、すべてのトラックを一本化する。一つの曲を構成するトラックの数は、四つ、五つの場合もあれば、十いくつだったり、二〇を越えたりする場合もある。それぞれのトラックは、繰り返しリハーサルをおこなったうえで、別々に録音される。個々のトラックが完璧に仕上げられてはじめて、すべてをミックスして録音を完成させる。

トラックごとに録音をおこない、それを一本化して曲をつくるというアイデアは、きわめて理にかなったものに思える。この方法を用いなければ、ミュージシャンは全員が集まって、完璧に演奏できるまで何度でもやり直さなくてはならない。一人でもミスをすれば、すべて最初からやり直し。明らかに膨大な時間を食うし、無駄になる記録媒体のことを考えれば金もかかる。みんながー緒にやろうとすると、こういうことになるのだ。

それでも、昔はそのような方法でレコーディングがおこなわれていた。それを変えたのは、レスター・ウィリアム・ポルスファスという人物だ。（注1）一九一五年にウィスコンシン州ウォキシャで生まれたポルスファスは、天性の発明家だった。幼いころから音楽を愛し、いつでも音楽を聞けるように鉱石ラジオをゼロから製作したこともあった。ハーモニカとギターを同時に演奏したいと思い、首にかけて使うハーモニカホルダーを発明したりもした。これは、いまでも多くの有名ミュージシャンが——とくによく知られているのはボブ・ディランだ——用いている。カントリーバンドでギターを弾きはじめた一三歳のころには、ほかの楽器に音がかき消されないように、レコードプレーヤーの針をラジオのスピーカーにつないで、アコースティックギターの音を大きくする方法を考案した。

レスター・ウィリアム・ポルスファスという本名より、ステージネームの「レス・ポール」のほうがよく知られているかもしれない。ジャズとカントリーのギタリスト兼作曲家として高い評価を得ていただけでなく、ソリッドボディ型エレキギターの発展に大きく貢献した人物としても有名だ。このエレキギターが登場したことにより、一つのポピュラーミュージックのジャンルが形成される土台が築かれた。七〇年以上にわたり人々に愛され続け、いまなお人気に陰りが見えない音楽ジャンル、それはロックンロールだ。レス・ポールがいなければ、ロックのサウンドはいまとだいぶ違うものになっていただろう。

「ウォキシャの魔法使い」の異名を取ったポールは、たえず発明とイノベーションを繰り返し、新しい音と新しいレコーディング方法を生み出し続けたことでも知られている。一九四八年、ポールは友人のビング・クロスビーから、商用生産にこぎつけた二番目のオープンリール式テープレコーダーを与えられた。カリフォルニア州サンカルロスに拠点を置いたアンペックス社の製品である。ポールはこれに先立つ一九三〇年代からすでにマルチトラック・レコーディングを試み、ギターデュエットの二役を両方とも自分一人で演奏したりしていた。

アンペックス社のオープンリール式テープレコーダー「モデル200A」を一目見た瞬間、この機器の可能性を見て取ったポールは、レコーダーに録音ヘッドをもう一つ取りつけ、自分がリードギターを弾いて録音し、そこにハーモニーを乗せ、さらにボーカルを加えていった。数日間、自宅のガレージにこもってあれこれ試した末に送り出した作品が「ラヴァー」である。この曲では、八つのギターパートをすべて自分で演奏し、それを重ねて録音した。音楽業界は熱狂した。このような多重録音の手法はこれ以前も存在したが、このときポールは、この方法がポピュラー音楽と映画のサウンドトラックの制作手法として、芸術的にも商業的にもきわめて有効であることを実証してみせた。レス・ポールは、映画産業と音楽産業の革命の炎を点火したのである。

分割が生んだレコーディングの革命

ポールの発明は、本書で取り上げる二番目のイノベーション方法である分割の典型例だ。これもほかのテクニックと同様、選択肢を狭めたり制約したりすることにより、創造的解決策を見いだすことをめざす。具体的には、既存の要素や機能を複数の部分に分割する。分割した要素を組み合わせ直し、そうやって生まれた新しい製品やサービスがどのような可能性やメリットをもっているかを考えるのだ。

マルチトラック・レコーディングの場合、ポールは音楽の録音を細かい単位に分割することにより、一つひとつの単位を管理しやすくした。その結果、あらゆるジャンルのあらゆるタイプの音楽家たちにとって活動できる世界が大幅に広がった。音楽家たちは、それ以前の世代には考えられなかったくらい柔軟に、そして自由に、自分の才能を発揮して作品を創造し、イノベーションをおこない、作品の質を向上させ、それを販売できるようになったのである。

今日のミュージシャンは、さまざまな楽器の演奏やボーカルを一つひとつ別々のトラックに録音し、それを自由に取捨選択し、加工している。昔、音楽の演奏を録音する目的は、演奏の場に居合わせることができない人のために、演奏を記録し再現することだった。しかし、いまミュージシャンたちは、さまざまな芸術上・商業上の理由でマルチトラック・レコーディングをおこなっている。ライブの演奏につきものの失敗を録音に入り込ませたくない、という理由の人も多いだろう。また、リバーブやフェージングなどの特殊効果を加えたい人もいる。あとで、新たなトラックを追加して、曲をリミックスしてあらためて発表したいと考える人もいる。

ポールは、一九八八年に「ロックの殿堂」入りしただけでなく、二〇〇五年にはソリッドボディ型エレキギターの発展に対する貢献を理由に「発明家の殿堂」入りも果たしている。九四歳で死去する二年前の二〇〇七年には、アメリカで最も栄誉ある芸術関連の賞である国民芸術勲章も授与された。

あらゆる世代と分野のミュージシャンたちがポールに敬意をいだいている。ギタリストのエディ・ヴァン・ヘイレンは以前、ポールにこう言った――「あなたの功績がなければ、私はいま自分がやっていることの半分もできなかっただろう」。レッド・ツェッペリンのジミー・ペイジもポールに関して、「すべては彼から始まった」とまで述べたことがある。ポールは、希代のイノベーターであるスティーブ・ジョブズ顔負けの先見の明の持ち主でもあったようだ。一九五〇年代半ばにオーディオエンジニア協会で講演したとき、「いつかポケットの中に、可動部品のない機械を持ち歩き、いつでも聞きたい音楽を聞く時代が来るだろう」と言った。
このとき、聴衆はいっせいに大笑いしたものだ。(注2)

「思い込み」を打ち破る分割の実践方法

分割のテクニックは、既存の製品やサービスを複数の部分に分けて、それを組み合わせ直すことにより、次の二つの目的のいずれかを達成する。一つは、まったく新しい価値を生み出すこと。もう一つは、既存の価値を新しい形で提供することである。

前の章で構造的思い込みに言及した。分割は、この心理的現象による足枷を克服する助けになりうる。すでに述べたように、構造的思い込みとは要するに、製品やシステムの構造が既存のパターン以外にありえないと思い込むことである。既存の構造をあまりに見慣れているために、つねにその構造が守られるものと思ってしまうのだ。その構造から逸脱したものを目にすると、人はしばしば困惑する。そして直感的に、なにかがおかしいと決めつける。

構造的思い込みは人の手足を縛る要因になる。人は既知の製品やサービスに関して新しい(要するに、見慣れない)構造を見ても、その恩恵に目が行かず、既存の構造の枠にはめて理解しようとする。そうやって、脳内で違和感を解消するのだ。想像力をはばたかせて新しい可能性を思い描くのではなく、正しいと思い込んでいる秩序に沿うように解釈するために、時間とエネルギーを浪費してしまう。

懐中電灯を使おうとしたら、ヘッドの部分が筒状の部分からはずれて取れてしまっていたとしよう。これではもう使い物にならない、捨てるしかない、と思う人が多いだろう。でも、ちょっと待ってほしい。落ち着いて考えれば、ヘッドがはずれた状態の懐中電灯の使い道が見えてくるかもしれない。ひょっとすると、ヘッドを壁に取りつけ、手元のリモコンで操作して使うスポットライトをつくれるかもしれない。建設現場用のヘルメットにヘッドを取りつけて、ヘッドライトにできるかもしれない。重要なのは、分割のテクニックを通じて現状を検討し直すことにより、構造的思い込みの鎖を断ち切り、新しい価値を生み出せる可能性に目を向けることなのだ。

分割の実践方法は三つある。

＊機能的分割――製品からなんらかの機能を取り除き、それを別の場所で使う。
＊物理的分割――ランダムな物理的線引きに沿って製品を細かくわける。
＊機能を維持した分割――製品をミニチュア版にする。

これらの方法のいずれかによって製品を分割したあとは、要素の組み替えをおこなう。その際は、二通りの組み替えの方法がある。一つは、空間的組み替え（要素と要素の位置関係を変える）。もう一つは、時間的組み替え（要素と要素の時間的前後関係を変える）。そうやって要素間の関係を変えると、新しい視点を獲得でき、製品の使い方にまったく新しい可能性が開けてくる。

機能的分割の例：エアコン、接着剤、搭乗手続き

機能的分割から見ていこう。この方法を実践する場合は、まず、目の前の製品の有益な機能を生み出している構成要素がなにかを割り出す。そして、それらの要素の一つを取り除いて、製品の中の別の場所に移動させる（完全に取り除くことはしない。それをおこなえば、分割ではなく、前章で論じた引き算のテクニックになる）。

エアコンを例に考えてみよう。初期のエアコンは、一つの大きな箱の中にサーモスタット、ファン、冷却ユニットなど、必要な機能がすべて搭載されていた。この構造以外にありえないと思い込んでいるかぎり、モーターなどの機械部品の性能を向上させる以外に、イノベーションをおこなう余地はあまりない。しかし機能的分割をおこなったことで、興味深い突破口がいくつか見えてきた。たとえば、モーターを取り除いて、家の外に置くと、エアコン本体が発する騒音と熱を減らすことができた。その結果、窓を封鎖したり、建物の外壁に大きな穴を開けたりする必要もなくなった。大ざっぱに言うと、室外でモーターが稼働して冷気をつくり、細いパイプを通じて室内に送り込む。壁には、細いパイプを通すための小さい穴だけ開ければいいのだ。それに、考えてみれば、温度調整機能もエアコン本体と一体にしておく必要はない。温度調整装置を本体から切り離して、リモコンに移したことで、利用者は素早く手軽に温度調整をおこなえるようになった。

エアコンだけではない。あなたはリモコンでテレビを操作するたびに、機能的分割の恩恵に浴している。テレビのチャンネル変更、音量の調整、ケーブルテレビやＤＶＤへの切り替えなどの機能は、テレビ本体から切り離され、利用者が手に握れる装置に移された。機能的分割と要素の空間的組み替えがおこなわれたのである。

遠隔操作という発想は、エアコンのサーモスタット（温度自動調整装置）にも応用できるだろう。サーモスタットの室温検知装置をエアコン本体に固定するのではなく、リモコンに移せばどうなるか？　そうすれば、利用者にとって最も重要な場所、すなわち室内で利用者が座っている場所の近辺の温度に合わせて、温度が自動的に調整されるようになる。

多くの航空会社は、旅行者の利便性を向上させ、自社のコストも減らすために、搭乗手続きの機能的分割をおこなっている。旅行者がチケットを自宅でプリントアウトしたり、搭乗前日に空港以外の場所で荷物を前もって預けたりできるようにしたのだ。ここでは、空間的組み替えと時間的組み替えの両方がおこなわれている。

製品の掃除やメンテナンスを容易にするために、機能的分割がなされるケースも多い。このテクニックは、世界中のエンジニアやデザイナーにとって、製品の使い勝手を改善するうえで有効な武器になっている。たとえば、吸引したゴミを溜めるダストバッグを本体から取りはずせるタイプの電気掃除機は、そうでない機種より簡単にゴミ捨てができる。ノートパソコンは、さまざまな部品を分離し、必要なときだけ接続するようにしたことで小型化・軽量化できている。

エポキシ系接着剤のメーカーも、製品の有用性を高めるために機能的分割のテクニックを活用している。一般に接着剤は樹脂と硬化剤という二つの成分でできており、たいてい、この二つはあらかじめ同じ容器の中に混ぜ合わせた状態で売られている。二つの木材を接着したいときは、片方に接着剤をつけ、二つの木材をくっつけて、しっかり接着されるまでそのままにしておくことになる。では、樹脂と硬化剤を分離させたらどうなるか？　それを実際におこなった製品がエポキシ系接着剤だ。これはきわめて強力な接着剤で、消費者が実際になにかを接着しようとするまで樹脂と硬化剤を別々に保管するようになっている。消費者が自分で混ぜて使うのである。この製品が支持されている理由の一つは、混ぜ合わせる硬化剤の量を調節することにより、接着剤が固まるまでの時間を消費者が自分で決められることだ。樹脂と硬化剤を分割した状態で販売することで、メーカーは消費者にとっていっそう有益な商品を売り出せたのだ。

初期のシャンプーも、洗浄成分とコンディショナー成分が一つのボトルの中で一体になっていた。メーカーは機能的分割をおこない、この二つの成分を別々の商品として売り出すことにより、シャンプーの使い方とコンディショナー選びに関して消費者の選択肢を広げることができた。

一部の飲料メーカーは、チョコレートやストロベリーなどの味つきの牛乳から、味と色の成分を分離させ、それを別の場所に移して販売している。その場所とは、ストローの中だ。ストローの中に、いずれかの味と色の成分を含んだ細かい粒子を入れたのである。ストローを牛乳の中に入れて吸い込むと、粒子が溶け、味と色の成分が牛乳と混ざった状態で口の中に入る。この商品は、親たちに歓迎された。「魔法のストロー」で子どもたちの興味を引きつけて、牛乳をたくさん飲ませられるからだ。

物理的分割の例：潜水艦、駐車違反

物理的分割とは、ランダムな物理的線引きに従って製品を細かくわけることを言う。ノコギリを使って、固定観念に反する形に製品を切りわけるようなイメージだ。そうやって製品を分割し、要素の組み合わせ方を変えると、新たなメリットが生み出される可能性が目に入ってくる。わかりやすい例を挙げれば、絵画なり写真なりを不規則にいくつにも分割すれば、老いも若きも何時間も没頭できる楽しいゲームが生まれる。そう、ジグソーパズルのことだ。

今日の潜水艦は、初期のものより規模が大きく、安全になっている。それを可能にしたのは、物理的分割のテクニックだった。初期の潜水艦は全体が一つの広いスペースで構成されていたが、いまでは潜水艦の艦内がいくつもの部屋に区分けされ、それぞれの部屋は分厚い金属の扉で区切られている。その扉を厳重に閉ざせば、火災の炎や有毒ガス、水、煙などが艦内全体に充満することを防げる。

ウクライナのキエフの交通当局は、駐車違反の罰金を確実に徴収するために斬新な方法を考案した。違法駐車をした自動車のナンバープレートを取りはずし、罰金を納めるまで没収しておくことにしたのだ。これも物理的分割の一種と言っていいだろう。

スポーツドリンクメーカーのヴィズ・エンタープライゼズは、ボトルを二つのパーツに物理的に分割し、ビタミン成分を液体と別にわけて保存できるようにした。飲むときにキャップを回すと、ビタミン成分が液体の中に落ちる仕組みだ。この「ヴィズ・キャップ」は、消費者がドリンクを飲む直前までビタミン成分の効力を適度に保つ役に立っている。

機能を維持した分割の例：USBメモリ、タイムシェアリング、放射線療法

機能を維持した分割をおこない、一つの製品をいくつものミニチュア版に分割するだけで、画期的なイノベーションが成し遂げられたケースも多い。ミニチュア版は元の大きな製品と同じ機能をもつが、大きな製品では生み出せない恩恵をユーザーに提供できる。レス・ポールはマルチトラック・レコーディングをおこなったとき、一つの記録媒体を、それと同じ機能をもつ小さなトラックに分割した。

テクノロジー産業では、こういうパターンをよく見かける。コンピュータメーカーは長年、ハードディスク・ドライブの容量を増やし続けてきたが、あるとき、一人のエンジニアが素晴らしいことを思いついた。機能を維持した分割をおこない、個人向けの小容量の記憶装置をつくってはどうかと考えたのだ。そうやって生まれた製品がUSBメモリだ。この製品は、デジタル文書を持ち歩く必要があるけれど、重くてかさばるノートパソコンなどのコンピュータ類を運ぶのはいやだという人にとって、打ってつけのイノベーションだった。コンピュータからUSBメモリにデータをコピーし、あとはそれだけもってコンピュータの前を離れればよくなったのだ。

食品業界でも、この方法論を用いることにより、消費者にとって利便性の高い商品をつくっているケースが多い。人気の高い商品を少量化して、消費者がその都度、自分に必要な量だけ購入できるようにしているのだ。近年は、機能を維持した分割によって消費者のダイエットを助けている商品もある。スナック菓子の少量版は、まさにそういう性格をもった商品だ。クラフトフーズは、看板商品であるクリームチーズの「フィラデルフィア」を一回に食べる分ごとに個装した商品を発売した。ベーグルと一緒に職場にもっていって朝食や昼食に食べるときには、とても都合がいい。

ホテルやコンドミニアムのタイムシェアリング制度も、機能を維持した分割の例だ。この種のサービスでは、部屋の一年間の利用権が五二分の一に分割されて、一週間単位で別々の人にばら売りされるが、一週間に細分化された利用権は分割前に備えていた要素をすべて備えている。住宅ローンの返済も、大きな金額を細分化する形でおこなわれる。これもコンドミニアムのタイムシェアリングと同様、時間ごとの分割と位置づけられる。

医師は癌の放射線治療をおこなうとき、癌細胞を確実に殺すと同時に、周辺の健康な組織に大きなダメージを与えないようにしなくてはならない。どうすれば、そんなことが可能なのか？癌細胞に照射すべき放射線の総量を細分化し、さまざまな角度から照射すればいい。放射線量を空間的に分割するのである。すべての角度からの放射線が収斂して癌細胞をたたくが、一つの角度から照射される放射線は少量なので、癌細胞にいたる通り道にある健康な組織へのダメージは抑えることができる。

目に見えないサービスを分割してプリペイド携帯が誕生

分割の三つの方法は、製品だけでなく、サービスやプロセスなど、目に見えないものにも活用できる。というより、私たちの経験から言うと、分割のテクニックはサービスやプロセスに用いられるケースのほうが多い。

電話会社との契約について考えてみよう（携帯電話でも固定電話でも基本は同じだ）。典型的なパターンでは、電話会社と契約し、電話を利用し、料金を支払うプロセスは、おおよそ以下の六つのステップを順番にへて進む。

1　加入する電話会社を決める。
2　申込書に記入し、自分のニーズと予算に応じて契約プランを選ぶ。
3　電話を利用する。
4　月末に、その月の利用内容に対する請求書が届く。
5　料金を支払う。
6　翌月以降、ステップ3〜5を繰り返す。

これらのステップを分割して順番を入れ替えるだけで、有望なビジネスを築く方法を思いつけるだろうか？　あなたが一九九〇年代前半のヒューストン・セルラーテレフォン社（ＨＣＴＣ）より前にそれを考案できていれば、大儲けできただろう。ＨＣＴＣが開始したサービス、それは、商業ベースで初のプリペイド式携帯電話だ。この新サービスを打ち出すために同社がおこなったのは、ステップ5をいったん取り除き、それを最初のステップとして位置づけ直すことだけだった。これで、短期間だけ携帯電話を利用したい人に打ってつけの画期的なサービスが誕生した。

これは、機能的分割をおこない、要素を時間的に組み替えた例と言える。

分割のテクニックを使って、サービスやプロセスにイノベーションを起こしたい人のために、とっておきのヒントを紹介しよう。まず、サービスやプロセスの一つひとつの段階を付箋に書き込む。一つのステップに、一枚の付箋を使う。そして、それらを壁に貼りつける。最初は、従来の順番どおりに並べよう。こうやって、自分が既存の順序に対して構造的思い込みと機能的思い込みを抱いていることを確認したうえで、その思い込みを打破していくのだ。付箋を貼り終えたら、無作為に付箋を一枚はがし、目をつぶって壁に貼り直す。そして目を開け、新しい並び順がどのようなサービスやプロセスを生み出すかを思い描く（万一、付箋が元と同じ場所に貼られていた場合は、もう一度やり直す）。順序が変わることにより、どういう新しい恩恵が生まれるか考えてみよう。

分割のテクニックは、さまざまな局面で活用できる。とくに効果的なのは、多くの段階で構成される複雑なサービスに対して用いるときだ。それ以外では、製品の生産ラインや社員研修などのプロセスにイノベーションを起こす場合にも大きな威力を発揮する。分割は、本書で紹介するほかのテクニックと同様、構造的思い込みを打ち破る後押しをしてくれる。長い歴史をもつシステムに対してこの手法を実践すれば、ひときわ効果を実感できるだろう。以下では、実世界での問題解決に活用された実践例をいくつか紹介しよう。

GEの冷蔵庫の大革命：ドリューの経験

一定の方法論に従うことでイノベーションを実現できるという発想を、なかなか受け入れられない人は多い。真に豊かな才能の持ち主でなければ、大胆なアイデアをひらめき、目を見張る進歩を成し遂げられないと思い込んでいるのだ。大きなイノベーションを生み出せるのは、創造の才に恵まれた天才だけ、凡人には無理なこと、と言いたがる。こういう人たちはたいてい、私が語る方法論を信じようとしない。ワークショップなどで効果をみずから経験してはじめて考えを変える。それどころか、一度経験すると、この方法論の熱烈な信奉者になる人も多い。

　そうした劇的な「転向」の事例を一つ紹介しよう。ときは二〇〇四年。私はゼネラル・エレクトリック（ＧＥ）に招かれて、ニューヨーク州クロトンビルにある同社の有名な社員研修施設「ジョン・Ｆ・ウェルチ・リーダーシップセンター」で話をすることになった。

　このクロトンビルのセンターは、ＧＥの学習重視の企業文化の核をなす施設だ。この種の企業内大学としては世界でも先駆的なもので、アカデミズムとビジネスの両方で世界を代表する面々が教員を務めている。ここで学ぶ経験は、ＧＥの社員にとってキャリアの大きな転機になることが多い。

　そのとき私は、四〇人の幹部級のマーケティング担当者を対象に、イノベーションに関する半日のセミナーをおこなうことになっていた。これは、二週間の上級レベルの人材開発プログラムの一環で、世界各国で働くＧＥのマーケティング担当者のなかから選りすぐられた才能豊かなメンバーが集まっていた。

　セミナーの途中で、ある男性の受講生が挙手した。その人物はおとなしく話を聞いていたが、腕を組み、頭を片側にかしげていた。〝例の〟姿勢だ。私の話に納得していない人がこういう態度を示すことが多い。

　表情と仕草に、私の話に対する冷ややかな気持ちがはっきり見て取れた。その人物が口を開いた。「なるほど、この方法論がＪ＆Ｊで成功したのはわかりました。医療機器や、Ｐ＆Ｇがつくっているような生活用品では有効なのかもしれない」。彼は、けっして無礼な言葉遣いはしなかった。「でも、一つ質問があります。とても大きな疑問です」。そう言って、彼は言葉を切った。その場が静まり返り、ピンが床に落ちても音が聞こえそうなくらいだった。「GEの製品でもうまくいくと、本当にお考えなのですか?」

完全な静寂。そして沈黙が破られて、メンバーが口々に言いたいことを言いはじめた。「いい質問だ!」「そう、私たちの製品に関してはどうなんだ?」。多くのメンバーが深くうなずき、男性の言葉への賛意を表現していた。くつろいで椅子に腰かけていた人たちが、いまは緊張感をみなぎらせて、背筋を伸ばして座っている。ますます大きな声で自分の意見を叫ぶ人たちもあらわれた。「無理じゃないのか?」「わが社の製品は複雑すぎる!」「市場はすでに飽和している!」。地獄の蓋が開いたという表現がぴったりだった。

この展開に、私は虚を突かれた。ワークショップの講師をするようになってすでに長かったので、聴衆が私を困らせようとすることには慣れていた。むしろ、そういう場面が訪れることを期待してもいた。そのような局面はたいてい、ワークショップの大きな転機になるからだ。それは、聴衆が本音を語れるくらいリラックスしてきた証拠とみなせる。その状態になると、聴衆は質の高い質問を発するようになり、私はそれに答える形で強力な証拠や論拠を示すことができる。しかし、この日はなにかが違った。いつもの企業研修のような温かいやり取りとは言えなかった。聴衆が私に投げつけたのは、容赦ない対決の言葉だった。ここにいる人たちは「本気」だった。私たちの方法論がGEでも有効だとただちに立証できなければ、私は挽回不能なダメージを受けてしまう。

私は緊迫した状況に立たされたときの行動ルールを決めていた。それは、敵対的な空気に屈せず、しかしはったりをかましたり、弁解がましい態度を取ったりはしないというものだ。そこで、私はひとこと、こう言った。「率直に申し上げて、GEでも有効かどうかはわかりません。一緒に調べてみましょう」

穏やかに話してはいたが、集中砲火を浴びたように感じ、内心はピリピリしていた。場の空気に、はっきりと敵意が感じ取れた。豪華な会議室を埋めていたのは、ビジネスカジュアルに身を包んだ礼儀正しいマーケティング担当者たちだ。しかし私は、血に飢えたトーガ（一枚布の上着）姿の群衆が見守る古代ローマのコロッセオ（円形闘技場）に放り込まれたような気分だった。

このときの経験をはじめて聞かせたとき、本書の共著者のジェイコブは、自分がそういう状況に身を置かずにすんでよかったと、素直な感想を述べた。「私たち学者は、言ってみれば研究室のネズミ。ストリートファイトは得意でない。たぶん、私の理論的説明では聴衆を納得させることができなかっただろう」。実際、私は苦戦を強いられることになる。

アドレナリンが噴き出し、おそらく血圧も高くなっていただろう。私は素早く頭の中で考えをめぐらせ、分割のテクニックを武器に用いようと決めた。表計算ソフトの「エクセル」を操作するのと同じくらい明確な方法論に従うことで、創造的なアイデアを生み出せる――そういうメッセージを手っ取り早く、効果的に伝えられるはず……だった。

私は、最初に疑問の声を上げた男性と対峙した。「さて、GEの製品をどれか一つ選んでください。どれでもけっこうです」。男性の回答を待つ間、私はドキドキしながら考えた。選ばれるのは、航空機のエンジンだろうか？　発電機だろうか？　あるいは、電球だろうか？　答えはそのどれでもなかった。

「冷蔵庫にします」。男性はゆっくりと言い、ニヤッと笑った。

聴衆は狂喜した。「そうだ、冷蔵庫だ！」「もっといい冷蔵庫をつくれるのか！」。私の気持ちは沈んだ。冷蔵庫の市場は、完全に成熟しきっている。「冷蔵ボックス」的なものは、紀元前一〇〇〇年ごろにエジプト人が発明して以来、長く用いられてきた。家電メーカーは電気冷蔵庫に改良を加えてきたが、基本的な設計は、電気で冷却する冷蔵庫が誕生してからほぼ変わっていない。市場はほとんど成長しておらず、イノベーションらしいイノベーションは長らく起きていなかった。キッチン家電市場について多少なりとも知識のある人は、そういう状況が当分変わらないと思っていた。明らかに、私は進退窮まってしまった。部屋の中を見回すと、誰もが表情を緩めていた。どうやら、私が追いつめられていると、聴衆も思っているらしい。

　私は聴衆に冷蔵庫の構成要素を挙げるよう求め、答えを画用紙に書き出していった。「ドア！」「棚！」「ファン！」「電球！」「製氷機！」「コンプレッサー（圧縮機）！」。最終的に、十数点の要素が書き出された。私は、分割のテクニックを試したいので、どれか一つの要素を選んでほしいと、同じ男性――そう、聴衆の興奮に火をつけた男性――に言った。おそらく電球を選ぶのではないかと、私は思っていた。ＧＥには電球を製造してきた長い歴史があるからだ。予想はまたもはずれた。

「コンプレッサー！」

　どっと笑い声があがった。セミナーの参加者たちは、おもしろくて仕方ないようだった。冷蔵庫の最も重要な要素を取り除き、それを別の場所に移して、製品としてどうやって成り立たせるのか？　そんな製品に、どんなメリットがあるのか？　私のお手並み拝見、というわけだ。

　私は気持ちを落ち着け、議論を先に進めた。「では、コンプレッサーにしましょう。コンプレッサーとその機能を冷蔵庫本体から取り除き、別の場所に移します。その場所は、閉じた世界の内側でなくてはなりませんが、元の冷蔵庫の中であってはなりません。どこに移しますか？」

部屋の中が静まり返った。誰もが考えていた。参加者の名誉のために言っておくと、一同は本当に真剣に考えていた。私が失敗するだろうと予想し、それを望んでもいたが、フェアに私をやり込めたいと思っていたのだ。だいぶ時間がたってから、部屋の後方にいた女性が発言した。

「家の裏手に置いたらいいのでは？」

私はこの命綱に飛びついた。「わかりました！　では、その新しい設計がどのような製品を生み出すか思い浮かべてみましょう。『機能は形式に従う』の原則にのっとって、この設計にどういう利点があるのか考えてください。どういう人がこのような冷蔵庫に魅力を感じるでしょう？どういうメリットがあると思いますか？　確認しておきましょう。この段階では、メリットを明らかにすることだけを考えます。それを実現するための技術的な問題については、とりあえず棚上げしてください」

それまで冷ややかな表情だった人たちが、いまは興味深そうな顔つきに変わっていた。メモ帳にペンを走らせている人もいた。薄笑いを浮かべたり、隣の人と意味ありげな目配せをしたりする人は、もういなかった。部屋を埋めているのは、知的好奇心をそそられて熱心に課題に取り組もうとするプロフェッショナルたちだった。最年少と思われる男性が発言した。「コンプレッサーを外に移せれば、キッチンが静かになりますね」。これが呼び水になって、次々と意見が飛び出した。「キッチンに放出される熱も減るわ」「修理が簡単になりますね。コンプレッサーが家の外にあれば、家族が不在にしていても修理ができる」「冷蔵庫の貯蔵スペースも広くなります」

やがて、誰かが金の鉱脈を掘り当てた。「わかったぞ！」。声の主は、眼鏡をかけた内気そうな男性だった。それまでひとことも発していなかった人物だ。「コンプレッサーによって、一台の冷蔵庫内の食品以外も冷やせるようになるのでは?」

私はこの発言に食いついた。「具体的には?」。男性は一瞬たじろいだが、胸を張ってこう述べた。「冷蔵庫をいくつもの小さな冷蔵ボックスに分割して、それをキッチンのさまざまな場所に配置できると思います。食料庫の一部を冷やすこともできるでしょう」

「たとえば卵を冷蔵するために、冷蔵引き出しのようなものもつくれますね」と、先ほどキッチンの熱について発言した女性が言った。

「野菜ボックスや、飲み物を取り出しやすい飲料ボックスもつくれるかもしれません」と、眼鏡の男性が言った。「冷蔵システムを軸に、キッチン全体をカスタマイズすることもできそうです。大きな冷蔵庫を一つ置くのではなく、いくつもの小さな冷蔵装置を設け、それぞれをほかのキッチン機器と一体化させてもいいでしょう」

私は驚いていた。コンプレッサーの機能的分割をテーマに始めた議論がたちまち、冷蔵庫全体の物理的分割に関する議論に移行していたからだ。

議論に弾みがつきはじめていた。私は話し合いの方向をコントロールすることをやめ、自然の流れに任せることにした。「家電部門に、まったく新しいビジネスモデルが生まれるぞ!」「住宅建設業者に売り込めるんじゃないか?」「業界に大激変を起こせると思う。新しい成長のサイクルを力強く始動させられるだろう」。なかには、「エンジニアたちがこれを実現する方法を見いだせれば、の話だぞ」と釘を刺すメンバーもいたが、そんな意見には誰も耳を貸していなかった。次々と新しいアイデアが提案された。最初に私たちの方法論への疑念を口にした男性も、楽しそうにいくつか意見を述べた。

私は安堵して椅子に腰を下ろし、額の汗をぬぐった。セミナーの時間は、もうほとんどおしま

【図3-1】冷蔵庫を分割すると何が起こったか？

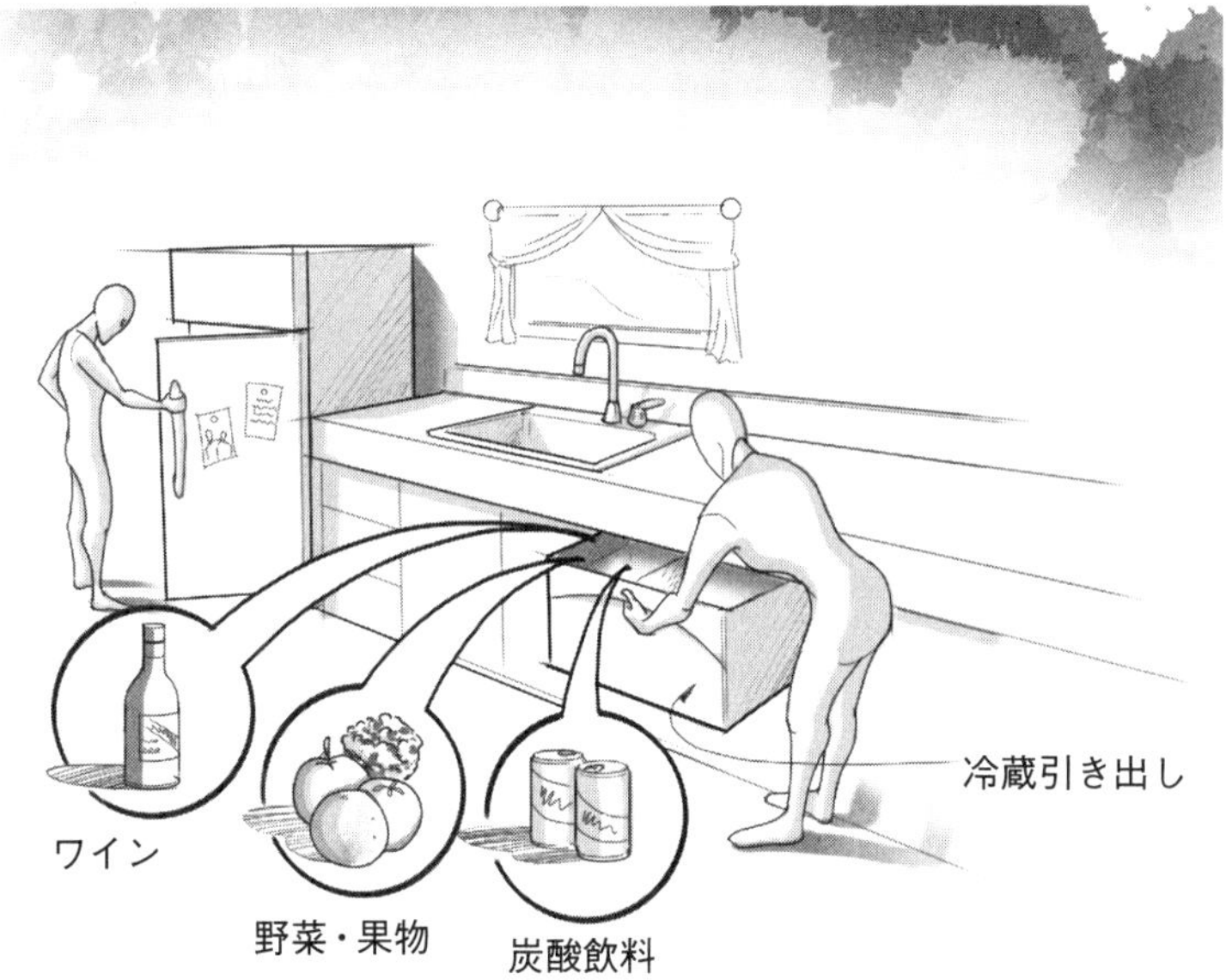

い。私はみんなが議論している間、コーヒーカップを手に、一息ついていた。そのとき、部屋の後方にいる女性が目にとまった。その女性は一回も発言していなかったが、ノートを開いてびっしりメモを取っていた。そしてノートの次のページを開くと、また書きはじめた。私はそばまで行って、「なにを書いているんです？」と尋ねた。すると、女性は顔を上げ、ニッコリほほ笑んで言った。「私は冷蔵庫部門で働いているのです。今日は、興味深いことをいろいろ聞けました」

それから数年後、冷蔵庫の本体から分離させた「冷蔵引き出し」を備えたキッチンが市場に登場した。ＧＥが「ホットポイント」ブランドから発売した商品もその一つだ。あのときのクロトンビルのセミナーから生まれたイノベーションだと断定する根拠はないが、可能性はゼロではないだろう。このアイデアは、オーブンからいくつもの「保温引き出し」を分離させ、それをオーブンとは別の場所に設置するシステムにも応用されている。これは、忙しいプロの料理人にとって非常に便利なイノベーションだった。

私はこの日のセミナーを皮切りに、クロトンビルのセンターをたびたび訪れて、GEの未来のリーダーたちにイノベーションの起こし方を教えてきた。しかしこの最初の経験で、私は実に多くのことを学んだ。私たちの方法論を本当に受け入れてもらうためには、まず、それが実際にどのように機能するかを目の当たりにさせる必要があると思い知らされたのだ。とくに、その人たち自身の製品やプロセスで効果を実証するのが理想的だとわかった。

交友関係を分割するメリットに気づいたフェイスブック

自分のフェイスブックページに書いている内容のほとんどは、誰にでも見られるようにしてあります。一部の内容は友達しか見られないようにしているけれど、友達や家族、テディベアと一緒に撮った写真を見られないようにする必要があるとは思っていません(^o^)。

これは、二〇〇九年一二月にフェイスブックに投稿されたメッセージだ。書いたのは、小学生の女の子ではない。フェイスブックの産みの親であるマーク・ザッカーバーグだ。誰もがそうであるように、ザッカーバーグも個々の友達ごとにつき合い方を変えている。当然ながら、テディベアにまで特別の地位が与えられている。友達との関係は、人生のあらゆる側面に影響を及ぼす。友達がいなければ人生はとてもつらいだろうし、友達は人の自我を形づくる要素でもある。

フェイスブックは友達と仲良くしたり、友達を増やしたりすることを目的としているオンラインサービスだが、「友達」とはなにかという認識はやや独特だ。二〇〇八年のフェイスブック・デベロッパー会議（外部のソフトウェア・デベロッパーを集めて年に一回開催されるイベントだ）で、ザッカーバーグはこう述べた。「私たちが築こうとしている世界、すなわち、いまより透明性の高い世界では、他人に善良な態度を取ることが自分にも有利にはたらくようになります。この点は、世界が抱える問題のいくつかを解決するうえで非常に大きな意味をもつでしょう」

ザッカーバーグは、過激なまでに透明性を追求している。「思想的に言うと、フェイスブックは、情報共有を徹底的に推し進めるべきだと考える人たちによって運営されています」とのことだ。(注3) めざすのは、もっと世界をオープンにし、もっと人々がつながり合うようにし、もっと透明な世界をつくり出すこと。コミュニケーションの効率を高められれば、世界をもっといい場所にできると、ザッカーバーグは思っている。フェイスブックをつくったのは、人生のあらゆる場面でつながっている友達をデジタル空間上で一カ所に集められるようにするためだった。

しかし現実の人生は、そう単純ではない。一人ひとりの友達との関係は、それぞれすべて異なる。(注4) だから、友達をすべてデジタル空間上のオープンで透明な場に一堂に会させると、いろいろ都合が悪いことがある。ホームパーティーに招きたい友達もいれば、配偶者や恋人、子どもたちを同伴する形でピクニックに誘いたい友達もいる。ある友達と別の友達が接触しないように、慎重に振る舞っていたりもする。こうした友達づき合いの仕方はきわめて自然なものだ。人は友達をいくつかのグループにわけている。職場の友達に、子ども時代の友達、それに大学時代の友達……という具合だ。

このように、一人の人間が築いている友達関係は実にさまざまだ。ところがフェイスブックは、そうしたすべての関係をガラス張りにしようとする。初期設定を変えないかぎり、あるグループの友達とのやり取りの内容は、ほかのグループの友達にもすべて見られてしまう。また、フェイスブックでは、たえず新しい友達を増やすことが奨励される。友達の数が多ければ多いほど、フェイスブック上の人的ネットワークの価値が高まるからだ。

この点も現実世界とは異なる。リアルの世界では、友達が多ければ多いほど好ましいとは限らない。友達との関係を維持するためには、知的・情緒的なエネルギーが必要だが、そのエネルギーの総量には誰しも限りがある。だから、友達を増やしすぎると、一人ひとりの友達との関係がおろそかになりかねない。

イギリスの人類学者ロビン・ダンバーは、人にとって適切な友達の人数が何人ぐらいかを明らかにしようとした。(注5)「脳の大脳新皮質の大きさがグループの適正規模に上限を課す」という仮説のもと、一人の人間が安定した人間関係を維持できる上限の人数(「ダンバー数」と呼ばれる)を一〇〇～二三〇人の間と割り出した(一五〇人までに抑えるのが望ましいとしている)。しかしフェイスブックの会員の半分は、ダンバー数より大勢の人とフェイスブック上の友達になっている。困ったことに、さまざまな研究によれば、フェイスブックで多くの友達をもちすぎると問題が起きる場合があるとわかっている。

わかりやすい例を挙げれば、フェイスブック上の「友達」はいつもフレンドリーに振る舞うとは限らないので、フェイスブックを利用したあとに嫌な気分になるケースがある。女性ユーザーの八五%は、友達の投稿を見て不愉快に感じることがあると述べている。(注6)典型的な不満は、友達が自慢を書き連ねたり、こちらが知りたくもない近況を読ませたりするというものだ。不平不満を述べたり、一方的に政治的意見を記したり、「理想的な人生」を誇示したりする人があまりに多いと、たいていの人は感じている。フェイスブック上の友達があっさり敵に変わってしまうケースも非常に多いようだ。

いつも抜け目なくビジネスチャンスを探しているグーグルは、こうした点に目をとめた。同社はSNS（ソーシャルネットワーキング・サービス）への参入では後れを取ったが、二〇一一年六月に開始した「グーグルプラス」は、フェイスブックにはない強みを明確に備えている。それは、実生活と同じように、友達をグループ別に区分けして管理できることだ。

反響は大きかった。アクセスが殺到しすぎて、サービス開始の翌日に新規登録を一時停止せざるをえなかったほどだった。会員数は三週間で一〇〇〇万人を突破し、一年で四億人に達した。(注7)

これだけの数のユーザーを獲得できたのは、本章で言う機能的分割をおこなった結果だ。ある人の友達グループがそれぞれ異なる機能をもっているとみなし、個々のグループを全体から切り離して、別々に管理できるようにしたのである。同社はこの機能を「サークル」と名づけた。

グーグルプラスがデビューしてほどなく、フェイスブックは、それまでと劇的に異なる友達管理の選択肢を提供しはじめた。その「スマートリスト」という機能は、どのようなものだったか？　そう、お察しのとおり、それはほぼあらゆる面でグーグルの「サークル」にそっくりの機能だった。人々はオンライン上でも実世界と同じような形で友達関係を管理したいと思っている――フェイスブックは、そういう考え方を受け入れたのだ。会員数でグーグルプラスがフェイスブックに追いつくのは、けっして容易ではない。それでも、フェイスブックが素早く対応したのは、グーグルが分割のテクニックで成し遂げたイノベーションに危機感をかき立てられたからなのだろう。

【図3-2】オンライン上で交友関係を分割する

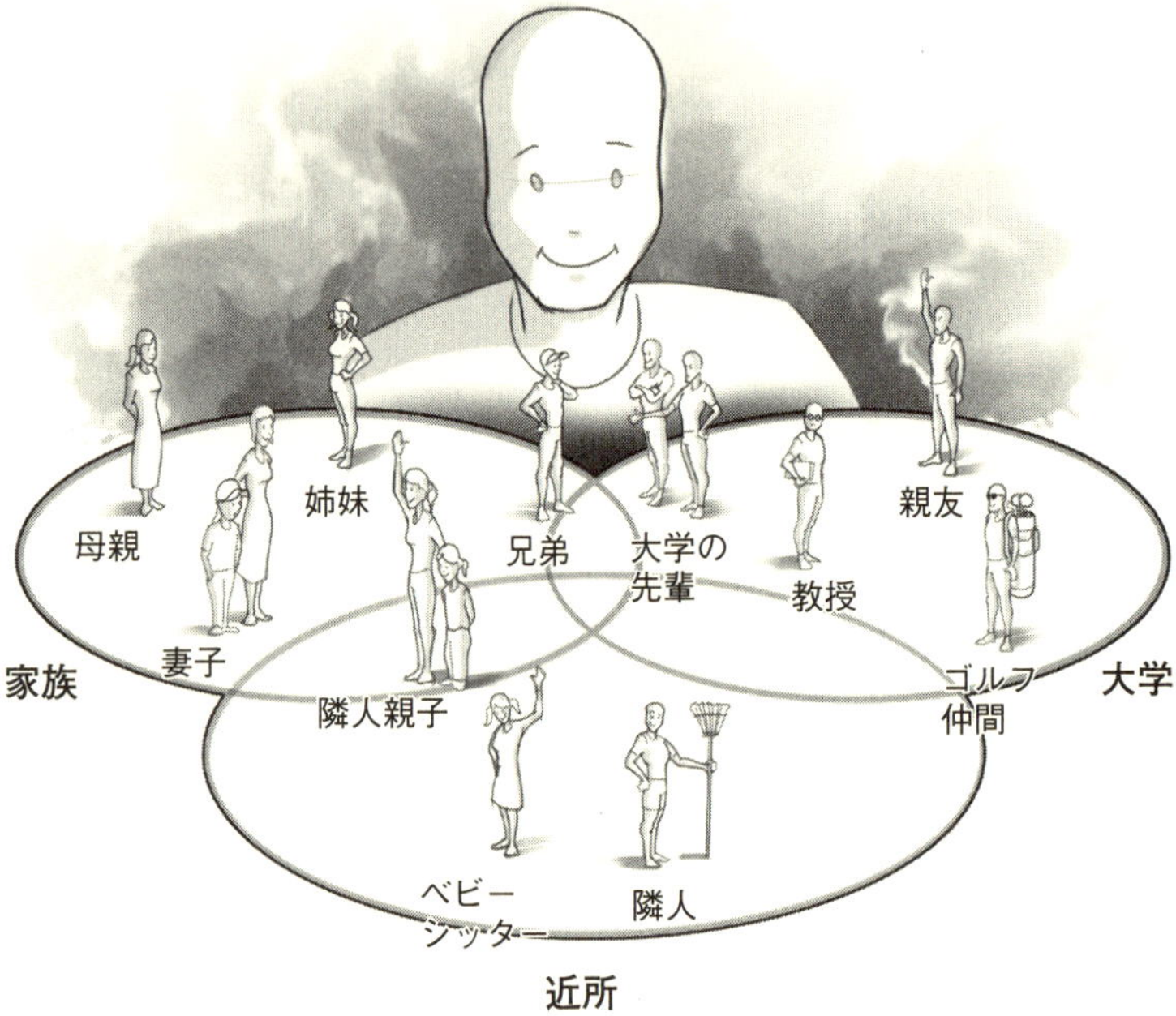

保険申込書も変革できるか？

あなたがこれまでに記入させられた最も面倒臭い書類は、どこに提出するものだっただろう？所得税の確定申告書？　銀行の融資申込書？　保険の加入申込書だという人も多いだろう。どうして、保険会社は長い間このような状況を放置しているのか、と不満に思う人もいるかもしれない。実際には改善もなされているのだが、政府が保険加入者保護のために厳しい規制を課しているので、どうしても書類が複雑にならざるをえない。その結果、加入者はいまだに書き間違いを繰り返している。

何ページにもわたる書類に、間違いのない情報を、すべて所定の形式にのっとって記すことが求められる。形式が守られていない書類は受けつけられない。記載漏れや記載ミスのある書類は非常に多く、業界ではそれを「ＮＩＧＯ」と呼ぶ。「ノット・イン・グッド・オーダー（＝好ましい形式が守られていない）」という意味だ。

アクサ・エクイタブル社はほかの保険会社同様、この問題に悩まされていた。ＮＩＧＯによる保険加入申込書の不受理率は、業界平均で約五〇％。アクサの不受理率は、それをさらに上回っていた。保険会社が頭を抱えるのも無理はない。たとえばグーグルマップを検索して、表示された地図情報が半分の確率で間違っていれば、誰だって困る。おおざっぱに言えば、保険会社にとってはそれと同じことなのだ。「いろいろな方法を試しましたが、どれも効果はありませんでした」と、同社の個人年金部門担当上級副社長であるジャッキー・モラレスは言う。(注8)「問題があるとわかっただけで、問題が解決するわけではありません。解決策が見つかったと思っても、思い違いだったというパターンの繰り返しでした」

アクサ・エクイタブルの会長もそういう状況に不満をいだいていて、従業員にこう問いかけた。「どうすれば、保険商品とサービスの質を落とさずに、NIGOによる不受理率を減らせると思うか?」。この問題を含む重要課題を解決するための特別チームが正式に組織された。欲しいのは結果だった。「浮ついたブレインストーミング」などいらないと思っていた。

部署の垣根を越えてメンバーが集められて、インサイドボックス思考法に基づくイノベーションのワークショップが開催された。最初、メンバーは懐疑的だった。長年手を焼いてきた問題を解決する方法論など本当にあるのか、と思ったのだ。「これから、イノベーションを生み出す方法を教えます」と、インサイドボックス思考法のトレーニングスタッフとしてやって来たヨニ・スターンとヒラ・ペレスが冒頭で述べたとき、メンバーの反応はありがちなものだった。「私は創造的なタイプじゃないんですよ! ただの保険会社の審査担当です」などと、誰もが口々に言った。しかし、一同が考えを変えるまでに、長い時間はかからなかった。

ワークショップでは、分割のテクニックを用いて、保険加入申込書の構成要素を小わけにしていった。申込書の記入事項の一つひとつを別々の要素と位置づけると、構成要素は膨大な数になった。続いて、機能的分割の手法に従い、要素の並び順を入れ替えた場合にどうなるかを想像してみた。たとえば、こう考えた。どうして、申込書はかならず冒頭に加入者の氏名を記入させるのか? あらためて考えてみると、氏名、住所、生年月日などの個人データを最初に書かせなくてはならない理由はなかった。そもそも、これらの事項をまとめて一カ所に書くべき理由もないと気づいた。このように、申込書の記入事項を分割し、要素を並べ替えていった。空間的組み替えをおこなったのだ。

すると、あるアイデアが湧き上がってきた。要素をばらばらにして並べ替えるのなら、営業担当者が実際に顧客の話を聞く順序どおりに並べてみてはどうか？　メンバーは、加入希望者と営業担当者の最初の面談の場面を思い浮かべてみた。営業担当者が顧客のことを知り、さまざまな情報を聞き出す順序は、申込書の記入順とはまるで違った。面談の順序に合わせて、申込書をつくり変えられないか？

長年用いられてきた保険加入申込書の形式を絶対視する思い込みを打ち破ると、アイデアが次々と浮かんできた。たとえば、いくつかの記入事項は、あらかじめ印刷しておけばいいと思いついた。そうすれば時間の節約になるし、なにより誤記入の心配もなくなる。また、メンバーは、それぞれの記入事項を最も正確に記せるのは誰かを考えるべきだと気づいた。さらに考えると、すべての項目を一度に記入する必要もないと思えてきた。このように分割のテクニックを実践し、要素の時間的組み替えをおこなった結果、申込書のそれぞれの箇所を、最適な人物が最適な時期に記入できるようにすれば、記載ミスを減らせるという結論に達した。

メンバーはほかにも申込書の改善点をいくつも思いついたが、大きなハードルが残っていた。実際に申込書を変更することは不可能だったのだ。連邦政府とすべての州政府に申請して新しい申込書の認可を得るには、あまりに時間と手間と資金がかかる。断念するしかないのか？　アクサのチームが考案した方法はきわめて斬新なものだった。契約内容ごとに申込書の記入箇所を色わけして示した透明シートを作成しようと考えたのだ。そのシートを申込書の上に乗せれば、営業担当者は、それぞれの顧客にどこに記入させればいいかが一目でわかる。必要なときに必要な項目だけを書き込むように、顧客を手引きできるのだ。たとえば、変額年金に加入する顧客にはグリーンの箇所に記入してもらう、という具合だ。これなら難しくない。

分割をおこなうことにより、新しいテクノロジーに金をかけたり、手続きを複雑にしたりすることなく、創造的な問題解決策を編み出すことができた。新たな視点で状況を見るだけで、長年の課題の解決策が浮かび上がってきたのだ。

「この方法論を用いる体験は、スイスのマッターホルンに登るのと似ていました」と、イノベーション・調査・分析担当上級副社長のハリーナ・カラチュックは言う。(注9)「それぞれの峰の頂点から眼下に目をやると、そこにあるのはいつも同じ谷底なのに、見え方がその都度違いました。同じように、このイノベーションのテクニックを実践したことで、私たちはNIGO問題を違う角度から見ることができました」。分割のテクニックのおかげで、アクサはNIGOによる不受理率を二〇%減らし、コストを大幅に削減できた。顧客にとっても時間の節約になったことは言うまでもない。

「アップルやグーグルのようなシリコンバレーの企業で働いていなくてもイノベーションは実践できるのです」と、カラチュックは言う。「一般に、保険業界はイノベーション精神に富んだ業界とは思われていません。でも、そうとは限らないのだと立証できました。いつでも活用できるステップ・バイ・ステップのイノベーション方法論があるというのは、実に心強いものです」

膨大な社員研修プログラムを効率化する

あるプロセスで処理しなくてはならない課題が多すぎて、時間が足りない――そんな経験は誰もがあるだろう。そういうときは、分割のテクニックが役に立つかもしれない。

企業の社員研修を例に考えてみよう。あなたの会社は、さまざまな分野で多くの複雑な製品をつくっている。営業部員は、そうしたすべての製品について熟知していなくてはならない。しかも、それを顧客に売り込む方法も理解しておく必要がある。そこで会社は、新たに入社した営業部員に六週間の研修を義務づけている。

　しかし、あなたの会社は、平均して月に一つのペースで新製品を売り出している。このような製品ラインナップの急拡大に研修プログラムを対応させるためには、どうすればいいのか？　研修時間を増やし続けるわけにはいかない。営業部員が研修を受けている時間は、裏を返せば商品の売り込みをしていない時間にほかならないからだ。その時間、営業部員は会社に売り上げをもたらさない。

　ここで、リン・ヌーナンにご登場願おう。（注10）リンはジョンソン・エンド・ジョンソン（J&J）に勤めて二〇年になるベテラン社員。世界中で医療機関向けの高度な医療機器をセールスする営業部員一〇〇〇人以上の研修プログラムを設計してきた。J&Jで扱う医療機器は、たえず増え続けている。研修時間を増やさずに、増える一方の製品のすべてについて学ばせるには、どうすればいいのか？　それが悩みの種だった。リンは部署の枠を越えた検討チームを組織し、本章で紹介した二種類の分割方法を実践してこの問題を解決しようと試みた。

　検討チームの面々は、機能的分割を通じて営業部員研修のあり方を根本から見直そうと考えた。はじめに、インサイドボックス思考法の模範的な手順どおり、研修プロセスの構成要素をすべて洗い出した。その結果、研修は大きくわけて三つの要素から構成されることがわかった。人体に関する研修、手術方法に関する研修、製品に関する研修である。

　まず、人体の研修。それまでの営業部員研修では、最初に人体の基礎を一通り教えていた。たとえば、胆嚢（肝臓の下に位置する小さな袋状の臓器。肝臓でつくられる消化液である胆汁を蓄える機能を担う）の仕組みを知り、胆嚢の中で胆石が形成され、それが胆汁の流れを妨げたり、痛みを引き起こしたりするメカニズムを学ぶ。同じように、胃や盲腸、肝臓など、ほかの臓器についても勉強する。

次に、主だった手術方法について学ぶ。病的肥満を解消するための肥満手術や、大腸癌の切除手術、胆石の除去手術などである。こうして人体の基本と主要な手術の方法を勉強してからようやく、世界中の病院の手術室で自社の製品がどのように用いられているかを教わる。

このやり方はあまりに非効率だと、リンは気づいた。新人営業部員たちは研修の冒頭で人体に関する知識を一通り教わるが、手術について学ぶときにはそれを復習しなくてはならない。製品について勉強する段階でも、再びおさらいをする羽目になる。

検討チームはまず、三つの機能的領域（人体、手術、製品）をさらに最小単位まで細分化した。人体に関する研修は、肺、胃、背骨、胆嚢など、体の部位や臓器ごとに分割された。手術に関する研修は、肥満手術、大腸癌切除手術、胆石除去手術などに分割。製品に関する研修も、手術器具やその他の医療機器ごとに切りわけられた。

次に、これらの細分化された要素を組み合わせ直した。人体の個々の部位や器官に関する研修と、その部位や器官に関わる手術についての研修、そしてその手術で用いる製品の研修をワンセットにしたのだ（図3－3参照）。

これにより、営業部員研修の効率が高まった。新しい研修設計のねらいは、人体と手術方法に関する知識を言ってみれば「ジャスト・イン・タイム」で提供することにあった。リンの言葉を借りれば、「人体と手術方法に関する研修は、それが必要とされるタイミングで、つまり個々の製品に関する研修の直前におこなうようにした」のだ。これで、手術方法の研修の前に人体の知識を、製品の研修の前に人体と手術方法の知識をおさらいするために時間を費やさずにすむようになった。

【図3-3】医療機器の営業部員研修を分割して効率化

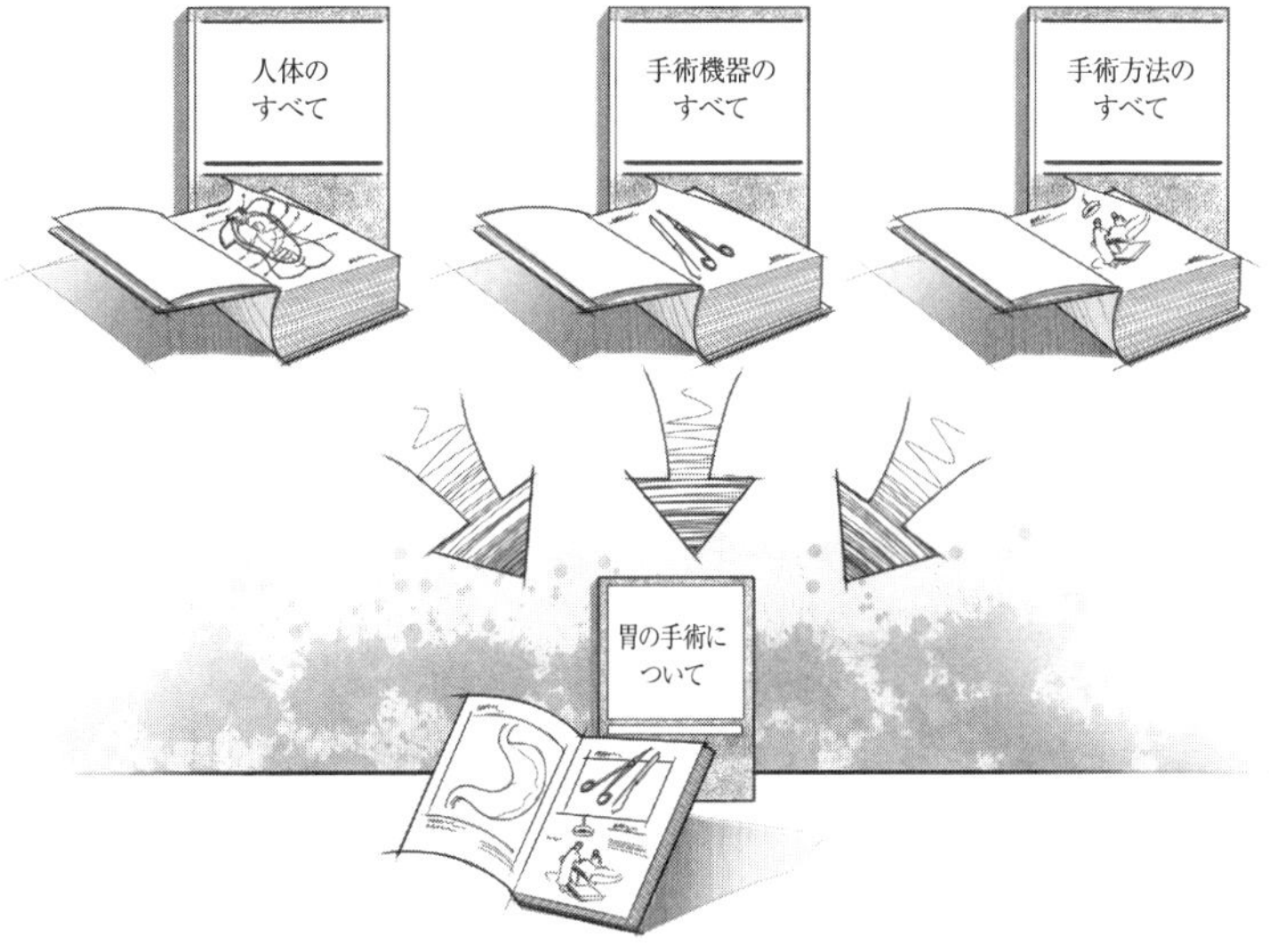

リン率いる検討チームは、研修の効率を高めただけではなかった。研修の質も向上させた。顧客である医師やその他の医療専門家の視点で情報を示すようにした結果、営業部員は、Ｊ＆Ｊの製品が医療のプロセス全体のなかでどのような役割を果たし、治療を成功に導くのかを理解しやすくなった。

しかしリンたちは、これだけでは満足せず、もう一種類の分割もおこなった。六週間の研修期間を数日ごとに分割し、それを一二カ月の期間中に散らしたのである（時間的組み替えを実践したのだ）。入社直後にすべての研修をまとめておこなうのをやめたことで、新人営業部員は早い段階で現場を経験し、市場の実際を知るようになった。現場でどう役立つかわからずに研修で大量の知識を学ぶのではなく、まず重要な「実践知」をはぐくんでいく。その結果、研修の教室にやって来るときには、顧客がなにを求めているかがよく理解できる。研修内容がピンと来るようになり、学んだ内容が記憶に定着しやすくなる。要するに、研修の効果が高まるのだ。

分割のテクニックの進め方

分割のテクニックの効果を最大限引き出すためには、以下の五つのステップで進めるべきだ。

① 製品やサービスの内部の構成要素を洗い出す。

② 製品やサービスを次の三つの方法のいずれかで分割する。
a 機能的分割——要素を一つ取り出し、その位置や登場順序を変更する。
b 物理的分割——製品やその一部を物理的に切りわけて組み替える。
c 機能を維持した分割——製品やサービスをいくつものミニチュア版に分割し、そのそれぞれが元の全体の機能をすべて維持するようにする。

③ 分割をおこなった結果、どういう状況が生まれるかをありありと思い浮かべる。

④ 以下の問いを自分に問いかける。分割をおこなったことで生まれた製品やサービスには、どのようなメリット、価値、市場があるか？　どういう人がそれを欲しがるのか？　その人は、どういう理由でそのニーズをいだくのか？　特定の問題を解決しようとしているのなら、分割

をおこなうことが問題解決にどのように役立つのか？

⑤　その新しい製品やサービスが価値あるものだと思えた場合は、次のように自問する。そのアイデアは実現可能か？　そういう製品を実際に製造できるか？　そのサービスを提供できるか？　どうして可能なのか？　あるいは、どうして不可能なのか？　アイデアの実現可能性を高めるために、修正したり、磨きをかけたりできる点はないか？

三種類の分割をすべて実践する必要はかならずしもないが、三つともおこなえば、画期的なアイデアを導き出せる確率がいっそう高くなる。

正しくテクニックを使うために注意すべきこと

●分割した要素を空間と時間の両面で並べ替える。

製品やサービス、プロセスを分割したら、「閉じた世界」の中で要素を空間と時間の両面で並べ替えてみる。空間的組み替えをおこなう際は、切り離した要素を従来と異なる場所に配置する（冷蔵庫のコンプレッサーを家の外に移した例を思い出そう）。時間的組み替えをおこなう際は、切り離した要素が登場するタイミングを変える（プリペイド式携帯電話の例を思い出そう）。

●最初に構成要素をリストアップすること自体が「分割」にほかならないと理解する。

最初に構成要素のリストを作成するだけで、新しい視点で状況を見る助けになる。それにより、構造的思い込みを打ち破り（全体がいくつもの要素の集合体だと認識できる）、機能的思い込みも打ち壊せる（個々の要素を独立した存在とみなし、それぞれの機能を検討できるようになる）。一つひとつの要素を付箋に書き出すというアドバイスを思い出そう。これは、第2章で紹介したカール・ドゥンカーのロウソクの実験で画鋲と画鋲の箱をわけたのと同じ効果がある。

●うまくいかない場合は「解像度」を変える。

要素を「閉じた世界」の中で並べ替えるのがうまくいかなかったり、並べ替えた結果に違和感を覚えたりするときは、要素のリストをつくり直す必要があるかもしれない。その際は、言ってみれば「解像度」を変えるのが有効だ。「閉じた世界」と自分の間の距離を変えるのである。ズームインして対象に近づけば、個々の要素や部品を細かく検討できる。逆にズームアウトすれば、対象が大きな文脈の中でどのように存在しているかが見えやすい。このように「閉じた世界」を大きくしたり小さくしたりすることにより、構成要素のリストを調整し、分割を通じて実現させるイノベーションの質を高めることができる。

自宅のリビングルームにいると想像してみよう。家具、照明器具、窓、床、壁の絵画が目に入る。分割をおこなえば、これらの構成要素を互いから切り離すなり、部屋全体から切り離すなりすることになる。ここで、どれか一つの構成要素にズームインすると、どうなるだろう？　たとえば、天井の照明器具に接近してみるとしよう。要するに、部屋全体ではなく、その照明器具を一つの「閉じた世界」と位置づけるのだ。そうすると、その個々の構成要素が見えてくるだろう。電球や、照明器具を天井からぶら下げるチェーン、オンとオフの切り替えスイッチなどだ。これらの要素を分割しよう。

逆に、ズームアウトすると、どうなるか？　自宅と近所全体を「閉じた世界」と位置づけると、どういう構成要素が目に入るだろう？　何軒かの家？　自動車？　消火栓？　木々？　歩道？　こうした要素に分割のテクニックを適用して新たな価値を生み出すには、どういう方法があるかを考えればいい。

ものごとを分割するというのは、人間の思考プロセスの自然な要素の一つだ。このテクニックは、本書で取り上げるほかのテクニックと同様、思考のプロセスをコントロールし、その方向を定めることにより、創造的なアイデアを解き放つ効果がある。三つの分割方法を活用して、計画的にテクニックを実行に移そう。そうすれば、難しい問題もきっと解決できる。

まとめ

「構造的思い込み」を打破し、見慣れない構造から可能性を引き出すことで

1 まったく新しい価値

2 既存の価値の新しい形

を生み出せるのが

分割のテクニック

分割の3つの方法

① **機能的分割**
製品からなんらかの機能を取り除き、それを別の場所で使う

② **物理的分割**
ランダムな物理的線引きに沿って製品を細かくわける

③ **機能を維持した分割**
製品をミニチュア版に分割する

分割後

空間的組み替え

時間的組み替え

新しい視点を獲得、製品の使い方に新しい可能性が開ける！

分割の実例

① **機能的分割**
モーター機能を分割して室外に、サーモスタット機能を分割してリモコンに移して、利便性を高めたエアコン

② **物理的分割**
艦内のスペースを物理的に分割して安全性を実現した潜水艦

③ **機能を維持した分割**
大容量化するハードディスクを小分けにして生まれたＵＳＢメモリ

次章では

要素をコピーして増量し、少し変化させると、オリジナリティが生まれる。掛け算のテクニックを紹介

第４章
掛け算のテクニック

機会をとらえれば、機会がふくらむ。
——孫子

たばこの束から革新された高層ビルの設計法

「シカゴのど真ん中に、あなたの署名入りの退屈な建物をつくることになりますよ」と、建築家のブルース・グラハムは釘を刺した。その相手は、依頼主であるアメリカの百貨店経営会社シアーズ・ローバックのゴードン・メットカーフ会長だ。メットカーフの依頼は、シカゴの繁華街に高層ビルを建てたいというものだった。シアーズの栄華を象徴するように、町に堂々とそびえ建つ本社ビルをつくろうと考えたのだ。グラハムは、この要望にノーと言い続けた。高層ビルを建てること自体に反対だったわけではないが、メットカーフのアイデアはあまりに退屈に思えた。

シカゴにはすでに、やはりグラハムが設計を手がけた一〇〇階建ての高層ビル、ジョン・ハンコック・センターがあった。この町に、古いタイプの高層ビルがもう一つ必要だろうか？

「世界最大の小売り企業にふさわしい、世界最大の本社ビルが欲しかった」と、メットカーフは振り返っている。[注1] ジョン・ハンコック・センターが完成したときのように、世界中が起立して拍手喝采するようなビルをつくりたかったのだ。

高層ビルを建てるのは、技術的に簡単ではない。建物自体の重さ（「固定荷重」）と建物内の家具や人間などの重さ（「積載荷重」）の両方に耐えられる設計にしなくてはならない。建物が高くなるほど、これらの重量は重くなり、それを支えるために必要な土台も大きくせざるをえない。また、上の階に行くごとに、建物を小さく、軽くしていくようにつくる必要もある。

自分の肩の上にほかの人を乗せる状況を想像すればわかりやすい。もちろん、難しい。では、その人の肩の上にもう一人乗るとすれば？　さらに、その上にもう一人乗るとどうなるだろう？あなたが人並みはずれて屈強だったり、サーカス団員として特別な訓練を受けていたりしないかぎり、すぐに重さに耐えられなくなるに違いない。しかし、「人間ピラミッド」をつくれば話は別だ。五人が地面に足を踏ん張れば、肩の上に四人を支えるのは難しくない。その四人が三人を支え、さらには三人が二人を、二人が一人を支える。このように、土台部分でしかるべき数の人が重さを支えれば、普通の体格で普通の屈強さの人が人間タワーをつくれる。

ただし、このタイプの構造の建造物が到達できる高さには、おのずと限界がある。土地の面積は有限なので、ある程度以上に高い建物は建てられない。思い浮かべてみてほしい。五層の人間ピラミッドをもう一人分高くしたければ、どうすればいいか？　六層目を加えたければ、ピラミッドを構成する人間を各層に一人ずつ、つまり合計六人増やさなくてはならない。七層目を加えるときは、合計七人がさらに必要だ（図４－１参照）。

建物も原理は同じだ。昔の石造りの建物の場合、階を増やすほど、下の階の壁を分厚くしなくてはならない。この方法だと、一〇階建てくらいになると、下のほうの階は使い物にならなくなる。それくらい壁を厚くしないと、一〇階分の重さを支えられないのだ。

そこで建築家たちは一九世紀後半以降、鉄骨を用いるようになった（世界最初の鉄骨建築は、一八八五年にシカゴに建てられた「ホームインシュアランス・ビル」だ）。垂直の柱をそれぞれの階で水平の梁と接合し、さらに壁面に対角線状の筋交いを渡す。これで、それまでより高い建物を建てられるようになった。

【図4-1】人間ピラミッド

おおざっぱに言うと、初期の高層ビルは、鉄骨の長方形の枠組みを、ガラスなどの外壁がカーテンのように覆ったものだった（このカーテン状の壁は重さを支える機能を担わない）。

この建築方法を用いても、メットカーフが望んでいたような六〇階建てのビルをつくるとすれば、一階は非常に広くせざるをえない。グラハムとしては、あまりに敷地面積の広い建物にしてしまうと、将来シアーズがビルを手放す場合に（実際、同社はのちにこの本社ビルを売却した）、次の買い手が見つからないのではないかと心配だった。

不安材料はほかにもあった。高い建物は、水平方向に加えられる風の力にも持ちこたえなくてはならない。どうすれば、上層部の階を狭くしすぎず、しかし敷地面積を広くしすぎることも避け、さらには、「風の町」の異名を取るシカゴで風圧に耐えられる高層ビルをつくれるのか？

最終的にメットカーフが譲り、グラハムは好きなようにビルを設計できることになった。ジョン・ハンコック・センターで大成功を収めたばかりのグラハムは、それを上回る華々しい成功を手にしたいと望んだ。世界中の耳目を集められるような、町のシンボルをつくりたかった。なにしろ、三エーカーもの土地に、大企業の資金力、それに地元政界のドン、リチャード・J・デイリー市長の後ろ盾もある。問題は、どういう設計にするかだけだった。

思いついたのは、建物の周縁部に柱や梁を集中させた、筒状のビルを建てるというアイデアだった。こうしたチューブ構造の建物には、風による揺れに強く、建設コストも抑えられるという利点がある。

しかし、チューブ構造の建物自体はすでに手がけたことがあったので、もっと革新的な設計にしたいと思った。やがて、いいアイデアをひらめいた。

興奮したグラハムはさっそく、仕事のパートナーである構造技術者のファズラー・カーンを昼食に誘った。その席で彼は、たばこの箱を取り出して、中身をテーブルにぶちまけた。そして九本を手に取ると、一束にまとめて垂直に立ててみせた。九本の白くて小さいチューブが天に向かって伸びているような感じだった。次に彼は、一本のたばこを少しだけ上にずらした。九本のた

【図4-2】たばこの束から世界一高いビルが誕生

実際のシアーズ・タワー（現ウィリス・タワー）

ばこは依然としてしっかり束になっているが、一本だけが上に突き出した状態になった。さらに、別の一本をそれより上までずらし、もう一本をもっと上にずらす。こうして、互いに密にくっついているけれど、高さがそれぞれ異なる九本のたばこのタワーができあがった（図4－2参照）。「うまくいくと思う？」と、グラハムはカーンに尋ねた。高さの違うチューブ構造の建造物を束ねて、一つの大きなビルを建てる——それがグラハムのアイデアだった。(注2)

非常に斬新な設計だった。それまでのチューブ構造のビルは、一つのチューブだけで構成されていた。いくつものチューブを束ねようなどと考えた人は誰もいなかったのだ。グラハムは、チューブを何倍にも複製し、それぞれのチューブの重要な性質（高さ）を微妙に変えることによって、当時としては世界で最も高いビルをつくることに成功した。グーグルの画像検索で調べると、この一一〇階建てのビルがたばこの束のように見えてくるだろう。

このようなチューブ構造を束にした設計には、既存の高層ビル設計方法より汎用性が高いという利点もあった。それぞれのチューブの形状を変えたり、チューブの並べ方を変えたりする余地がいくらでもあるからだ。

本人は自覚していなかったかもしれないが、グラハムは本章のテーマであるイノベーション方法を実践していた。本書では、それを掛け算のテクニックと呼ぶことにする。このテクニックもほかのテクニックと同様、既存の製品、サービス、プロセスの限界を創造的に押し広げるための思考の道筋を示すものだ。具体的には、その名のとおり、「閉じた世界」の内側にある要素を何倍かに増やすことでイノベーションを成し遂げる（第2章では引き算を、第3章では分割、すなわち割り算を取り上げた。そして、本章では掛け算だ。算数で教わる四則演算すべてが創造性を発揮する役に立つらしい——と思ったかもしれないが、それは違う。足し算が有効だという発見は、ジェイコブの研究によっても得られていない）。

掛け算をおこなう場合は、ほかのテクニックと同じように、最初に「閉じた世界」の内側にある要素を一通り洗い出す。そのうえで、二つのことを実行する。まず、いずれかの要素の数を増やす（グラハムは、高層ビルのチューブ状の構造物の数を増やした）。それに続いて、増やした個々の要素に修正を加えて、すべてが異なる性質をもつようにする。別の言い方をすれば、元の要素をコピーする際に、その都度、オリジナルと異なる点をいくつかつくるのである。この手順に従えば、完全に新しい製品やサービスを生み出したり、既存のものを改良したり、まったく新たなイノベーションを導き出したりすることができる。

シアーズ・タワーの場合は、チューブの数を九本に増量し、それぞれの高さを変えた。そして、特製の鉄骨でチューブとチューブをつなぎとめることにより、一本のチューブで構成される建物より構造上堅牢にでき、風に対する強さも維持できた。

ここにいたるグラハムの思考プロセスは、掛け算のテクニックをそっくりなぞっていた。しかし、前章の分割のテクニックを用いることもできただろう。つまり、一つのビルを物理的に分割し、垂直方向に伸びる細長い部分にいくつも切りわけるという発想によっても、同じ結論にたどり着けた可能性が高い。こういうパターンは珍しくない。複数のテクニックが同じイノベーションを導き出すケースがしばしばあるのだ。この場合、分割した縦長の構造物をすべて同じ高さと同じ機能にしていれば、機能を維持した分割を実践したとみなせた。

グラハムが成し遂げたイノベーションは、世界一高いビルを生み出した。シアーズ・タワーは、一九七三年のオープン以来、世界一の座を長く維持した。そして、一九九八年にクアラルンプール（マレーシア）のペトロナス・ツインタワーに抜かれてからも、シカゴのシンボルであり続けている。現在はシアーズの手を離れており、二〇〇九年には「ウィリス・タワー」に改称されたが、シカゴで道を尋ねるときは、「ウィリス・タワーはどこですか?」とは聞かないほうがいい。おそらく、ポカンとした顔をされるだけだ。それくらい、いまもシアーズ・タワーという名前が浸透している。

複数のチューブを束にするという、グラハムのアイデアは、ペトロナス・ツインタワーや、上海のジンマオ・タワーなど、それ以降の数多くの高層ビルで採用された。現時点で世界一高いビルであるドバイのブルジュ・ハリファ（一六〇階建て）も、明らかにグラハムのイノベーションの影響を受けている。

髭剃り業界の、刃のコピー増量競争

どうして、掛け算するだけで、真に独創的なものが生まれるのか? そう疑問をいだいた人も多いだろう。無理もない。このテクニックでは、元々あった要素をコピーしている。どうして、こんなことが創造的だと言えるのか?

理由は簡単だ。オリジナリティの有無は、どこから着想を得たかではなく、それをどう発展させたかによって決まる。この場合で言えば、要素をコピーしたかどうかより、そのコピーした要素をどう活用したかが重要なのだ。ある要素をそっくりそのまま複製するだけでは、もちろんオリジナリティのある行為とは言えない。しかし、コピーした要素に修正を加えて、世界に対して新しいメリットを生み出せれば、それはオリジナリティのある行為ということになる。

ここで、天高く伸びる摩天楼から地上に降りて、日々の暮らしに密着した製品について考えてみよう。その製品とは、男性用の髭剃りである。男たちは先史時代からずっと、一枚刃の髭剃りで髭を剃ってきた。しかし一九七一年、ジレットが史上初の二枚刃の髭剃り「ＴｒａｃⅡ」を発売した。これを皮切りに、髭剃り業界は刃の増量競争に突入していく。

二枚刃の髭剃りは、それぞれの刃に別々の機能をもたせることにより、一枚刃に比べて深剃りしやすくした。まず一枚目の刃が髭を毛穴から引っ張り出し、一枚目とは角度を変えてある二枚目の刃がそれを切る。髭剃りの中核的要素である刃をコピーして増やし、それに修正を加えることによって、深剃りが可能になったのだ。この場合の修正とは、刃の角度を変えたことだった。そうすることで、二枚目の刃の役割を変更したのである。

ジレットの「ＴｒａｃⅡ」は、アメリカではじめて大量生産された複数刃の髭剃りだった。この画期的製品に触発されて、ライバルのシックとウィルキンソン・ソードも二枚刃髭剃りを発売。その後、ジレットは一九九八年、同じ形状の刃を三枚並べた「マッハ３」を売り出した。競争はさらにエスカレートし、シックが四枚刃の「クアトロ」を投入。対するジレットは二〇〇六年、「フュージョン」を送り出した。正面に五枚の刃が並び、裏に、剃りにくい部分を仕上げるためのピンポイントトリマーという刃がもう一枚あるものだ。[注3]「ライバル社より一枚でも刃を多く」をめざして際限なく続く開発競争は、テレビのお笑い番組でネタにされたり、ＹｏｕＴｕｂｅにパロディ動画が投稿されたりもした（ＹｏｕＴｕｂｅで「Rontel 7 Blade Razor」を検索してみよう。愉快なパロディＣＭを見ることができる）。

本書のテーマに関連して重要なのは、こうした髭剃り製品が本当にイノベーションの産物と言えるかどうかだ。それらは真に創造的な製品なのか？　それとも、企業が消費者の財布を開かせるためにおこなっているマーケティング戦術にすぎないのか？

私たちが思うに、ジレットが最初に開発した二枚刃の髭剃りは、掛け算によって実現した真に斬新なイノベーションだったが、それ以降の新製品の数々はすべて、予想の範囲内の、要するに退屈な製品にすぎない。オリジナリティに欠け、創造性のない製品だ。掛け算を実践したと言うためには、単に同じものをコピーして数を増やすだけではなく、コピーしたものに変更を加えなくてはならないのだ。

コピーした要素に変更が加えられた結果、その要素が元の要素と実質的に異なるものになり、製品やサービス全体がまったく新しいものに変貌したとき、オリジナリティが生まれる。ジレットの「ＴｒａｃⅡ」の場合、増量された二枚目の刃は、一枚目の刃とはまったく異なる独自の機能を与えられた。それ以降の製品はどうだろう？　残念ながら、ほぼ単純な複製に終始していると言わざるをえない。

では、適切な方法でこのテクニックを実践するためには、どうすればいいのか？　以下で秘訣を伝授しよう。その方法は、ひょっとするとあなたの予想を裏切るものかもしれない。

頭が二つある釘の使い道は？

建築家のグラハムがたばこを使って設計案を説明したのはお見事だったが、特定の問題（＝チューブ構造のシアーズ・タワーを設計する）に対する解決策を探すというアプローチは、かならずしもお手本にしなくてもいい。「考える前に飛び込む」という精神で臨んだほうがうまくいく場合が多い（子どものころ、お母さんに言われたこととは正反対だろうが）。「閉じた世界」から無作為に一つの要素を選び、それを増量するとどうなるかを考えよう。要するに、どういう価値を生み出せるかを前もって計算するのではなく、ランダムに選んだ要素をコピーして、それになんらかの変更を加えてみる。そうすると、まだ存在に気づいてすらいなかった問題に対する創造

【図4-3】頭部が２つある釘の用途を考えよう

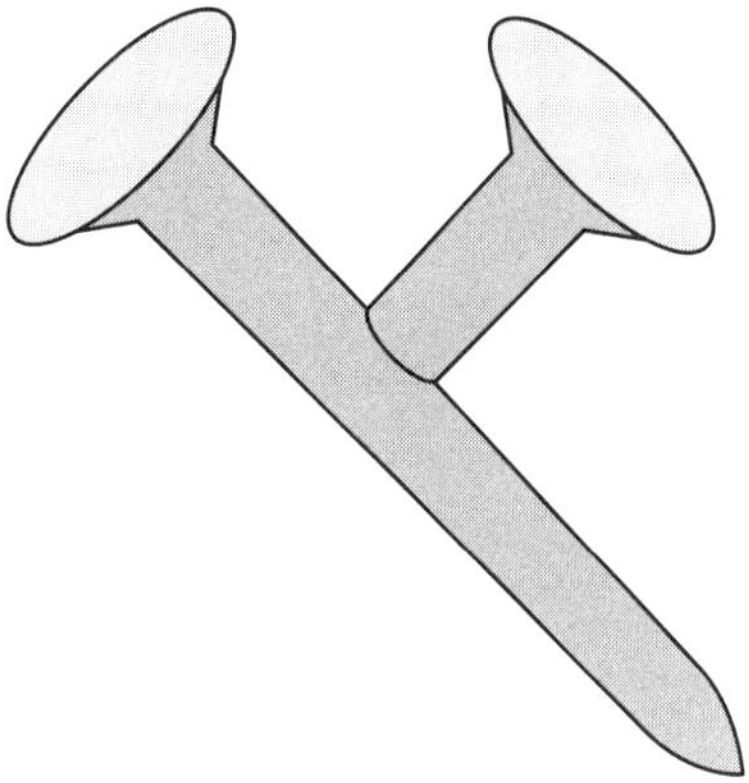

的な解決策が見つかるかもしれない。そう信じてやってみるのだ。

問題に気づく前に、解決策を見つける――禅問答のように聞こえるかもしれないが、この点は掛け算のテクニックの核をなす要素だ。というより、それは本書で紹介するテクニックすべての核心でもある。

掛け算のテクニックが有効なのは、それが常識に反する方法論だからだ。このテクニックを実践すると、一見したところ意味をなさないように思えるアイデアが生み出される。ここで、またしても構造的思い込みと対峙していることに気づいただろうか？構造的思い込みに陥ると、「あるべき状態」と異なるものごとの価値を認められなくなる。たとえば、頭部が二つある釘。釘の尖った先端部分の反対側に一つ、そして釘の横の部分にも一つ、頭部がついている。一目見て、アレっと思うだろう。欠陥製品だと思うに違いない。構造的思い込みのせいで、人は無意識にその「誤り」を修正し、釘の頭を一つに直したいと感じる。しかし、そういう条件反射的な反応を克服し、「機能は形式に従う」の精神で考えるべきだ。頭部が二つある釘の用途を探せば、真に革新的なアイデアを思いつけるかもしれない。釘を打つときに、横に突き出しているほうの頭部を手でもって固定すれば、ハンマーで自分の指を打ちつけずにすむだろう。あるいは、壁に釘を打ち込んで、二つ目の頭部をフックのように用いて、そこに物をかけてもいいだろう。「機能は形式に従う」の精神に従えば、構造的思い込みを乗り越え、一見すると不自然な構造に、有益な活用方法を見いだせる場合があるのだ。

要素の一つをコピーし、それに変化を加えれば、製品やサービスの外見や動作が変わる。そうやって、既存のものとまったく異なる製品やサービスが出現したら、次は重要な問題の答えを見つけなくてはならない。掛け算によって生まれた製品やサービスがなんの役に立つのかを見いだす必要があるのだ。そのためには、以下のような基本的な問いを自分に問いかけるといい。この新しい製品やサービスには、どのようなメリットがあるか？　どういうときに、その製品やサービスを利用するのか？　重要なのは、まず形式を生み出し、機能はあとから考えるというアプローチを実行することだ。

掛け算をおこなうとき、要素にどのように変化を加えるべきかを判断するためには、いくらか訓練が必要だ。まずは、目につきやすい要素を選ぶこと。そして、その要素を大きく修正するといいだろう。

掛け算は比較的単純なテクニックだが、見くびってはいけない。これまでこの方法論のおかげでいくつもの斜陽産業が再生し、新しい産業が生まれてきた。ある産業の製品やサービス、プロセスにこのテクニックを適用することで、別の新しい産業が出現する背中が押されたケースもある。以下では、そうした目を見張る事例をいくつか紹介しよう。

掛け算が写真と映画を生んだ

あまり知られていないが、歴史上有数のエキサイティングなイノベーションのいくつかは、掛け算のテクニックのおかげで成し遂げられた。たとえば、写真がそうだ。写真の発明とその後の進化の多くは、このテクニックを通じて実現したとみなせる。掛け算が「画像」というきわめて身近なものをどのように発展させてきたかを見ていこう。

物体から発せられた光が小さな穴を通過すると、不思議なことが起きる。その物体の縮小された像が穴の反対側に（上下逆さまに）映し出されるのだ（図４－４参照）。この「ピンホール（針穴）効果」は、何千年も昔に発見されていた。古代ギリシャの哲学者アリストテレスはこう記している。「木々の葉の間の狭い隙間や、ザルの小さな穴、かごの細い目、両手の指を組み合わせてかご状にした間を、太陽の光が通過すると、地面に円形の光の輪が映し出される」。四世紀ごろのギリシャの数学者・天文学者であるアレクサンドリアのテオンは、「ロウソクの光がピンホールを通ると、穴の反対側のスクリーン上に、明るい部分があらわれる――ロウソクの中心とピンホールを結んだ延長線上の場所に」と書いた。

ピンホール効果は、あらゆる写真技術の核をなす原理だ。この効果を土台にした写真技術は、掛け算の実践例と位置づけられる。あなたはカメラで写真を撮るとき、被写体の発する光をとらえて、それをデジタルチップなりフィルムなり、なんらかの媒体にコピーするという形で、像の数を増やしているからだ。カメラの基本原理自体は何千年も前から知られていたが、本当の意味で写真撮影が実現したのは、この二〇〇年ほどのことだ。一九世紀に入って、フランスの発明家ジョセフ・ニセフォール・ニエプスがはじめて写真画像をつくることに成功したのである（ニエ

【図4-4】掛け算で生まれたピンホールカメラ

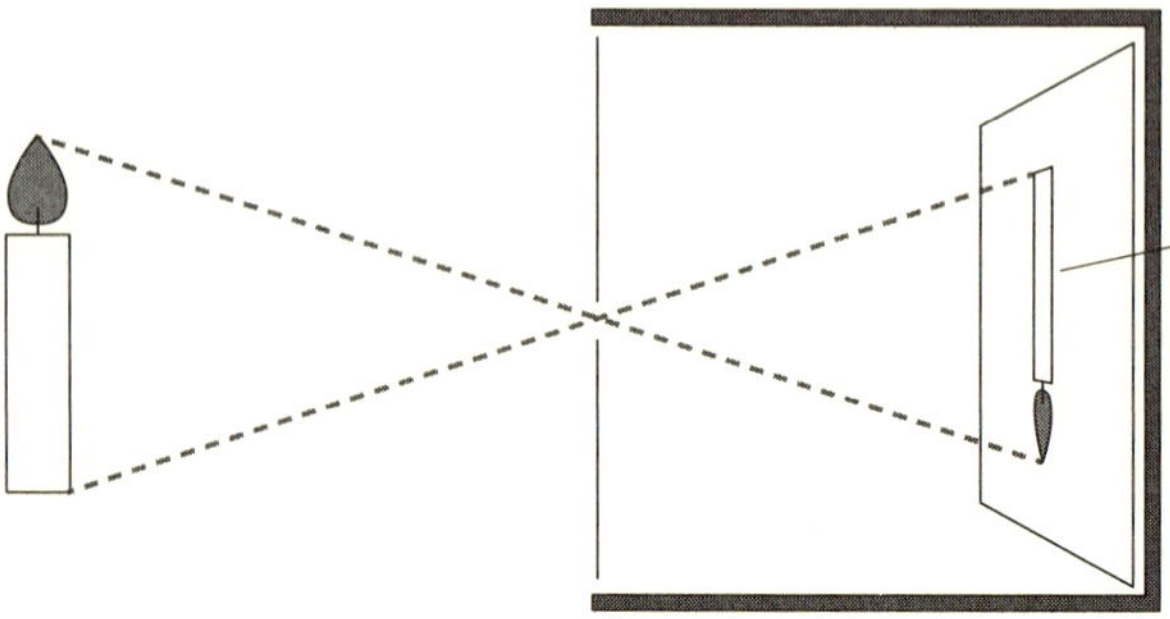

プスは、自分の技術を「ヘリオグラフィ」と名づけた)。

掛け算のテクニックは、写真産業を誕生させただけでなく、その後の産業の発展を強く突き動かしてもきた。一八四一年には、ウィリアム・ヘンリー・フォックス・タルボットが「カロタイプ」と呼ばれる写真技法の特許を取得した。これは、感光紙にネガ(陰画)をつくり、それをもう一度感光紙に焼きつけてポジ(陽画)をつくる技法だ。この二段階の方法を用いることにより、ネガを使っていくつものポジを複製することが可能になった。

一八五九年には、トーマス・サットンがパノラマカメラを考案し、特許を取得した。同じシーンの写真を、少しずつ角度を変えていくつも連続して撮影し、それらを一つに融合することにより、横に広い範囲を映した一枚の写真をつくる技法だ。一枚の写真という要素を掛け算して増やし、それぞれの撮影角度を少しずつ変えることで、真に新しく、過去に類のないものを生み出したのである。

一八六一年には、掛け算がまたしても画期的な発明の扉を開いた。オリヴァー・ウェンデル・ホームズがステレオスコープ（立体鏡）を発明したのである。これは、人の両目の間隔くらい離れた左右二カ所から同じ被写体を映した二枚の写真を、それぞれ左右の別々の目で見ることにより、画像に奥行きを感じられるようにする装置だ。写真を増量し、それぞれを少し変えた結果、脳が平面の写真を立体のものとして認識するようにしたのだ。

同じ年にジェームズ・クラーク・マクスウェルが史上はじめてカラー写真を撮影した過程でも、掛け算が実践されていた。マクスウェルはタータンチェックのリボンを被写体に、その都度異なる色のフィルターをカメラに装着して三度撮影をおこなった。要するに、写真撮影のプロセスを増やしたのだ。まず赤いフィルター、次に緑のフィルター、そして青いフィルター。その三枚の写真を一体化させることにより、リボンをフルカラーで映し出すことができた。

その後、スチール写真を掛け算で増量し、そのそれぞれを少しずつ変えることで、再び画期的なイノベーションが生まれた。一八七八年、イギリスの写真家エドワード・マイブリッジが疾走する馬を一二台のカメラで撮影した。馬の走路に沿ってカメラを一列に並べ、馬が走り抜けるのに合わせてそれぞれのカメラで一枚ずつ写真を撮ったのだ。これで、一枚一枚の写真に、少しずつ異なる状態の馬が写し取られた。マイブリッジはそれらの写真を円筒に巻きつけ、その円筒を手回しクランクで回転させた。すると、馬が疾走しているように見えた。史上初の「動画」の制作に成功したのである。マイブリッジが掛け算のテクニックを用いたことにより、今日の巨大な映画産業が最初の一歩を踏み出したのだ。

カメラのレンズも掛け算を通じて進化してきた。一九世紀に入って、ウィリアム・ハイド・ウォラストンによって「単メニスカス（凹凸）レンズ」が発明され、有名なコダック・ブローニーなど、フォーカスフリーのボックスカメラで、このタイプのレンズが用いられてきた。しかし、本格的に写真を撮りたい人たちは満足できなくなってきた。そこでカメラメーカーは、レンズをいくつもコピーして、それぞれの形状を変えることで、さまざまなレンズをつくりはじめた。レンズを換えることにより、同じ被写体の微妙に異なる像を映せるようにしたのだ。今日では、どのような現実を写し取りたいかによってレンズを交換し、接写や望遠、広角、さらには、ぼかしたり、極端に歪ませたりするなど、望みどおりの効果を実現することが当たり前になっている。最近のカメラのなかには、効果の異なる複数のレンズがあらかじめ搭載されていて、ボタン操作だけで切り替えられるものもある。

掛け算によって実現した写真技術のイノベーションは、まだほかにもある。人間や動物の写真を撮ると、目が不自然に赤く映ってしまうケースがある。「赤目」と呼ばれる現象だ。暗い場所でフラッシュを使い、被写体のそばで撮影するときに起きる。フラッシュの光は瞬時にして被写体の目に届くので、目の瞳孔を閉じるのが間に合わない。そのため、フラッシュの光が瞳孔を通過し、眼球の裏側の眼底に到達してそこで反射され、再び瞳孔を通過して外に出てくる。その際、網膜の毛細血管を流れる血液のせいで光が赤くなるのだ。その結果、被写体の目が赤く映る。

プロの写真家たちは赤目対策の方法論を編み出してきた。たとえば、カメラから独立したフラッシュ装置を用い、フラッシュの光を被写体に直接当てずに、壁や天井などで光を反射させて間接的に被写体に光を当てる方法がある。しかしプロはともかく、大半のアマチュアにとっては、高価な機材を購入し、それを持ち歩くのは、現実的には不可能だ。結局、誰もが活用できる赤目対策は、掛け算のテクニックによって生み出された。

一九九三年、カメラメーカーのビビター社のロバート・マッケイという人物がユニークな赤目軽減法の特許を取得した。その方法とは、フラッシュを二回発光させるというものだ。まず予備発光をおこない、その光で被写体の瞳孔を閉じさせ、そのうえで二度目のフラッシュにより撮影用の光を当てる。こうすれば、撮影時には瞳孔が狭くなっているので、写真に映る被写体の目は赤くならない。要するに、フラッシュの発光回数を増量することにより、赤目を防いでいるのだ。最近のデジタルカメラの多くはこの原理を取り入れて、誰でも赤目のない写真を撮れるようにしている。

ファッション写真家たちが重宝しているカメラの機能の一つも、掛け算のテクニックを活用したものだ。ファッション写真の撮影現場では、中断なしにモデルを連写したい。フィルム交換のために、使用済みのフィルムを巻き戻す三〇秒ほどの時間も惜しいくらいだ。そこで、ファッション写真家が用いるカメラには、一度に二コマずつフィルムを送る機能がある。この機能を用いると、フィルムの一コマおきに写真を撮影していき、最後までいくと、今度は逆方向に、一つおきに残っている未使用のコマに撮影していくことになる。これなら、フィルムをすべて使い終わったときに巻き戻さずにすぐ交換できるので、時間の節約になる。

何千年も変わらなかった水準器の革命

掛け算のテクニックは、写真産業と映画産業を生み出しただけでなく、過去何千年もほとんど変化が起きなかった産業に革命を起こしたケースもある。カプロ・インダストリーズ社のポール・スタイナーCEOが成し遂げたイノベーションもそういうものだった。ポールの物語は、このテクニックを用いる際に、どの要素を増やし、その要素をどのように変化させるべきかを考え

【図4-5】5000年変わらない水準器の原理は革新できるか？

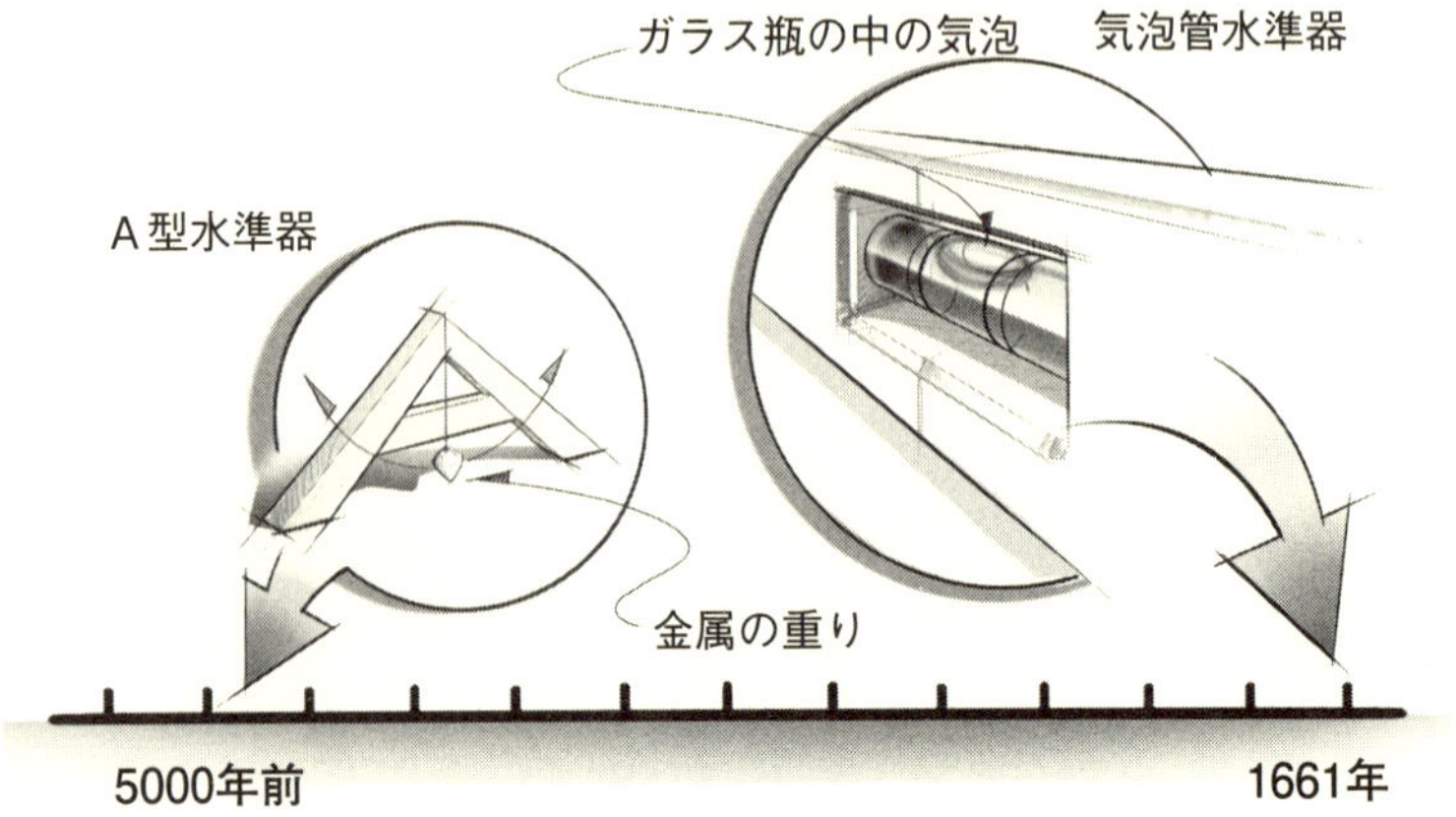

る際のお手本になる事例だ。また、本当に有益な変化とはどのようなものなのかも浮き彫りにしている。

　五〇〇〇年ほど昔の古代エジプトの人々は、大小問わず、目を見張るほど水平・垂直な建造物を築いていた。どうして、そんなことが可能だったのか？素朴な木製の道具を用いていたのだ。その器具は、アルファベットの大文字の「A」のような形をしていて、Aの字の頂点から金属の重りがヒモで吊るしてある。いわゆるA型水準器だ。このタイプの水準器は何千年にもわたって、最先端の水準器であり続けた。フランスの科学者メルシゼデク・テヴノがもっと簡単な器具を開発したのは、一六六一年のことだった。[注4] テヴノが発明した水準器は、二つの密閉ガラス瓶をミネラルスピリッツ（塗料用シンナー）で満たし、それぞれの瓶の液体中に小さな気泡を入れたものである（ミネラルスピリッツは水より濃いので、気泡が壊れにくい）。この器具を物体の上に置いたとき、その物体が地面に完全に水平でないと、気泡が瓶の中心にとどまらない。建築の現場では、この気泡管水準器を使い、液体中の気泡が中心に集まるように調整することで、水平な建物を建てている（図４－５）。

見てのとおり、古代エジプトのＡ型水準器とテヴノの気泡管水準器はいずれも同じ原理でできている。この何千年もの歴史をもつアイデアを革命的に変化させた器具が登場したら、建築業界はどのような反応を示すだろう？

ここで、ポール・スタイナーＣＥＯ率いるカプロ・インダストリーズ社のチームに登場願おう。一九九六年当時、カプロは九〇人の従業員を雇っていて、主力製品は建築用の気泡管水準器だった。しかし、同社は掛け算のテクニックをうまく活用して、まったく新しいタイプの大ヒット製品を生み出すことに成功した。その製品とは、あえて水平でない建物を建てるための気泡管水準器である。当時の業界の常識から言えば常軌を逸した製品だったが、それは紛れもなく革新的なアイデアだった。

始まりは、ある顧客のアイデアだった(注5)。その顧客は建築業者で、垂直水準器の改良案を提案してきた。建築業者は、フェンスや壁や住居が傾かないように、地面に対して垂直に建てるために垂直水準器を用いる。最高レベルの精度をもつ気泡管水準器は欠かせない。

顧客の要望はささやかだが、賢明なものだった。垂直水準器の正面に鏡を取りつけてほしいというのだ。子ども向けの潜望鏡のオモチャのように、鏡に映った気泡が正面から見えるように鏡の位置を調節すれば、正面から管の中の気泡の状態を見られるので、首を無理にひねって、横からのぞき込まなくてもすむ。鏡の効果を使って、気泡をコピーして増やしたと言ってもいいだろう。この顧客は、知らず知らずに掛け算のテクニックを実践していたのだ。

ポールは感心し、このアイデアの特許を取得すると、新製品として売り出した。しかし、落ち着かない気持ちになりはじめてもいた。顧客が素朴な鏡を使って画期的な製品を考案できたのなら、ほかにもまだ新製品を生み出せる可能性があるのではないか？　もっとヒット商品を送り出せるチャンスがあるのに、見落としているのではないか？　この顧客の発明をお手本に、ほかの自社製品にもイノベーションを起こせないか？

そんなある日、ポールはインサイドボックス思考法に関する講演を聴講した。そのとき、掛け算のテクニックについて聞き、文字どおり頭の中で電球がピカッと光ったように感じた。垂直水準器の改良案を考えついた顧客の発想法そのものだと気づいたのだ。その顧客と同様のことを成し遂げる方法がわかったと思った。それは、運任せのやり方ではない。そのテクニックを実践すれば、計画的に自社の全製品から画期的な新製品を生み出せると思えた。

この方法論が自社の製品にも有効かどうかを確認するためには、実際に試してみるしかないと、ポールはわかっていた。そこで、インサイドボックス思考法のトレーニングスタッフを招いて社内のワークショップを企画し、営業、マーケティング、研究開発、財務の各部門から部署横断的にメンバーを集めた。このワークショップが会社の未来にとってきわめて重要だと認識していたので、CEOである自分自身も参加することにした。

初回のワークショップの最初のエクササイズで、掛け算のテクニックを試してみた。顧客の提案により、気泡管水準器で掛け算が見事に効果を発揮した前例があったので、まずはこの製品から始めることにした。

最初に、気泡管水準器の最も重要な要素はなにかを検討した。メンバーが選び出したのは、ミネラルスピリッツと気泡の入ったガラス瓶だった。これはかなり勇気ある態度だ。私たちの経験から言うと、ほとんどの人は、はじめから本質的な要素を取り上げようとはしない。

しかし、次のステップはいっそう大きな勇気が必要とされた。ガラス瓶を掛け算の対象にする

【図4-6】掛け算した新しい水準器

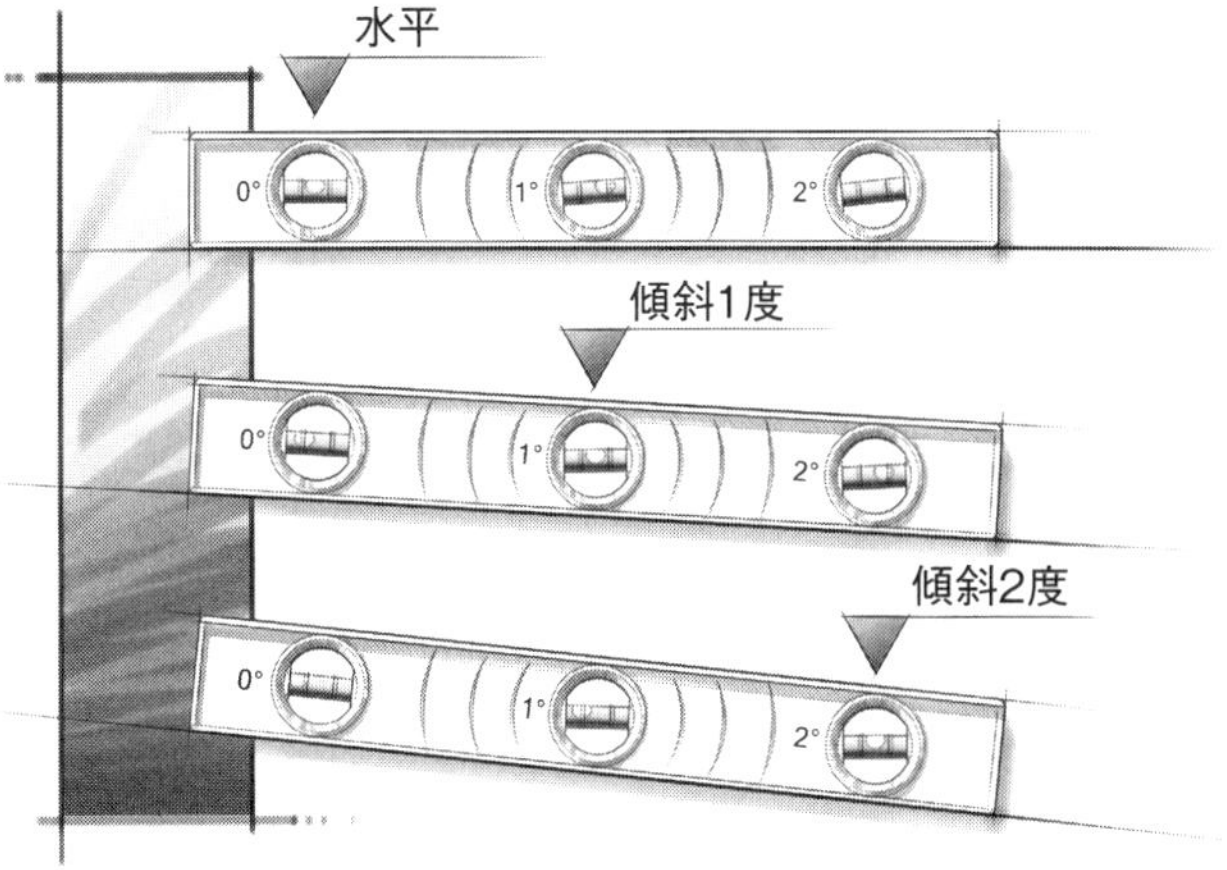

のであれば、それをコピーして、変化を加えなくてはならない。ということは、水平や垂直が保たれているときではなく、水平や垂直でないときに気泡が中心に来るようにする必要がある。心理的なハードルは高い。既存の気泡管水準器は、数世紀にわたって「標準」の座にあり続けてきた。カプロでは非常に高精度の水準器をつくっているので、すべての従業員は、完全に水平・垂直（傾斜＝〇度）のときに気泡が中心に位置するように製品の検品と調整をおこなうよう教え込まれていた。水平・垂直のときに気泡が中心からズレる水準器をイメージしたとき、誰もが怪訝な表情を浮かべた。そんな製品にどういう利点があるのか？　メンバーはメリットをなかなか思いつくことができなかった。まったく無意味な器具にしか思えなかったのだ。

この掛け算のエクササイズでカプロのチームが考えたのは、三つのガラス瓶をもつ気泡管水準器だった。コピーした個々のガラス瓶は、気泡が中央に位置するときの傾斜角度をそれぞれ変えることにした。完全に水平（傾斜＝〇度）、傾斜＝一度、傾斜＝二度のときである（図4－6）。最初は、ばかげた発想にしか思えなかった。しかし、のちにこのアイデアを製品化した「カプロ・トップグレード水準器」は大ヒット製品になった。

物体が地面に対して水平かどうかを示すのではなく、一度や二度といった特定の角度で傾いているかどうかを示すための水準器――そんなものを誰が欲しがるのか？　ふたを開けてみれば、特定の角度で傾斜しているかどうかを精密に測定したい人は大勢いた。建築の現場では、スロープをつくらなくてはならないケースがしばしばある。たとえば、レストランの厨房の床は、ごくゆるやかに傾斜している必要がある。床にこぼれた水が排水溝に向けて自然に流れるようにするためだ。カプロの新しい水準器が登場するまで、建築業者はまずスロープをつくってみて、そのあとで実際に水を流し、正しい方向に流れるかどうかを（祈るような気持ちで）見守るしかなかった。しかし新しい水準器のおかげで、どの方向に、どの程度の傾斜でスロープをつくればいいかを知ることができるようになった。

掛け算のテクニックを実践して考えることにより、五〇〇〇年の歴史をもつ水準器の概念が決定的に変わったのである。

カプロは、この新しい気泡管水準器を発売してから六年連続で年二五％を上回る内部成長率（他社との提携や製品・企業の買収に依存しない、内部資源に基づく成長のペース）を記録。売り上げの二〇％は、発売二年以内の製品がもたらしていた。この期間に、同社は売り上げを二倍に、利益を三倍に拡大させた。製品の核をなす要素に掛け算のテクニックを当てはめるだけで、これほどの成果をあげられたのだから、投資としては安いものだろう。

害虫を増量して害虫を制す

意外に思えるかもしれないが、掛け算のテクニックのきわめて有効な活用法の一つは、問題の最もやっかいな要素を増量し、それに修正を加えて、問題解決の役割を担わせるというものだ。あなたの読み間違いではない。消し去りたいと思っているものを増量するのである。ポイントは、最も大きな害を生み出している要素を選んで増量すること。そして、増やしたものを問題解決に役立てるにはどうすればいいかを思い描く。ある二人の科学者はこの方法論を地で行く行動を取って、害虫との戦いに革命を起こした。

ツェツェバエが媒介する病気で命を落とす人は、年間二五万人以上にのぼる。たとえば、アフリカトリパノーマ症（睡眠病）という恐ろしい病気の感染者は、病気が進行してくると、リンパ節が腫れ、身体をスムーズに動かせなくなる。そして、睡眠周期が乱れて昼夜逆転状態になり、精神が錯乱をきたす。適切な治療がおこなわれなければ、精神の機能が低下し続け、ついには昏睡状態に陥り、しまいには死にいたる。

ツェツェバエは現在の生息地に太古の昔から生き続け、その土地で暮らす人々を苦しめてきた。しかし、条件が許せば、掛け算のテクニックを用いるだけで、この昆虫を地域から根絶させられる。期間は一年もかからない。

物語は、一九三〇年代のアメリカで始まる。テキサス州メナードで勤務していたアメリカ農務省の科学者、レイモンド・ブッシュランドとエドワード・ニップリングは、アメリカ中西部の畜牛に大打撃を与えていたラセンウジバエを根絶したいと考えはじめた。ただし、乳牛や肉牛に殺虫剤を散布することは避けたかった。一九五〇年代に入るころには、ラセンウジバエがアメリカの畜産農家に及ぼす経済損害は年間二億ドルに達していた。例によって、問題を解決するためには、思い込みを打ち破る必要があった。この場合、問題解決の障害になっていたのは構造的思い込みだ。「オスがメスと交尾すれば、子が生まれる」という思い込みが、科学者たちの創造的思考を妨げていた。言い換えれば、科学者たちは、害虫根絶をめざすうえで、オスとメスの交尾を悪材料と決めつけていたのだ。

ブッシュランドとニップリングは逆転の発想をした。(注6) オスのラセンウジバエを増量したのである。このテクニックで重要なのは、増やした要素に変化を加えることだ。二人の科学者は、オスのラセンウジバエをみずからの種を根絶に追い込む手段に変えた。その解決策は、エレガントで、にわかに信じがたいくらいシンプルなものだった。オスを人工的に不妊化させたうえで自然に放ったのである。不妊化させたオスがメスと交尾しても子は生まれない。この方法を実践すると、ラセンウジバエの数は年を追うごとに減っていった。この「不妊虫放飼法(SIT)」——奇しくも体系的創造思考法(SIT)と同じ略称だ——のおかげで、アメリカは一九八二年、ラセンウジバエの根絶に成功した。いまでは、家畜や穀物、果物、野菜に害を及ぼすさまざまな害虫を根絶するために、この方法が用いられている。SIT法は、農薬を散布せず、自然界になにも残さず、標的以外の生物に影響を及ぼさないので、非常に環境にやさしい方法と評価されている。

では、ツェツェバエの場合はどうだったか? アフリカ大陸東岸のウングジャ島(ザンジバル島)の住民は、何世紀も昔からアフリカトリパノーマ症に苦しめられてきた。そこで科学者たちはSIT法を用い、オスのツェツェバエを何万倍にも増やした。そして、コピーしたオスに放射線を照射して不妊化させ、自然に放った。ツェツェバエのメスが交尾するのは生涯に一回だけ。そのため、不妊化したオスと交尾すると、そのメスが繁殖することはなくなる。既存の個体が死んでいくにつれて、この一帯のツェツェバエの数はみるみるうちに減り、ついには根絶された。ツェツェバエの恐怖の支配は幕を下ろしたのだ。

「掛け算」と言っても、「コピー」をもっともらしい言葉で言い換えただけなのではないか？　それは、わざわざ取り上げるほど創造的なのか？　そう思う人もいるかもしれない。そこで、以下の事実を指摘しておこう。一九九二年、ブッシュランドとニップリングは目覚ましい科学的業績を理由に、農業分野で権威のある「世界食糧賞」を授与された。また、アメリカのオーヴィル・フリーマン元農務長官は、二人が生み出したＳＩＴ法を「二〇世紀で最も偉大な昆虫学の業績」と述べている。

配点ゼロの試験問題は何の役に立つ？

ツェツェバエの事例では、「悪い」要素を増量し、それを好ましい結果を生む手段に変えたが、それとは正反対の方法が有効な場合もある。「好ましい」要素——製品やサービス、プロセスの成功に欠かせない要素——を増量し、それを価値のないものに変えるのだ。信じられない？　しかしそれにより、創造とイノベーションのチャンスをつかめるケースがある。

あなたが大事な試験を目前に控えた受験生だとしよう。試験の個々の問題に関して最も重要な要素はなんだろう？　あなたたち受験生にとって、この問いの答えは言うまでもない。正解すれば点数をもらえるという事実だ。

では、試験の問題ごとに配点を変えて、1点の問題、5点の問題、10点の問題、そして0点の問題を混ぜたら？　イカれている？　正解しても1点も得られない問題を解く受験生などいない、と思うかもしれない。論理的に考えれば、受験生がそういう問題にまじめに取り組むのは、どの問題が配点ゼロの「ダミー」問題かを知らない場合だけだ。

あなたがアメリカの大学で学んだことがあれば、おそらく、ＳＡＴ（大学進学適性試験）を受験しただろう。SATは、大学の入学者選抜のための重要な試験だ。一流大学に進めるかどうかは、この試験の点数に大きく左右される。

試験問題の作成と試験の実施、採点をおこなうのは、カレッジボードという非営利団体だ。同団体は、質の高い問題を出題すること、そしてそれ以上に、平等性を維持することをみずからの責務と考えている。いちばん難しいのは、毎年新しい問題を作成し続けることだ。同じ問題を使い続ければ、受験生が準備してくるようになり、全体的に得点がどんどん高くなっていく。その結果、試験で差がつきにくくなり、公正で有効な選抜方法とは言えなくなってしまう。そうなれば、大学はSATを使用しなくなるだろう。

新しい試験問題をつくること自体はそう難しくない。カレッジボードには、試験問題を作成する優秀な職員が大勢いる。問題は、過去の試験と比べた場合の難易度の妥当性をどうやって判断するかだ。大学は試験の難易度を毎年同程度に保ちたい。つまり、二〇一一年の1500点が一九九九年や二〇三〇年の1500点と同じ意味をもつようにする必要がある。一定レベルの難易度が毎年維持されるから、SATは「標準テスト」と呼ばれるのだ。では、カレッジボードはどうすればいいのか？　もちろん、採用予定の新しい試験問題を職員に事前に解かせて、正解率をチェックしてもいいだろう。正解率が毎年一定に保たれるように、問題をつくればいいわけだ。しかし、この解決策の効果は短期間しか続かない。まず、どうしても問題解答役の職員の学力が次第に向上していく。それに、解答役が仕事に飽きて退職したり、昇進したり、引退したりすれば、解答役が交替せざるをえない。解答役の職員の学力レベルが毎年一定に保たれなければ、事前に問題を解かせても効果に限りがある。これでは、毎年試験の難易度を一定に維持できない。

では、カレッジボードはどうやって、この難題を解決しているのか？　受験生の力を借りているのだ。SATの試験問題には、正解しても点数を加算されない問題が含まれている。将来の試験で問題として採用するのに適しているかを判断するために、ダミー問題として混ぜ、正解率をチェックしているのだ。(注7) どの問題がダミーかは明記されないので、受験生はすべての問題を真剣に解かなくてはならない。二二五分の試験時間のうち、約二五分間がダミーの問題を解くために費やされている。カレッジボードは試験問題を増やし、その問題の配点をゼロに変えることにより、将来その問題を本当に試験問題として採用した場合の正解率をほぼ正確に予測できるようになった（実際に採点対象の問題として用いるときは、問題の難易度が変わらない範囲で微修正を加えることもできる）。カレッジボードがこの手法を編み出して以来、世界中の多くの試験機関が同様の方法を取り入れて、難易度が毎年一貫した試験を実施するようになった。

ここまで見てきたように、掛け算のテクニックは、歴史上のあらゆる時期に、あらゆる種類のあらゆる規模の企業で用いられてきた。以下では、この方法論を通じて真に創造的なアイデアが生み出された実例をさらにいくつか紹介しよう。

究極の便器は何を掛け算してできたか？

ビレロイ&ボッホは、世界屈指の陶磁器メーカーだ。ローマ法王や各国王室も御用達の美しいテーブルウェアに始まり、装飾品、さらには便器などの機能製品まで手掛けている。二六五年の歴史をもつ同社は、イノベーションを重ねてきた歴史を誇りにしており、従業員にはたえず自社の製品について考え直し、新しい製品をつくり出すことを求めている。自社の最も古い基幹商品も革新の例外ではない。

二〇〇五年、同社は自社の世界中のマーケティング、研究開発、財務部門から優秀な人材を集めて、部署横断型のチームを設けた。チームに与えられた任務は、斬新な便器を考案すること。世界中の人々に、既存の製品より大きな価値を提供できる便器を生み出せ、という指示だった。

インサイドボックス思考法の基本的な原則と方法論を学んだあと、メンバーは掛け算のテクニックを実践してみることにした。そこで、手順どおりに、まず既存の便器の主だった構成要素を挙げていった。

1 陶器製の便鉢
2 貯水タンク
3 給水管
4 便座
5 便鉢の縁
6 サイホン（便鉢内の汚物を排水管に吸い込む）
7 排水管
8 水

次のステップは、これらの要素のうちの一つを——それも、欠かせない要素を——選び、それを意外な形に変更してみることだ。チームが選んだのは、給水管だった。これがなければ水洗トイレが機能しないという意味で、不可欠な要素と言って間違いない。このパイプの本数を増やし、一本ではなく四本にしたらどうだろうと、チームの面々は考えてみた。給水管が一本という設計は、何百年もの間、トイレ業界で標準形だった。給水管の役割は便鉢に水を送り込むことだけな

【図4-7】長年同じ形だったトイレを革新するには

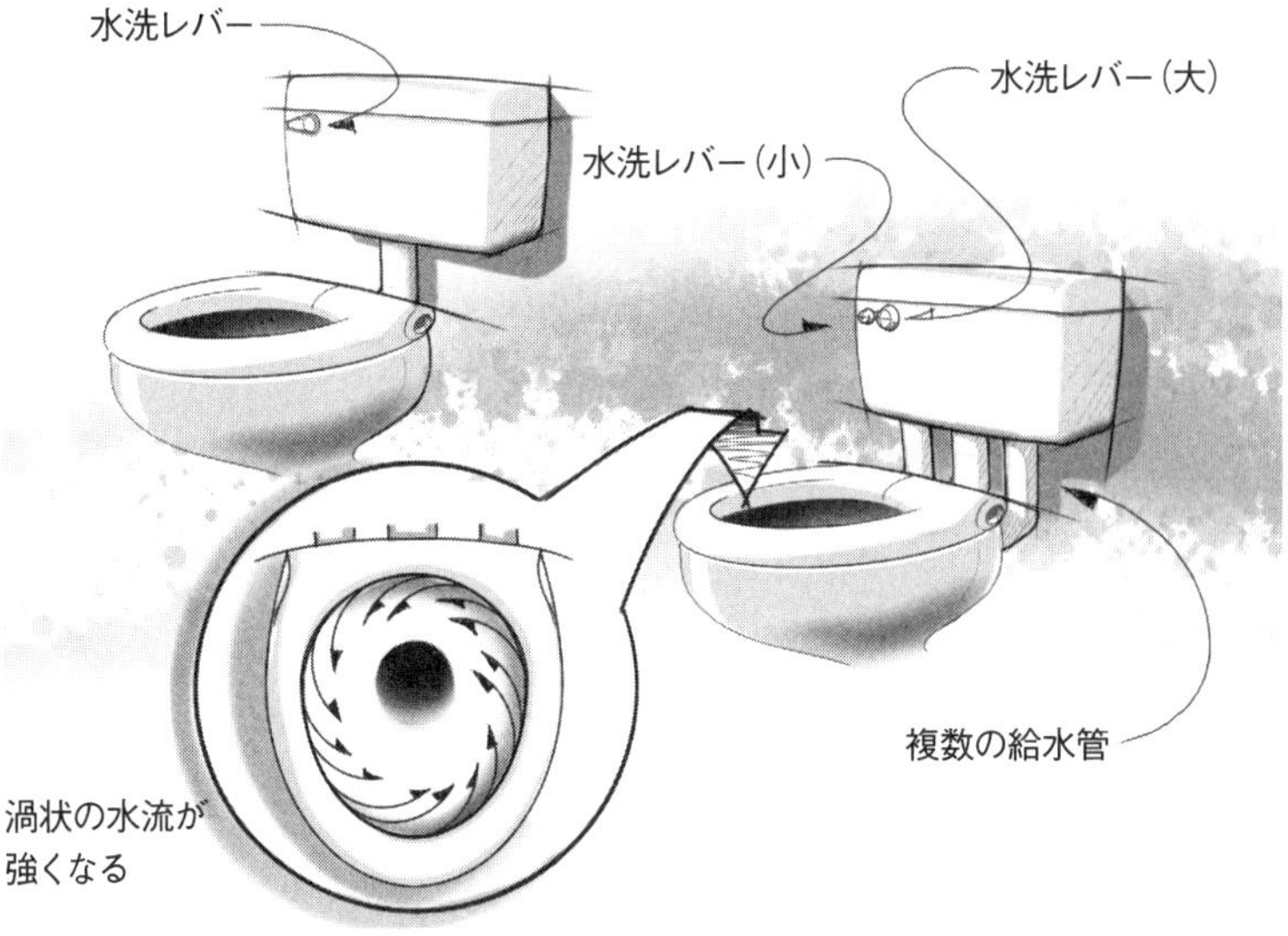

ので、パイプは一本あれば十分だからだ。

掛け算のテクニックを実践するためには、増量したパイプに変更を加え、四本それぞれがすべて異なる役割をもつようにする必要があった。給水管をどのように変更するかを考えるために、チームの面々は給水管の変更可能な要素を洗い出した。

＊長さ
＊太さ
＊位置
＊色
＊厚み
＊材質の種類
＊材質の硬度

このなかから、メンバーは「太さ」を選んだ。これで、四本の給水管がそれぞれ異なる太さになった。次に考えるべきなのは、トイレの機能を向上させるうえで、太さの異なる四本のパイプがどのように役立つかという点だ。

長い間、トイレをつくり続けてきたメーカーの従業員にしてみれば、そんな発想はばかげていると思えた。太いパイプが一本あれば十分に役目を果たせるのに、どうして複数のパイプが必要なのか？　それがほとんどのメンバーの反応だった。思い込みに支配されていたのだ。

それでも、インサイドボックス思考法のトレーニングスタッフであるラルフ・レトラーとオファー・エルギャドに導かれて、メンバーはエクササイズを続けた。給水管が四本ある便器に、どういうメリットがあるのか？　ここでメンバーは、画期的なアイデアを思いついた。給水管を一本から二本に増やし、それぞれの太さを変えれば、汚物の量に応じて水量の大小を使いわけられると考えたのだ。汚物の量が少ないときは、細いほうの給水管を用いる。そうすれば、汚物を洗い流し、便鉢を再び水で満たすという目的を果たしつつ、水を大量に節約できる。同様のアイデアはすでに存在していたが、プロジェクトの出発点としては悪くなかった。

もっとも、ビレロイ&ボッホのチームは給水管の本数を二本ではなく四本にしていた。メンバーはそれを思い出し、さらにアイデアを発展させていった。パイプの太さだけでなく、長さも変えてみてはどうか？　パイプの長さを変えて、便鉢のさまざまな位置から水を流すようにすれば？　水流が相互作用を起こして、便鉢内で勢いの強い渦が生まれるだろう。このイノベーションのメリットは？　汚物を洗い流す力が強まることが期待できる。

チームはこのアイデアに磨きをかけて、まったく新しい便器を開発した。それが「オムニア・グリーンゲイン」である。この新製品は、節水型トイレの新時代を切り開くものだった。壁掛け式トイレとしてははじめて、一回の使用水量を三・五リットルまで減らすことに成功した（従来型のトイレに比べて二・五リットル、四〇％の節水だ）。しかも、汚物の量が少ない場合は、

「小」のボタンを押せば、使用する水は二リットルですむ。汚物を洗い流す機能も改善された。本数を増やした給水管を巧妙な位置に配してあるからだ。

この製品は、二〇〇九年、業界で最も大規模な見本市である「国際冷暖房・衛生設備・空調専門見本市（ＩＳＨ）」（フランクフルト）でイノベーション賞を受賞した。

嗅覚の限界を克服した芳香剤

勘の鋭い人を「鼻が利く」と比喩的に表現するように、嗅覚は非常に強力な感覚だ。多くの動物にとって、嗅覚は生存に不可欠な役割を果たしている。動物たちは、においを頼りに、捕食者の存在を察知したり、交尾の相手を見つけたりしている。人間は一部の動物ほど嗅覚が研ぎ澄まされていないが、それでも日々の生活のさまざまな場面で嗅覚に頼っている。においを嗅ぎ取れるからこそ、今日の夕食のメニューがなにかわかるし、部屋に有毒なガスが充満していれば気づくことができる。

しかし、嗅覚にも限界はある。たとえば、同じにおいに長くさらされ続けると、人間の脳は鼻の「においセンサー」をシャットダウンしてしまう。においに慣れると、それを感じ取れなくなるのだ。ガムを噛み続けていると、だんだん味を感じなくなる。もちろん、噛むうちに味が薄まる面もあるが、味を感じなくなる最大の理由は、ガムのにおいを感知できなくなるからだ。鼻がにおいの情報を脳に送らなくなるのである（食べ物の「味」のかなりの部分は、においが生み出している）。

「新車のにおい」も同じだ。新しい車に乗ったときは新車のにおいがするが、しばらくドライブするうちに、そのにおいを感じなくなる。しかし、車の外に出ると鼻がリセットされ、再びその車に乗り込んだときは、また新車のにおいを感じるようになる。

このような鼻の性質（厳密に言えば、脳の性質なのだが）は、香りが重要な製品をつくっている企業すべてにとって大きな問題を生み出す。あなたは、おそらく自分で思っている以上に、そういう製品を買っている。食品や飲料、化粧品や香水、洗濯洗剤、トイレタリー製品などがその典型だが、家の中を見回せば、いかに多くの品物が独特の香りをもっているかに気づくだろう。企業としては、消費者に自社製品の香りを感じさせ続ける必要がある。

P&Gのマーケティングチームは、ファブリーズ・シリーズの新しいコンセプトを考案しようとしたとき、まさにこの課題にぶつかった。マーケティングチームのメンバーは、その少し前にジェイコブの講演を聞いたばかりだったので、インサイドボックス思考法の方法論に基づいてイノベーションのワークショップをやってみようと考えた（ジェイコブはその直前、『ウォールストリート・ジャーナル』紙に、世界を変える可能性が高い一〇人のうちの一人に選ばれていた）。(注8)

その手法は、P&Gの製品にも有効なのか？ とくに、ファブリーズ・ブランドを新しい製品カテゴリーに拡大させる役に立つのか？ 当時P&Gは、「エア・ケア」製品に関心を示していた。エア・ケア製品とは、室内の空気を快適な香りで満たし、ペットやたばこの不快なにおいを覆い隠したり、家の中の香りをよくしたりするための製品のことである。

インサイドボックス思考法のトレーニングスタッフであるアムノン・レーヴァヴとヨニ・スターンがオハイオ州シンシナティのP&G本社を訪ね、一五人のエンジニアとマーケティング担当者で構成するチームを対象にワークショップをおこなった。チームに与えられた任務は、芳香効果と消臭効果というエア・ケアの二つのカテゴリーを一体化させた新製品のアイデアを考案することだった。

経営陣は、大きな制約をチームに課していた。考案するアイデアは、「さわやかな空気を届ける」という、ファブリーズ・ブランドのキャッチフレーズと密接に結びついたものにせよと言い渡したのだ。つまり、アイデアは「ファブリーズ的」でなくてはならなかった。

チームのメンバーは、既存のコンセント式芳香剤を検討の出発点にすることにした。コンセントに差しておくと、ラベンダーやパインなどの香りが放出されて、部屋が心地よい香りで満たされる製品である。メンバーは掛け算のテクニックの手順にのっとり、この製品の主要な構成要素を洗い出した――香りオイル、それを入れる容器、コンセント、そこに差し込むプラグ、オイルを蒸発させるための電気加熱システム。掛け算の対象として、このなかから容器を選んだ。アムノンとヨニに導かれて、メンバーはこれをもう一つ増やしてみた。これで、オイルを入れておく容器を二つ備えた製品ができることになる。次は、二つの容器が別々の機能をもつように、コピーした容器に変化を加えなくてはならない。どのように変更すればいいかは明らかに思えた。一つ目の容器とは別の香りのオイルを入れればいいのだ。しかし、それにどういうメリットがあるのか？　その製品は、どのように機能するのか？　一つの芳香剤製品から二種類の香りが発せられることに、消費者はどういう魅力を感じるのか？　メリットは、そのときの気分によって好きなほうの香りを選べること？　あるいは、二種類の香りをミックスできること？

そのとき、メンバーはひらめいた。時間的な間隔を置いて、二種類の香りを交互に放出するようにしてはどうか？　その部屋にいる人の鼻が一方の香りに慣れてきたころに、もう一つの香りに切り替える。それを繰り返せば、利用者が一日通して香りをはっきり感じられるようになる。

チームの面々はこのアイデアをさらに発展させ、ファブリーズ・ブランドと明確に一体化させる方法を思いついた。一方の容器には通常の香りオイルを入れ、もう一方の容器には、消臭機能があるファブリーズの液を入れるのだ。そして、それぞれの容器を交互に加熱して、成分を部屋の空気に放出させる。こうすれば、消費者は自分の選んだ香りを一日中感じることができる。このような製品を売り出している業者は、ほかになかった。

数カ月後、P&Gはこのアイデアを商品化した製品を発売した。その新しい製品の名は「ファブリーズ・ノーティサブル」(ノーティサブルとは、「感じ取れる」という意味)。この製品は大ヒットし、芳香剤市場でのP&Gのシェアを二倍に増やした。(注9)

この事例は、掛け算がいかにシンプルで強力な手法かを浮き彫りにしている。注目すべきなのは、オイルの容器を二倍に増やしたことで、芳香剤の使用可能期間が二倍〝以上〟に伸びたことだ。コピーした要素を変化させることにより、効果がそれ以上に拡大していくのだ。

掛け算のテクニックの進め方

掛け算のテクニックの効果を最大限引き出すためには、以下の五つのステップで進めるべきだ。

① 製品やサービスの内部の構成要素を洗い出す。

② 一つの要素を選んでコピーする(いくつコピーすればいいか判断できない場合は、深く考えずにてきとうに決めていい)。

aその要素の属性をリストアップする。ここで言う「属性」とは、その要素の変更可能な性質のこと。色、場所、スタイル、温度、関わる人の数やタイプなどが該当するかもしれない。

b本質的な属性の一つを変えてみる。「本質的な属性」とは、その要素の機能と密接に結びついた属性のこと。それを予想外の形で変化させることを心がけよう。

③　掛け算をおこなった結果、どういう状況が生まれるかをありありと思い浮かべる。

④　以下の問いを自分に問いかける。掛け算をおこなったことで生まれた製品やサービスには、どのようなメリット、価値、市場があるか？　どういう人がそれを欲しがるのか？　その人は、どういう理由でそのニーズをいだくのか？　特定の問題を解決しようとしているのなら、掛け算をおこなうことが問題解決にどのように役立つのか？

⑤　その新しい製品やサービスが価値あるものだと思えた場合は、次のように自問する。そのアイデアは実現可能か？　そういう製品を実際に製造できるか？　そのサービスを提供できるか？　どうして可能なのか？　あるいは、どうして不可能なのか？　アイデアの実現可能性を高めるために、修正したり、磨きをかけたりできる点はないか？

あらゆるイノベーションに共通する目的は、製品やサービス、プロセスをいっそう便利にすることだ。以下では、掛け算を通じて、製品やサービスの利便性を向上させたケースをいくつか紹介しよう。

■遠近両用メガネ　アメリカ建国の父の一人であるベンジャミン・フランクリンは、遠近両用メガネの発明者でもある。遠視と近視の両方に悩まされているけれど、メガネを二つ持ち歩けない人にとっては、絶好の発明品だ。フランクリンは、既存の近視用メガネのレンズを掛け算して増量することにより、この発明に到達した。具体的には、遠くを見るためのレンズの下部に、もう一組の小さなレンズを取りつけたのだ。この小さなレンズが近くを見るためのレンズで、利用者は手元のものを見るとき、下に目を落とせばいいようになっている。

この発明が成功したのは、増量したレンズを、利用者にとって使い勝手のいい場所に配置したためだった。この位置が好ましいのは、人が本や写真など近くのものを見ようとするとき、自然と視線を下にやるケースが多いからだ。ちょうど必要な場所にレンズがあるのだ。

■両面テープ　セロハンテープの最も主要な構成要素は、テープの表面の粘着剤だ。3M社はそれを増やして変化を加えることにより、前例のない、非常に便利な新製品を開発した。そう、両面テープである。3Mが加えた変化とは、知ってのとおり、テープの両面に粘着剤をつけることだった。ささやかな変更に見えるだろうが、この結果として、消費者の利便性が格段に向上した。両面テープがなければどうするか？　多くの人に覚えがあるように、従来型の片面のセロハンテープを、粘着面が表にくるように輪状に丸めて「両面テープ」を自作するしかない。これに比べれば、3Mの両面テープは格段に使いやすい。

■三段階切り替え電球　三段階切り替え電球とは、その名のとおり、ランプのつまみ状のスイッチを回すたびに、明るさが三段階で強まるようにできている電球だ。部屋の明るさと消費電力量を調整できるという利点がある。

この製品も、掛け算のテクニックによって誕生した。従来型の電球にはフィラメント（抵抗体）が一つしか含まれていないが、この電球には二つ含まれている。フィラメントの数が増量されているのだ。そして、コピーされたフィラメントに重要な変更が加えられている。ワット数が変えてあるのだ。一方のフィラメントは小さいワット数（たとえば二五ワット）、もう一方のフィラメントは大きいワット数（たとえば五〇ワット）という具合だ。

この電球をランプに取りつけ、照明のオン／オフを切り替えるつまみ状のスイッチを回すと、まず二五ワットのフィラメントに電流が流れる。もう一度スイッチを回すと、今度は五〇ワットのフィラメントに電流が流れ、二五ワットのほうへの電流が遮断される。そして、さらにもう一度スイッチを回すと、両方に電流が流れて、合計で七五ワットの明るさになる。三段階切り替え電球とは、実質的に二つの電球を一体化させたものなのである。フィラメントを二倍に増やすことで、消費者にとっての恩恵を高められた。

掛け算をおこなう場合、このような切り替えスイッチ的要素を取り入れれば、増量して異なる機能を担わせた要素間の切り替えが容易にできる。オンとオフの切り替えだけがスイッチの役割だと決めつけてはならない。それは、機能的思い込みに陥った発想だ。消費者がスイッチを使って機能を選択できるようにしよう。

■住宅ローン　金融機関が自社で提供する住宅ローンの選択肢を増やしたいとき、どうすればいいか？　まず、住宅ローンを構成する主要な要素をリストアップする。融資金、金利、融資条件、返済額、エスクロー（第三者預託）サービスなどなど。次に、このなかから欠かせない要素ではあるけれど、最も根幹をなしているわけではない要素を一つ選ぶ。融資金が最も根幹をなす要素、金利が二次的な要素だとすれば、この二次的な要素を掛け算し、それに変化を加える。要するに、金利の利率の種類を増やせばいい。これは、実際に金融機関がおこなっていることだ（金利の差を埋め合わせるために、融資組成手数料などの手数料を増減させて調整している）。このおかげで、顧客は月々に返済に回せる金額に応じて、自分に適した住宅ローンを選べる。

正しくテクニックを使うために注意すべきこと

本書で紹介してきたほかのテクニックと同じく、好ましい結果を得るためには、正しい方法で実践しなくてはならない。よくある落とし穴を避けるために、以下の点に注意しよう。

●新しい要素を増やすだけでよしとしない。

この落とし穴に陥るケースは多い。企業はしばしば、ライバルより魅力を高めようとして製品やサービスに新しい要素をつけ加えるが、「足し算」は本書の五つのテクニックに含まれていない。単に要素をつけ加えるだけでは、すべての要素の総和以上の効果は生み出せないのだ。むしろ、単純に要素を増やすと、機能の膨張を引き起こすだけに終わる場合が多い。市場の反応や顧客の声、ライバルの商品などに反応する形で次々と機能を追加していくのは、かならずしも好ましい戦略ではない。極端なケースになると、複雑なばかりで無意味な代物ができあがる恐れもある。へたをすると、図4−8のコーヒーメーカーのようなものが生まれかねない。

●コピーした要素をかならず変更する。

増量した要素に変更を加えることを忘れると、前項で論じた単純な足し算と同じ問題が生じる。複雑性が高まるだけで、製品やサービスの価値が向上しない。髭剃りの例で指摘したように、刃

【図4-8】掛け算の落とし穴：機能が膨張したコーヒーメーカー

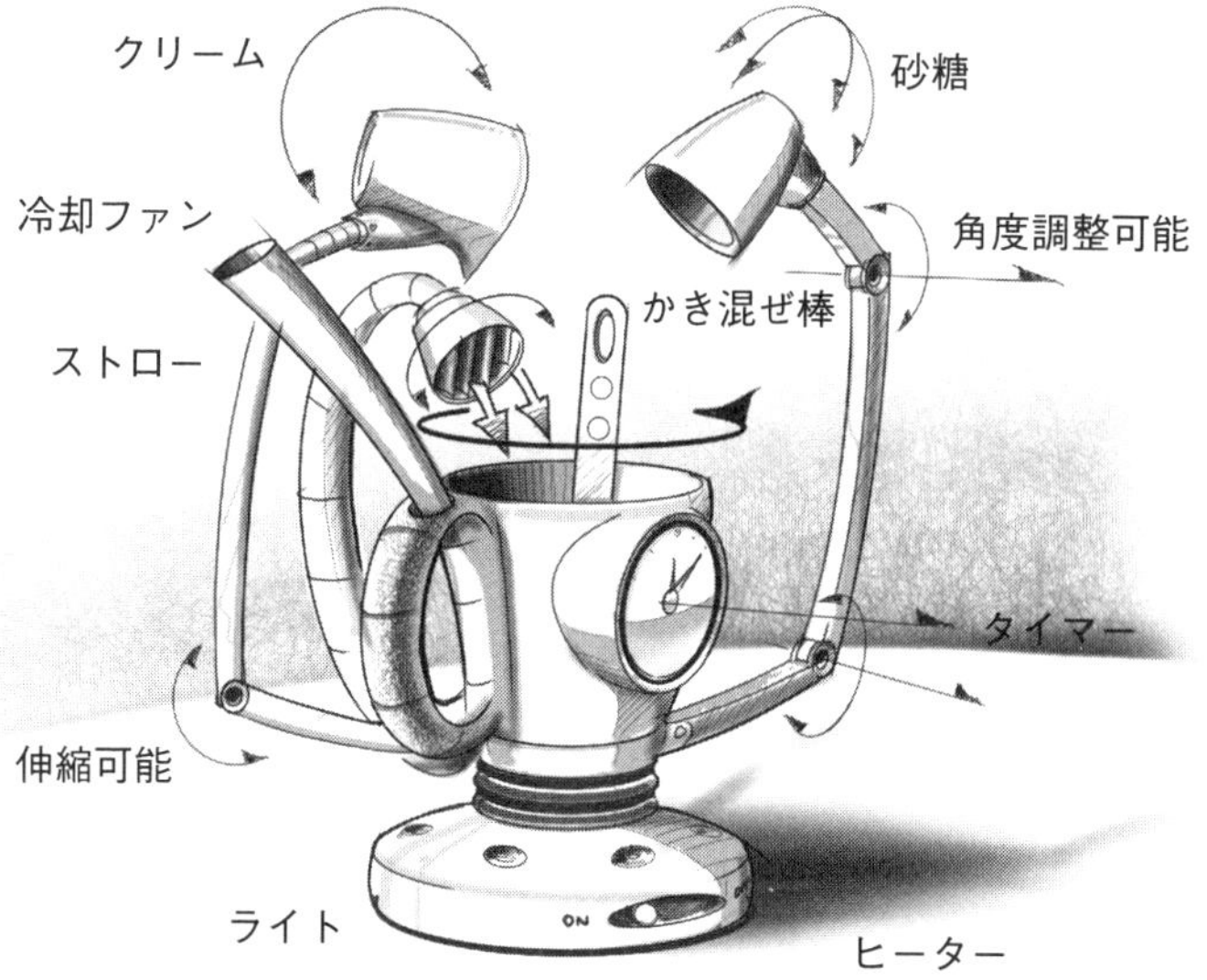

を一〇枚並べたところでイノベーションとは言えないのだ。

多くの人がこの過ちを犯すのは、どのような変更を加えるかを判断する準備のために、要素の属性を洗い出す作業をしていないからだ。また、コピーした要素に加える変更点は、非常識に思えるものでなくてはならない。既存の常識に収まらないものを生み出してはじめて、「機能は形式に従う」の原理を実践に移せる。一見すると奇妙なものに、革新的で有益な用途を見いだすことが重要なのだ。

●単に属性をコピーするだけで終わらせない。

この落とし穴にはまるのは、要素と属性の違いを理解できていないからだ。ここで言う要素とは、製品やサービス全体の一部分のことと考えればいい。たいていは目に見える物体だが、そうでない場合もある。目覚まし時計のアラーム音は、目には見えないけれど、目覚まし時計を構成する要素の一つと位置づけられる。一方、属性というのは、変更可能な要素の性質のことだ。目覚まし時計の例で言えば、アラーム音は要素、その音量は属性ということになる。レストランなら、食べ物の香りは要素、香りの種類と強さは属性だ。

●掛け算する際は、複数のコピーをつくることをめざす。

掛け算のテクニックを学んだばかりのとき、多くの人は安全策を取りたくなるらしく、一つしかコピーをつくらない。思い込みの影響を抜け切れていないせいだろう。最初は二倍に増やすだけでもいいが、慣れてきたら、三倍、一六倍、二五・五倍という具合に、コピーする数を増やしていこう。何倍に増やすかは、あてずっぽうで決めてもいい。それによって、ヘンテコに見えるものをつくり出すことこそ、イノベーションへの道だからだ。要素をいくつも増やし、その一つひとつに意外な変更を加えることによって、思考が広がり、新しい可能性が開けてくる。

掛け算は非常に強力なテクニックだが、日々の生活のなかで実践できるシンプルな方法論でもある。このテクニックをつねに意識し、身のまわりの環境に注意を払って、意識的・計画的に実践することをお勧めしたい。

私たちの仲間であるヘブライ大学のダヴィド・マズルスキー教授は、掛け算を用いて、日々直面していた問題に対する素晴らしい解決策を見いだした。思慮深く思いやりある教育者であるダヴィドの研究室には、成績の内容や論文の書き方、さらには恋愛に関して相談に来る学生があとを絶たない。ときには、学生がなかなか退出せず、相談が長引くケースもあった。研究室の外には、いつも学生が列をつくっていた。学生たちに早目に切り上げさせるために、ダヴィドは斬新な方法を考案した。まず、研究室の掛け時計を一つから二つに増やした。そして、二つ目の時計を掛けておく場所を変更した。元々あった時計は、デスクに座った自分の正面の壁に掛けてあった。新しい時計は、自分の背後の壁に、つまり自分と向かい合って座る学生の正面に掛けた。さらに、もう一つ。二つ目の時計の針を二〇分進ませたのだ。作戦は大成功だった。学生たちは次の授業に遅れないようにと思い、以前より手短に相談を切り上げるようになった。

まとめ

製品のオリジナリティの有無を決めるのは着想ではなく、どう発展させるか。
それに適しているのが

掛け算のテクニック

掛け算の方法

① 要素を洗い出す
② ある要素の数を増やす
③ そのコピーにすべて、オリジナルと異なる性質を持たせる

⬅ **一見常識に反した形から、製品が発展して新しいメリットが生まれる！**

掛け算が成功したイノベーション

髭剃りの刃を2枚に増やし、
別々の機能を持たせたジレット

創造性がない、ただのコピー

その後の四枚刃、五枚刃などの商品では、
コピーした刃が異なる性質を持っていない

掛け算の実例

長年同じ形だったトイレを革新することに成功

次章では

既存の道具やアイデアに新たな役割を担わせると、計画的に創造性を発揮できる。一石二鳥のテクニックを紹介！

第5章
一石二鳥のテクニック

見慣れたものは、目に入らなくなる。
――アナイス・ニン（作家）

難病の診断法の劇的なイノベーション

　スティーヴン・パルター医師の診察室で、女性患者が泣き出した。医師に押された腹部に激痛が走ったせいではない。その痛みとはもう長いつき合いだ。ほっとして涙が出てきたのだ。このとき、エール大学の婦人科医であるパルター医師は、その患者を苦しめていた慢性骨盤痛（下腹部の慢性的な痛み）の原因が体のどの部位にあるのかを突き止めた。「わかったぞ！」。パルター医師は興奮して叫ぶと、患者の腹部を押していた手の力をゆるめた。「あなたの協力がなければ、突き止められませんでしたよ」

患者と一緒に痛みの源を明らかにしたあと、パルター医師はそれに基づいて「痛みマップ」をつくり、そのマップに従ってレーザー手術をおこなって、裸眼では見えない病変組織を取り除いた。患者はようやく、あちこちの医師を訪ね歩き、検査や治療を受け、それでも症状が消えないという繰り返しから解放された。この女性はそれまで何年もの間、痛みにさいなまれ続け、そのせいでよく眠れず、職に就くことも、普通の家庭生活を送ることもかなわずにいた。

パルター医師とこの患者が実践したのは、「コンシャス・ペインマッピング」と呼ばれる新しい診断方法だ。患者自身が医療チームの一員となって、病気に蝕まれているのがどの部位かを割り出す方法である。

この患者は、パルター医師と巡り合えて本当に幸運だった。すべての女性の約二〇%が人生のいずれかの段階で慢性骨盤痛を訴え、婦人科を外来で訪れる女性の一〇人に一人がこの症状で苦しんでいるが、正しい診断がくだされるケースは全体の六〇%どまり。治療が成功する割合はもっと少ない。慢性骨盤痛の患者の多くは、あまりに激しい痛みのせいで、それまでと同じ人生を送れなくなる。肉体的な痛みだけでなく、抑鬱症状に苦しめられる人も多い(注1)。

慢性骨盤痛は、医師たちにとっても長年の悩みの種だった。子宮内膜症や過敏性大腸症候群などが原因として疑われるケースもあったが、確定的な診断をくだすことは困難だった。病気に冒されているように見えた組織が問題なかったり、あるいはその逆だったりすることも珍しくなかった。確定的な診断がくだせないので、慢性骨盤痛はほぼ治療不能だった――パルター医師が新しい診断法を発見するまでは。

パルター医師のイノベーションが生まれるまで、慢性骨盤痛の診断法の王道中の王道は腹腔鏡検査だった。患者のお腹に小さな穴を開けて小さなビデオカメラを挿入し、固有卵巣索、卵管、大腸、小腸、骨盤側壁、子宮底部などを調べるのだ。しかし、慢性骨盤痛は見たところ正常な組織でもしばしば生じるので、変色や不自然な斑点、質感異常といった視覚的な手がかりだけでは原因を突き止められないことが多い。つまり、腹腔鏡検査では確定的な診断をくだせず、時間の無駄になりかねないばかりか、へたをすれば、関係ない正常な組織を取り除いてしまう恐れもあるのだ。

では、パルター医師はどういう方法を編み出したのか？　それは、患者の腹部のあらゆる場所を順番に手で押していって、どこを押したときに痛みを訴えるかを確認するというものだった[注2]。そうやって痛みの源を明らかにできれば、問題のある組織を切除し、患者の苦しみに終止符を打てる。

この診断法の際立った特徴は、患者が目覚めている状態で検査をおこなうことだ。腹腔鏡検査は全身麻酔をかけて実施することが多いので、医師は患者になにも聞けず、自分だけの考えで診断をくださなくてはならない。しかし、慢性骨盤痛は「目に見える」症状というより、患者が「感じる」症状なので、患者の意識がないことは診断の大きな足枷になる。パルター医師は、患者に診断を助けてもらうことを可能にし、医師たちを長年悩ませてきた問題を解決したのだ。

パルター医師のイノベーションは、新しいテクノロジーを活用したわけではない。画期的な新薬を用いたり、最新の研究成果を取り入れたりしたわけでもない。既存の道具とアイデアだけで、創造的な診断方法を考案したのである。

このイノベーションは、本書で取り上げる第四のテクニックの実践例と位置づけることができる。それは一石二鳥型とでも呼ぶべきものだ。本書のほかのテクニックと同様、問題解決の選択肢を狭めることにより、いつでも計画的に創造性を発揮するための方法論である。一石二鳥の

クニックでは、製品やサービス、プロセスの既存の要素や部品に新たな役割をもたせる
えれば、それまで別々だった課題を一つの要素や部品に担わせるのである。パルター医
断法の場合は、患者に「患者」と「診断道具」の二役を担わせた。これにより、診察室
いう手元にある要素を使って、創造的な解決策を生み出せた。

あなたは『ニューヨーク・タイムズ』の協力者になっていた？

誰でも経験があるだろう。インターネットで一部のウェブサイトにアクセスする際、画面に表示される奇妙に歪んだ文字列を読み取り、そのとおりに入力するよう求められることがある。

カーネギー・メロン大学のコンピュータ科学者、ルイス・フォンアンの推計によれば、人々がこの種の文字列の解読をおこなう回数は、世界中で一日当たり二億回以上にのぼるという（注3）。おそらく、その推計どおりなのだろう。なにしろ、フォンアンはこの「キャプチャ」と呼ばれるシステムを発明した人物なのだ。これは、コンピュータプログラムがウェブサイトに自動的にアクセスするのを排除し、人間のユーザーだけを受け入れるための認証システムだ。オンラインサービスを利用しようとするユーザーに、人間にとっては簡単だが、コンピュータには難しい課題（＝歪んだ文字列の解読）を課すことによって、その目的を達している。キャプチャ（Captcha）とは、「コンピュータと人間を識別するための、完全自動化された公的なチューリングテスト（Completely Automated Public Turing Test to Tell Computers and Humans Apart）」の略だ。

このシステムに弱点がないわけではない（注4）。ユーザーに解読させる文字列は無作為に生成されるので、ときに誤解を招きかねない単語が表示されるケースがあるのだ。ある女性は、ヤフーのメールサービスを利用しようとしたとき、「ＷＡＩＴ」という歪んだ文字列が画面上に表示された。

【図5-1】キャプチャの役割は認証だけではない？

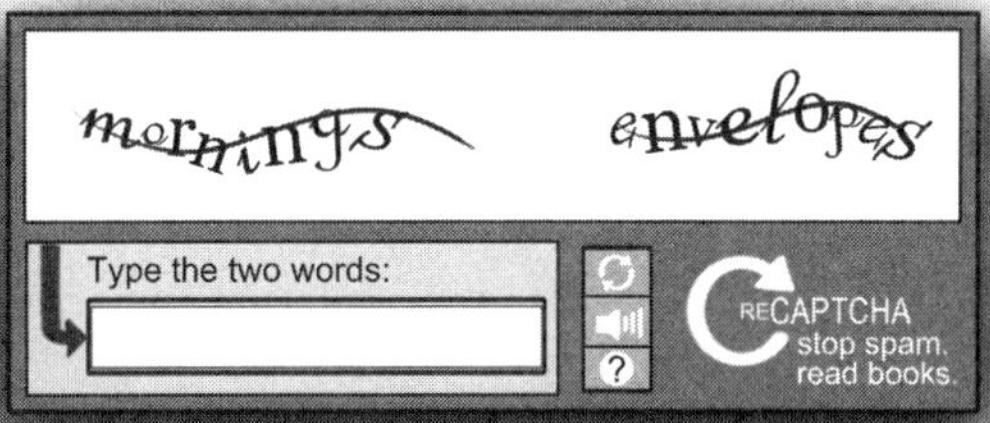

これをそのまま手入力すれば問題なかったのだが、女性はこの「ＷＡＩＴ（＝待て）」という言葉を自分への指示と受け取り、画面に変化があらわれるのをおとなしく待った。待つこと二〇分。とうとうしびれを切らした女性は、ヤフーのヘルプデスクにメールを送って助けを求めた。別のあるユーザーには、「ＲＥＳＴＡＲＴ（＝再起動）」という文字列が表示されたケースもあった。

こうした小さな不都合はあるものの、キャプチャは、ウェブサイトのオーナーや管理者がスパムやコンピュータウイルスをはね返すうえで大いに役立っている。

チケット販売大手のチケットマスターの例を見てみよう。同社のウェブサイトでは、スポーツ、音楽、芸術などのイベントのチケットを大量に扱っている。人気の高いイベントになると、ダフ屋は発売開始と同時に、一等席のチケットをごっそり買い占めようとする。たっぷり利益を乗せて転売し、暴利をむさぼろうとしているのだ。チケットマスターは以前、それを防ぐために、一人の顧客が一度に購入できるチケットの総数に上限を設けたことがあった。しかし、ダフ屋はすぐに抜け道を見つけた。専用のコンピュータプログラムを開発し、人間を装ってウェブサイトにアクセスさせてチケットを購入させはじめたのである。一瞬にして大量のチケットを自動的に購入できるプログラムのおかげで、ダフ屋は大儲けし、チケットマスターと一般の顧客が割を食っていた。イベントを見に行きたい人たちは、いい席を確保しにくかったり、定価より高い金を払わないと入場できなかったりした。

そうした状況を一変させたのがキャプチャだった。このシステムのおかげで、歪んだ文字列を解読できる生身の人間だけがサイト上でチケットを買えるようになった。ユーザーが文字列を読み取って、入力するために、一〇秒くらいの時間と手間はかかるだろう。それでも、セキュリティが向上し、人気チケットを適正な価格で買えるというメリットを知れば、ユーザーはほとんど文句を言わない。チケットマスターのようなウェブサイトの管理者たちは、フォンアンに大いに感謝すべきだろう。

業界関係者以外にほとんど知られていないのは、フォンアンもウェブサイト管理者やユーザーに大いに感謝しているということだ。実は、フォンアンは一日二億回の文字解読作業を利用して、ある目的を達している。その目的は、ダフ屋の排除以上に社会的意義が大きなものと言えるかもしれない。世界中の書籍をスキャンして電子化することをめざしているのである。

ほとんどのユーザーは気づいていないが、今日では、ウェブサイトの要求に応じて文字列を解読して入力する行為は二つの役割を担っている。そのユーザーが生身の人間だと立証する役割だけでなく、紙のテキストをスキャンした不明瞭な文字を解読する役割が加わったのだ。ユーザーはウェブサイトへのアクセスを認められるために、紙の書籍のデジタル化作業に協力しているのである。既存のプロセスにもう一つの役割をもたせたという点で、これは一石二鳥のテクニックの典型例とみなせる。以下で具体的に見ていこう。

キャプチャ処理する一日五万時間の労働力を役立てよう

古い書籍のデジタル化は、最近の高性能のスキャナーと強力なコンピュータをもってしても容易でない。文字の読み取りの精度は、お世辞にも高いとは言えないのが実情だ。印刷に用いられるフォントの種類が非常に多いこと、そして古い本では印字が不鮮明になっているケースがしばしばあることが大きな障害になっている。そこでフォンアンは、コンピュータが読み取れなかった文字をキャプチャのシステムに供給するプログラム「リキャプチャ」を作成し、そのプログラムを無償で配布しはじめた。ヤフーやフェイスブックなどの有力なオンラインサービス業者がこれを採用している。

フォンアンのアイデアは、目を見張る成果を生み出した。なにしろこのシステムを通じて、一般のインターネット利用者が年間に一五万冊近い書籍のデジタル化を手伝っている計算になる。これは三万七五〇〇人のフルタイム労働者の年間作業量に匹敵する分量だ。リキャプチャは、一八五一年以降の『ニューヨーク・タイムズ』紙の紙面をすべてデジタル化することに貢献するなど、多くの恩恵をもたらしてきた(注５)。

フォンアンがこの一石二鳥のアイデアを思いついたきっかけは、キャプチャの課題を処理するために費やされている莫大な労働量に思いをはせたことだった。「おおよそ計算してみると、全世界で一日に二億回の作業がおこなわれているとわかった」と、フォンアンは言う。「一回に一〇秒かかるとすれば、一日の総労働時間は五万時間だ！　これだけの労働を有効に活用できないものかと、私は考えはじめた」

こうして、リキャプチャは誕生した。しかしフォンアンは、これで満足するつもりはなかった。

人々の日常生活のあらゆる瞬間を、社会的・経済的・知的恩恵を生み出せる場に変えたいと思っているのだ。

「人々が普段取っている行動のなかには、もっと有効に利用できるものも多い。そういう行動を活用して、人類社会全体の効率を高めたい」と、フォンアンは言う。インターネット利用人口が増えるにともない、世界のネットユーザーを「非常に規模が大きく、きわめて高度な情報処理機構」として活用できるようになったと考えているのだ。

可能性は大きく広がっていると、フォンアンは言う。たとえば、彼の最新の事業である「デュオリンゴ」は、インターネット上のすべての文章を世界の主要言語に翻訳することをめざす取り組みだ。インターネット上の文章は何百もの言語で書かれており、人々は自分の理解できない言語の文章を読むことができない。そういう状況を変えたいと思ったのだ。

ここでフォンアンが考案したアイデアは、またしても一石二鳥型のものだった。外国語を勉強している人は、世界中でざっと一〇億人にのぼり、その多くはコンピュータを利用している。そこで、外国語学習支援のオンラインサービスをつくり、外国語学習の一環として、ユーザーに文章の翻訳をさせればいいと考えたのだ。キャプチャやリキャプチャと同じく、ユーザーがおこなう作業に、別にもう一つの機能をもたせたのである。こうして、デュオリンゴが誕生した。(注6)フォンアンの推計によれば、デュオリンゴで一〇〇万人が英語を通じてスペイン語を学習すれば、オンライン百科事典のウィキペディアの内容をすべて英語からスペイン語に訳すのに、八〇時間しかからないという。

フォンアンはいつも、人類全体のためにものごとを一石二鳥化する余地がないか探している。(注7)

「私たちはもっとスケールの大きなことを考えるべきだ。大勢の人間が少しずつ分担してものごとに取り組めば、私たちは人類のために目を見張るほど大きなことを成し遂げられる」

一石二鳥テクニックはシンプルゆえに強力

「あらゆるものは、可能なかぎり単純であるべきだ。しかし、度を越して単純化してはならない」と述べたのは物理学者のアルバート・アインシュタインだが、一石二鳥のテクニックの土台にもシンプルさを重んじる発想がある。この方法論の魅力は、きわめてシンプルで実践しやすいことなのだ。

ニューヨークの名門ホテルのCEOの例を紹介しよう。この人物は一年の間に二度、ソウルに出張し、二度目も最初と同じホテルに泊まった。二度目にホテルに到着すると、フロント係が温かく迎えてくれた。「いらっしゃいませ！　またお越しいただいて、ありがとうございます！」。前に泊まったことを覚えていてくれた！　CEOは感激し、自分のホテルのスタッフにも同じような接客をさせたいと思った。

CEOがニューヨークに戻って専門家に相談すると、顔認識ソフトウェアを搭載したカメラを設置してはどうかと提案された。カメラで客の顔を撮影し、それを過去の利用客の顔を記録したデータベースと照合して、以前に宿泊経験がある人物の場合はただちにフロント係に知らせる、というわけだ。しかし、費用が二五〇万ドルもかかるとわかった。CEOはシステムの導入を見送ることにし、次にソウルのホテルに泊まるときに、秘訣を探ってやろうと心に決めた。そして、再びソウルのホテルを訪れると、またしてもフロントで「常連客」として熱烈に歓迎された。そこで、どうやって過去に宿泊経験のある客を見わけているのかと、ぎこちなく尋ねてみた。フロント係の回答は、エレガントでシンプルなものだった。タクシーの運転手たちと話をつけてあるのだ。空港からホテルに向かう途中で、運転手が客と雑談をし、以前そのホテルに泊まったことがあるかをさりげなく聞き出す。

「もし利用経験があれば、運転手はフロントにお客さまの荷物を運び込むときに、デスクの右側に置くことになっています。はじめての利用であれば、左側です」と、フロント係ははにかんだようにほほ笑んで言った。「このために、運転手たちにはお客さま一人につき一ドルを支払っています」。このソウルのホテルは、高い金をかけてコンピュータシステムを導入するまでもなく、タクシー運転手にもう一つの役割を担わせるという一石二鳥型の方法により、安価に目的を達していたのである。

一石二鳥の三つの方法

一石二鳥のテクニックで新しい役割を担わせる要素は、「閉じた世界」の中にありさえすれば、その製品、サービス、プロセスの内部のものでも外部のものでもいい。おさらいしておくと、内部の要素とは、自分がコントロールできるもののことだ。パソコンを製造している場合、内部の要素は、キーボード、モニター、ディスクドライブ、プロセッサなど。一方、外部の要素は、ユーザー、ユーザーがパソコンを置くデスク、デスクのそばのランプ、ユーザーが作業中に飲むコーヒーのカップなどだ。

その要素に新たに担当させるのは、それまでどの要素も担っていなかった新しい機能でもいい。インターネット利用者がおこなう文字列の入力という作業に、書籍のデジタル化を手伝うという機能も担わせたリキャプチャはその例だ。あるいは、「閉じた世界」の中ですでに別の要素が担当していた機能を担わせてもいい。パルター医師が慢性骨盤痛の原因の診断という機能を、医療機器から患者自身に移したのは、こちらのパターンということになる。いずれにせよ重要なのは、その要素が元々担っていた役割に加えて、新たな役割を担わせることだ。そうすることで、常識破りの斬新なアイデアを生み出せる。

一石二鳥により「閉じた世界」内の問題を解決する方法は三種類ある。以下では、それぞれの方法について実例を交えて説明していく。その方法論に従って、自分でも新しいアイデアを思いつけないか考えてみよう。

●方法1　アウトソーシング

二〇〇七年一月、アップルのスティーブ・ジョブズがｉＰｈｏｎｅを発表したとき、多くの人は、これで携帯端末の世界が完全に様変わりしたと言った。ｉＰｈｏｎｅは、一台の軽量で小型のマシンに、携帯電話、タッチパネル操作のできる大画面版のｉＰｏｄ、インターネット接続機器という三つの製品の機能を一体化させた製品だ。「ｉＰｈｏｎｅは魔法のような革命的製品です。ほかのいかなる携帯電話よりも、文字どおり五年先を進んでいます」と、ジョブズは当時豪語した。「私たちは生まれつき、究極の入力装置をもっています。そう、手の指です。ｉＰｈｏｎｅはそれを活用し、マウスの発明以来最も劇的にユーザーの使い勝手を改善させます」。ジョブズはこのように、タッチパネルによる操作をこの製品の革命的な要素だと位置づけていた。

私たちは、そうは思わない。こう言うと驚くかもしれないが、ｉＰｈｏｎｅが驚異的な成功を収め、画期的なイノベーションを生み出せたのは、使い勝手のよさや独創的なデザインのおかげではないし、複数の機能を一体化させたおかげでもない。携帯端末市場に激変を起こし、アップルにライバル社を何年も引き離す優位を与えたのは、ｉＰｈｏｎｅのアプリ、もっと言えばアプリの開発と販売の方法だった。

意識していたか否かはともかく、アップルは一石二鳥をうまく成し遂げた。それまで内部でおこなっていた課題（自社で販売するハードウェア向けのアプリの開発）を、外部の要素（社外の人々および、ソフトウェア開発業者）に移したのである。

アプリとは、ひとことで言えば、携帯端末に特定の機能やサービスを実行させるためのソフトウェアだ。ｉＰｈｏｎｅアプリとしては、ゲームアプリの「アングリーバード」や、レストラン探しアプリの「アーバンスプーン」（料理のカテゴリー、価格帯、エリアなどを基準にレストランを推薦してくれる）などがよく知られている。

アップルはまず、ｉＰｈｏｎｅに最低限の基本的な機能をもたせるために、いくつかのアプリを自社で開発した。しかしその後、驚くべき行動に出た。ほかのアプリの開発をすべて社外に任せることを決めたのだ。(注8)ｉＰｈｏｎｅの設計の一部を公開し、アプリ開発に興味をいだく人には誰にでもアプリ開発用のツール一式（ソフトウェア開発キット＝ＳＤＫ）を配布している。これにより、独立系のプログラマーやアマチュアプログラマー、学生、テクノロジー分野以外の企業、非営利団体、そしてなによりiＰｈｏｎｅの熱烈なファンたちが続々とアプリを生み出し、ｉＰｈｏｎｅのまわりに充実したアプリのエコシステム（生態系）を築いていった。アップルはそれまで、マッキントッシュ・パソコンで動くソフトウェア（個人用と業務用）の開発を独立系ソフトウェア開発・販売会社（ＩＳＶ）に依存していた（マイクロソフト、インテュイット、シマンテックといったＩＳＶは、マッキントッシュとウィンドウズ・パソコン向けのソフトウェアを売って大きな利益を得ていた）。

ジョブズのｉＰｈｏｎｅアプリのモデルは、従来のやり方とまったく違った。ｉＰｈｏｎｅに多様で充実した機能をもたせている膨大な数のアプリの多くは、製品を日々用いているユーザーが開発したものだ。コーヒーショップチェーンのスターバックス、オンライン旅行会社のエクスペディア、さらにはケーブルテレビ会社のコムキャスト、百貨店のシアーズなど、テクノロジーとはあまり関係のない企業も、携帯端末経由の顧客層の拡大に対応し、そうした層へのサービスを充実させるためにアプリの開発に乗り出している。

アップルは、こうしたサードパーティーによって開発されたアプリをユーザーに売るための革新的な仕組みも考案した。ユーザーは、アップルがオンライン上に設けている「アップストア」にアクセスし、アプリを探して購入し、ワイヤレスで自分の端末にダウンロードできる。アプリ開発者がアプリの価格を決めて（数百ドルするものもあるが、無料のものも多い）、売り上げの七〇％を手にする。一方アップルは、クレジットカード決済、ウェブホスティング、インフラ管理、デジタル著作権管理（ＤＲＭ）など、アップストアの運営に関わるコストの一切を負担する。今日、アップストアでダウンロードできるアプリは数十万点にのぼるが、そのうちアップルが開発したものは、二〇点にすぎない。

今日の成功を知ってから考えれば、豊富なアプリをユーザーに提供するためにこのような戦略を選ぶのは、当たり前に思えるかもしれない。しかし、あなたの手元にあるほかの物理的製品の数々を考えれば、アップルの戦略がいかに斬新で革新的だったかが理解できるだろう。購入後に新しい機能を追加して、有用性を高めたり、用途を大きく変えたりできる製品がどれだけあるだろう？　電子レンジに、あとから何十もの新機能を追加することなど可能だろうか？　もし、ワイヤレスでインターネットに接続し、すぐにフェイスブックにアクセスできる電子レンジが売り出されたら、新しい可能性が大きく開けるだろう。たとえば、あなたがポテトグラタンの素晴らしいレシピを考案して、それを自分のフェイスブックページに投稿し、電子レンジのアイコンをクリックすると、友達全員のネット接続型電子レンジにレシピが送られる時代が来るかもしれない。それが実現すれば、それぞれの友達の電子レンジがあなたと同じようにおいしく、ポテトグラタンを調理してくれるだろう。

しかし、そんな電子レンジはいまのところ登場していない。身のまわりを見ても、スマートフォンほど機能や用途を自由自在に拡張できる製品はほとんどない。これが実現したのは、スティーブ・ジョブズが一石二鳥のテクニックを実践し、世界中の個人ユーザーや企業ユーザーにアプリ開発の役割も担わせたからなのだ。

個々のｉＰｈｏｎｅアプリも、開発者が一石二鳥のテクニックを無意識に活用したことで誕生したケースが多い。たとえば、初期のｉＰｈｏｎｅユーザーはしばしば、暗い場所を照らすために、ｉＰｈｏｎｅの明るいディスプレーを利用していた。しかしほどなく、ｉＰｈｏｎｅ用の「フラッシュライト（懐中電灯）」アプリが開発された。これは、既存の要素（ｉＰｈｏｎｅのディスプレー）に新しい機能（懐中電灯）を担わせたという点で、一石二鳥のテクニックの典型と言える。また、ｉＰｈｏｎｅの内蔵カメラで自分の顔を撮影して、鏡の代用にしているユーザーも大勢いた。いまでは、ｉＰｈｏｎｅの既存の要素（カメラ）に新しい機能（鏡）を担わせるための「ミラー（鏡）」アプリが登場している。

アップルのアプリ開発モデルは、ほぼすべてのライバル企業に模倣されている。買い物中や仕事中、バスで移動中にオンライン経由でアプリをスマートフォンにダウンロードすることは、いまや当たり前になった。しかし二〇〇七年当時、アップストアのコンセプトはきわめて革新的なものだったのである。

●方法2　既存の内部資源の活用

金がないなら、知恵を絞るしかない。
――アーネスト・ラザフォード（一九〇八年ノーベル化学賞受賞者）

スコットランド人の舞台演出家ジョン・ドイルは、演劇界のベテランだ。三〇年のキャリアを通じてイギリスとアメリカで演出したプロ劇団の公演は、二〇〇をくだらない。ほとんどが地方の小さな劇団の仕事だ。一九九〇年代前半、イングランドの田舎町でそうした劇団の仕事をしていたとき、ドイルは観客を喜ばせるミュージカルを低予算でつくるための革新的な方法を思いついた。ミュージカルは、一般に普通の演劇より金がかかる。音楽の演奏者へのギャラも必要だからだ。しかしドイルは俳優たちに楽器演奏をさせれば、出費を大幅に抑えられることに気づいた。

これは、既存の内部資源に新しい課題を担わせるパターンの一石二鳥のテクニックを実践した例と位置づけられる。ここでは、「閉じた世界」の既存の要素（俳優）に、それまでその世界の内部の別の要素（楽器奏者）が担っていた機能（楽器の演奏）を新たに担当させている。パルター医師が慢性骨盤痛の患者を診断するために用いたのと同じ方法だ。

ドイルが演出したミュージカル『スウィーニー・トッド』は、二〇〇四年、イングランドのニューベリーにあるウォーターミル劇場で地味に開演した。しかし、ユニークな演出とキャスティングが話題になり、すぐにイギリスの演劇の中心地であるロンドンのウェストエンドに、さらには海を渡ってニューヨークのブロードウェーにも進出した。

最初、アメリカの観客と批評家は懐疑的だった。ブロードウェーでは、多額の予算をつぎ込み、さまざまなテクノロジーを駆使した公演が当たり前になっているからだ。手の込んだセットと二五人編成のオーケストラを見慣れていたミュージカルファンたちは、幕が開いたときに驚いた。がらんとした舞台の上には、椅子に腰かけた俳優が一〇人いるだけだったのだ。俳優が演奏者を兼ねていたのである。幕間に、観客たちは驚きを隠せなかった――「ずいぶん思い切った演出だ！」(注9)。

あるインタビューでのドイル自身の説明によれば、常識を壊すことが先にありきだったわけではないという。「オーケストラ抜きにしようと、意図していたのではない。演奏者に支払う金がなくて、そうする以外に選択肢がなかったんだ」。しかし、予算不足という制約が吉と出た。常識に縛られない発想を観客に促すチャンスだと、ドイルは気づいたのだ。「人が片手に飲み物のグラスを持ち、脚の間にコントラバスを挟んで椅子に座るなどという場面は、そうそうない。そういう実生活であまりない状況を見せることにより、観客を固定観念から抜け出させることができる」。ドイルは観客と演者の関係性に関心をいだいていたので、こうした「現実の抽象化」を通じて、ほかでは味わえない経験を観客に提供できたことに満足していた。

「俳優兼演奏者」という創造的なアイデアは、世界の演劇界に衝撃を与えた。資金不足に悩む劇団の演出家たちは、このやり方を模倣してミュージカルの有名作品を上演すれば、出費を抑えつつ、すれ枯らしの観客も興奮させる作品をつくれることを知った。

ドイルは二〇〇六年、『スウィーニー・トッド』により、アメリカ演劇界で最も権威あるトニー賞の演出賞を受賞。翌年には、同様の手法を用いた『カンパニー』で、同賞のミュージカル・リバイバル作品賞を受賞した。いまや、ブロードウェー・ミュージカルの変革者という評価を確かなものにしている。ドイルは、俳優に楽器も演奏させるという方法に費用の節約以上の価値があると思っている。(注10)「観客に伝えたいストーリーを、そのとき、その作品にふさわしいと思う方法で上演する。安上がりに舞台を上演するためだけに、この手法を用いることはしない」である。

●方法3　内部の要素に外部の要素の役割を担わせる

第三の方法は、製品やサービスの内部の要素に、それまで外部の要素が果たしていた機能を担わせるというものだ。端的に言えば、内部の要素が外部の要素の機能を「奪う」ようにするのである。

イギリスの五つの大学が合同で立ち上げた「テールズ・オブ・シングズ（物にまつわる物語）」というプロジェクトは、人々が大切な物に「物語」をつけ加える方法を提供する試みだ。(注11)さまざまな物に、その物にまつわる物語を伝える役割も担わせるのである。

このプロジェクトはアプリケーションとオンラインサービスで構成され、物に関する個人的なストーリーを投稿したり、ほかの人の投稿をチェックしたりできるようになっている。このサービスは、二つの面で新しい価値を生み出している。第一は、人々が所有物にいっそう重要性を見いだせるようになること。第二は、その物を受け継いだ家族や友人がそれを簡単に捨てず、使い道を探そうという気になることだ。

まず、物の写真を撮り、専用のQRコードをつくる。これで、誰でもそのQRコードをスマートフォンなどの携帯端末でスキャンすれば、すぐにその物にまつわる物語やアドバイスを読んだり、自分のコメントや写真、動画、音声を投稿したりできるようになる（試しに、図５－２のQRコードをスキャンしてみよう）。

これにどういうメリットがあるのか？　あなたが一家に代々伝わるハンマーをおじいさんから

【図5-2】ハンマーの役割を一石二鳥にする

譲られたとしよう。そのハンマーは、あなたのおじいさんのおじいさんが家を建てたときに使ったものだ。ひいおじいさんは、四柱式ベッドの枠に釘を打つときにこれを使った。そのベッドには、いまもあなたの両親が寝ている。そのあなたは、そのハンマーを大切にしようと思う。その思いは、おじいさんがハンマーの由来を紙に記して渡してくれたことでいっそう強まる。あなたの一族は代々そのハンマーを大切にし、一〇〇年以上にわたってその歴史を語り継いできたのだ。

やがてあなたも親となり、そのハンマーを使って、子どもたちの小屋をつくったり、愛犬のゴールデンレトリバーの犬小屋をつくったりする。そして先祖たちにならって、子どもたちのためにハンマーにまつわる出来事を文章に記録する。そして、いよいよハンマーを息子に譲るときが来る。そのとき、ハンマーと一緒に、その由来を記したものも一緒に手渡す（このときには二〇〇ページ近くの長大なものになっている）。あなたは息子に言う――おまえも一家の伝統を守って、次の世代にハンマーとその歴史を引き継いでほしい、と。「テールズ・オブ・シングズ」を利用すれば、こういうことが手軽にできるようになる。

この場合、ハンマーにまつわる一家の歴史を記録し次世代に伝えるという役割は、それまで一家のメンバー（＝外部の要素）が担ってきたが、それをハンマー自体（＝内部の要素）に担わせた。内部の要素が外部の要素から役割を奪ったのである。

「テールズ・オブ・シングズ」の開発者たちは、将来的にこのサービスをもっと普及させたいと思っている。とくに、企業に売り込みたいという。企業が顧客との関わりを深めるために役立つと、期待しているのだ。確かにこの技術を使えば、消費者が商品についての感想や情報を交換しやすくなるし、自動車や建設機器など中古売買が活発な分野では、個々の製品の履歴を記録するために便利に使えるだろう。

顧客に営業部員研修の講師をやってもらう

以上のように、一石二鳥のテクニックは新しい製品のアイデアを生み出すうえできわめて有効だが、それだけでなく、サービスやプロセスの創造や改良にも役立つ。たとえば、企業研修。重要な役割を担う従業員を育成することは、企業にとってとりわけ重要な業務の一つだ。大手の消費財メーカーや製薬会社ともなると、取引先との関係を維持し、新規の顧客を開拓するために、世界中で何万人もの、よく訓練されていて、やる気のある営業部員が必要となる。全世界の企業が従業員の教育・育成のために費やしている金額は、年間一〇〇〇億ドルを上回る。

莫大な金がかかるのは、従業員のスキルと知識をたえず更新する必要があるからだ。新入社員に最初に研修を受けさせるだけでは十分でない。新しい製品やサービスが打ち出されたり、業務で用いるシステムや道具が新しくなったり、政府の規制や規則が変わったりするたびに、研修をしなくてはならない。企業はどうすれば、これに対応できるのか？

第3章で紹介したジョンソン・エンド・ジョンソン（J&J）のリン・ヌーナンを覚えているだろうか？　高度な医療機器を医師たちに売り込む営業部員を訓練するために、画期的な研修プログラムを開発した女性である。(注12) J&Jとしては、営業部員を長い時間教室に座らせておくつもりはない。営業部員には、現場で営業活動に携わってほしい。そのため、リンはいつも厳しい時間的制約に縛られていた。研修に割ける時間は短くなる一方なのに、そこに詰め込まなくてはならない内容は増えるばかりだった。そこで、リンは革新的な研修方法のアイデアを求めて、一石二鳥のテクニックを試すことにした。社内の営業、マーケティング、人事、医療教育、品質管理の各部署からメンバーを集めて部署横断型のチームをつくり、インサイドボックス思考法のトレーニングスタッフであるヌリット・コーエンとエレズ・ツァリクを招いて、アイデアを生み出すためのエクササイズをおこなった。

ヌリットとエレズはまず、J&Jの営業部員研修の「閉じた世界」の中にある要素を洗い出させた。以下の要素が挙げられた。

＊ベテラン営業部員
＊新人営業部員
＊製品
＊教室

＊テクノロジー
＊講師
＊カリキュラム
＊研修計画
＊顧客（唯一の外部の要素だ）

次に、それぞれの要素に、新たに営業部員トレーニングの役割も担わせることができないかを検討した。そのなかから、リンは有望そうな候補を三つ選んだ。

＊新人営業部員に、新人営業部員のトレーニングをさせる。
＊製品に、新人営業部員のトレーニングをさせる。
＊顧客に、新人営業部員のトレーニングをさせる。

チームのメンバーは、この三つのアイデアを一つひとつ検討してみた。最初のアイデアは、すでに実践していた。基礎研修の際に、新人営業部員にペアを組ませて、ロールプレイング形式でエクササイズをさせていたのだ。それをさらに拡大すべきか？　この方法は有効ではあるが、それほど目新しいものではない。ロールプレイングは、多くの企業研修で重んじられている。では、ロールプレイング以外に、受講生同士が教え合うようにさせる方法はあるのか？　たとえば、新人営業部員のうちの一人に早目に研修を受けさせ、カリキュラムの一部をほかの受講生に教えさせるのは？　単なる時間の無駄だろうか？　リンはとりあえず結論を棚上げにして、ほかの二つのアイデアを検討することにした。

それでは、製品に、新人営業部員のトレーニングをさせるというアイデアは？　営業部員をトレーニングするための製品を開発できないかと、メンバーは考えてみた。本物の外科用医療機器そっくりの外見と動作をし、音声ガイドで研修生に操作方法を教える機能をもたせた機器をつくればいいのではないか？　賢いアイデアだと、リンは思った。でも、実現可能性はあるのか？　J&Jの研究開発チームは、そういう機器をつくれるのか？　機器に音声再生装置を搭載することなど可能なのか？　技術的に可能だとしても、設計と製造にどれくらいのコストがかかるのか？　検討の末、このアイデアを実現するには、技術面で大きな進歩が必要で（そのためには時間がかかる）、コストも途方もなくかかる可能性があると判断した。これは無理だ。

そこで、第三のアイデアを俎上に乗せた。顧客に、営業部員をトレーニングさせる？　チームの面々は、即座に異を唱えた。「物を売り込む相手に教えてもらうなんて！」。ほとんどのメンバーは、このアイデアをただちに却下しようとした。

ピンと来た読者もいたかもしれない。メンバーは機能的思い込みに陥っていた。顧客は顧客としての役割しか果たせないという先入観に毒されていたのだ。それ以外の役割を与えようなどというのはばかげていると、決めつけていた。

法人営業部門のメンバーは、とくに強硬に反対した。顧客がわざわざJ&Jの教室に足を運んで、営業部員を指導してくれるわけがない、というのだ。顧客にとって、なんのメリットがあるのか？　営業の電話さえ、たいていの顧客はいやがる。みんな忙しくて時間がないのだ。研修の講師役を依頼しても、なにか裏があるのではないかと勘繰られるのが関の山だ。商品を売りつけるための策略だと思われかねない、というのである。

リンは、もっと本腰を入れて考えるようメンバーに促した。「もし、顧客が営業部員を教育することになったら、どういう状況が生まれると思いますか？」と問いかけた。「それ以外に選択肢がなくて、この方法をどうにかして機能させなくてはならないとしたら？」。ここで、医療教育部門のメンバーが懸念を述べた。同部門のメンバーのなかには、顧客である現職外科医が講師役を務めれば、自分たちの役割が侵食され、研修チーム内での地位が低下するのではないかと恐れる人たちがいたのだ。

それでも、リンは議論を先に進めた。「私たちがまだ知らないことを、顧客から教われる可能性はありませんか？」。J&Jの製品が現場でどのように使われているかは、顧客のほうがよく知っている。その点は、J&Jでその製品を開発した人たちもかなわない。また、製品にどういう価値があるのかを本当に知っているのも顧客だ。なにしろ、患者の生死に関わる局面でその製品を使っているのだから。それに、ライバル社の製品のこと、そして、ライバル製品と比べた場合のJ&J製品の強みと弱みについても顧客のほうが詳しい。電話営業する際にどういう行動を避けたほうがいいかも、顧客に教わるべき点がありそうだ。

それだけではない。顧客に講師役を務めてもらえば、J&J社内の研修担当スタッフの負担がいくらか軽くなると、リンは思った。

しかし、このアイデアの最大のメリットに気づいたのは、それを実践してみてからだった。営業部員研修で顧客に一役買ってもらうのは、非常に有効なブランドマーケティング戦略でもあったのだ。顧客は喜んで研修に協力してくれた。J&Jの施設を訪れ、営業部員たちがどういうトレーニングをしているのかを目の当たりにするのは、顧客にとって楽しい経験だったのだ。そして、研修に深く関わった顧客は、以前より好意的に接してくれるケースが多かった。セールスの電話にやさしく対応し、J&Jブランドの製品を使い続ける確率が高まったのである。

ただし、このアイデアを実行に移すためには、いくつか実際的な問題を解決する必要があった。どの顧客に声をかけるべきか？　時間を割いてくれる顧客に、どのように報いるべきか？　こうした問題に答えを出さなくてはならなかったし、新しいアイデアを実行するときの例に漏れず、かなりの抵抗もあった。それでも、最終的には営業部員と顧客の両方が乗り気になった。

こうして、実際の顧客である現役の外科医たちがJ&Jの新人営業部員研修に協力するようになった。顧客は研修生たちに、マニュアルには書いていない貴重なことを教えてくれる。この研修方法は、効率がいいだけでなく、従来のやり方より大きな成果をあげてもいるのだ。

それなら、患者が看護師の〝先生〟にもなれるかも

この大成功を受けて、J&Jの経営陣は考えた――顧客が営業部員をトレーニングできるのなら、患者が看護師をトレーニングすることはできないのか？　この問いの答えは、イエスだった。

J&Jは毎年、世界で何千人もの外科看護師にさまざまな医療処置の研修をおこなっている。その際、患者も先生役を務める。たとえば、肥満手術を受けた患者が自分の経験を披露する。患者たちの語る情報や思いは、どんな教科書にも載っていない貴重な内容だ。看護師たちは患者に直接質問し、病院でどのように扱われたか、どうして手術を受けようと思ったのかなどを聞かせてもらえる。患者たちの答えは、たいてい看護師たちが思いもよらないものだ。

ある研修では、肥満手術の患者たちが手術を受けようと決意する転機になった出来事を語った。ある患者は、太りすぎて、わが子を膝の上に抱けなかったときを振り返り、涙を流した。別の患者は、遠くの親戚を訪ねるとき、旅客機の座席を二人分使わなくてはならなかった経験を語った。

また別の患者は、ジェットコースターに乗れなかったことがショックだったと言った。

看護師たちは話を聞きながら、こうした体験を追体験した。多くの患者たちの言葉に耳を傾けるうちに、肥満手術を受ける患者には二つの動機があるらしいとわかってきた。健康上の動機と生活上の動機である。そして、糖尿病や高血圧を心配した主治医から健康上の理由で手術を勧められたとしても、手術を決意した決め手は生活の質を高めたいという思いだったケースが多かった。子どもともっと活発に遊びたい、もっと自信をもって仕事をしたい、もっとオシャレな服を着たい、といった欲求が主な動機になっていたのだ。看護師が質の高い仕事をするためには、通常の研修で教わる技術的・医学的知識だけでなく、こうした患者心理の理解が欠かせない。

Ｊ＆Ｊの一石二鳥戦略は、アップルのｉＰｈｏｎｅのアプリ戦略と似ている面が多い。いずれも、既存の要素に新しい役割を担わせている。Ｊ＆Ｊは機能的思い込みを打ち破り、患者に「手術を受ける」という役割に加えて、「看護師を教育する」という役割も与えることにより、研修のあり方にイノベーションを起こし、研修の質を飛躍的に向上させた。

一石二鳥のテクニックは、さまざまな場面で活用できる。予算や人手をかけたり、新たな道具を導入したり、新たな能力を獲得したりできない場合は、これがとくに頼りになる。このテクニックは、問題の解決策を探す際に、それまで見えていなかった要素に目を向けるよう促す効果がある。ひとことで言えば、有り合わせのものでやりくりするための手段なのである。

一石二鳥のテクニックは、さまざまな現実世界の課題を解決する役に立ってきた。以下では、水の汲み上げ、ミツバチの保護、エクササイズの履歴管理の事例を紹介する。それぞれのケースで、このテクニックがどのように使われているか考えてみよう。「閉じた世界」の中のどの要素

【図5-3】子どもが遊ぶと水が蓄えられる

に、新たな役割を課したのか？

「遊具」兼「水汲みポンプ」

言い伝えられるところによれば、トーマス・エジソンは、自宅の門扉にポンプを接続していたという。来訪者は自分では気づかずに、門扉を開け閉めするたびに、井戸水をエジソンの家に汲み上げていたのだ。一石二鳥のテクニックに当てはめて考えれば、エジソンの家の来訪者たちは、新しい役割（＝水の汲み上げ）を担わされた外部の要素と位置づけられる。また、門扉も、来訪者たちに水を汲み上げさせるという新たな役割を与えられている。

この逸話の真偽はともかく、同様のアイデアは実際に活用されている。アフリカの一部の学校では、子どもたちを回転遊具で遊ばせ、それによって生まれるエネルギーで地下水を汲み上げている（図５－３）。「プレイ・ポンプ」と呼ばれるシステムだ。(注13)

淡水は、人間が生きていくうえで欠かせないものの一つだ。プレイ・ポンプ・ウォーターシステムは、アフリカの乾燥地帯で飲用可能な清潔な水を確保する手段として役立っている。村の小学校のそばに施設を設置し、子どもたちに地下水を汲み上げさせて、それを大きな貯水塔に蓄える仕組みだ。貯水塔の水は村の共有財産として、村の真ん中に設けられた蛇口から利用できる。村人たちは、それを飲み水や料理用水、トイレ用水、農業用水などに使っている。

ポンプで地下水を汲み上げるメリットは、単にその水を飲んだり、農業に利用したりできることだけではない。アフリカの貧しい村ではたいてい、水を集めるのは女性や女の子の役割とされている。一日に何時間もかけて、水を汲みにいくことが多い。ときには、危険な場所を通らざるをえない場合もある。地元の村にポンプができれば、女性たちが遠くまで水汲みに行く必要がなくなり、子どもの世話をしたり、職に就いて給料をもらったり、学校に通ったり、事業を始めたりできる。それに、清潔な水は煮沸せずに飲めるので、貴重なガスや薪を倹約できる。燃料を燃やさなければ、環境も汚れない。また、清潔な水を利用できる家庭は、野菜を栽培して自給生活を送ったり、事業を営んだりできるケースが多い。このように、プレイ・ポンプは、アフリカの多くの村が飢餓を緩和し、雇用を生み出し、経済的・社会的に発展するのを助けてきた。

このケースでは、一石二鳥のテクニックが二つの面で用いられている。第一に、子どもたちと回転遊具（いずれも外部の要素だ）に新しい役割を与えている。遊ぶ主体や遊び道具という役割に加えて、水を汲み上げるという役割も課したのだ。しかし、一石二鳥のテクニックが実践されているのは、この点だけではない。システムの維持管理コストをまかない、村人たちに衛生の重要性を伝えるためにも、一石二鳥のテクニックが活用されている。貯水塔の側面を広告スペースとして子ども向け製品の企業に販売したり、ＨＩＶなどの衛生知識に関する公的な告知を掲示したりしているのだ。ジョン・ドイルのミュージカルと同様、プレイ・ポンプは、資金が限られていたからこそ生まれたイノベーションだった。この二つの事例には、一石二鳥のテクニックの長所が浮き彫りになっている。この手法を用いれば、手持ちのものだけでもっと多くのことを成し遂げられる可能性があるのだ。どんなに豊かな人や成功を収めている企業でも、資金が無限にあるわけではない。このテクニックは、あらゆる人にとって非常に有益な方法論と言える。

市民科学者の力でハチを救え！

二〇〇八年、サンフランシスコ州立大学の生物学者であるグレッチェン・レブン教授は不安をつのらせていた。(注14)カリフォルニアのナパバレー地方のハチの生息数を調べたところ、野生のスペシャリスト・ビー（特定の種類の植物の受粉を媒介することに特化しているハチ）が急激に減っていることが明らかになったのだ。この地域に広がるブドウ園（ナパバレーはカリフォルニアワインの主産地だ）が悪影響を及ぼしているのではないかと考えたが、断定するだけのデータはまだなかった。同様の現象が全米規模で起きているのではないかと、レブンは心配になった。

野生のスペシャリスト・ビーが姿を消せば、深刻な影響が生じる。人が口にしている食べ物の三分の一は、動物送粉（昆虫が花から花へと移動することによる植物の受粉）を通じてつくられており、そうした動物送粉の担い手として、ハチは非常に重要な役割を担っているのだ。ほとんどの植物は、動物の媒介者の力を借りなければ種子や果物をつくれない。花を咲かせる植物の約八〇％、トウモロコシやコムギなど人間の主食となる穀物の四分の三以上は、ハチのような媒介者に受粉を依存している。

ミツバチと在来種のハチの両方の生息数が減っているらしいという点は、科学的研究によってしばらく前から指摘されていた。レブンのような科学者たちは、園芸植物や穀物、野生の植物の受粉に弊害が及ぶのではないかと恐れはじめた。ハチの生態が詳しくわかれば、生息数を維持し、さらには増やしていくための方法が見つかるかもしれない。ただしそのためには、さまざまな地域のハチに関する詳細なデータが欠かせない。

どうすれば、そんなに大量のデータを得られるのか？　レブンの研究予算は、所属学部がさまざまな団体や機関からかき集めた一万五〇〇〇ドルだけ。一人の学生をナパバレーに再度派遣し、追加的な調査をおこなわせたが、これすら時間と金がかかりすぎるという結論に達した。大学のあるサンフランシスコとナパバレーの間が離れているからだ。しかし、レブンは一つのアイデアを思いついた。それまでの研究活動を通じて、ナパバレーのワイン園オーナーたちに知り合いができていた。その人たちに、代わりに調査を引き受けてもらえないか？　話を持ちかけると、比較的簡単な作業なら引き受けてもらえることになった。前向きな反応に、レブンは勇気づけられた。多忙なワイン園オーナーたちができるのなら、一般家庭にも頼めるはずだ。ナパバレーのガーデニング愛好家たちの力も借りられないか？

そのためにはまず、ハチのデータを集める簡単な方法をマニュアル化する必要がある。それは、誰にでも実行できるものでなくてはならない。「ヒマワリはどうかしら」と、レブンは思った。ヒマワリは栽培しやすく、アメリカ本土のすべての州で原生している植物だ。それになにより、花が平たくて大きいので、ハチが止まっているときに観察しやすいのがいい。そこで、地元の自然保護活動に関わっている数人の友人を対象に試してみた。友人たちにヒマワリの種を与えて頼んだ――その種を土に植えて水をやり、生長して花が咲いたら、一日の決まった時間に、一時間にわたって観察し、花に止まったハチの数を数えてほしい、と。すると、友人たちはすぐに文句を言った。協力したい気持ちはやまやまだが、一時間ぶっ通しでヒマワリとにらめっこするなんて勘弁してほしい、というわけだ。そこで、観察時間は一五分まで短縮された。ところが、誰からも一向に報告がない。しびれを切らしたレブンが電話すると、衝撃的なことを聞かされた。友人たちは口々にこう言ったのだ。「電話しなかったのは、ハチが一匹も来なかったからなのよ」

危機感をつのらせたレブンは、実験の規模を拡大することにした。この壮大な実験を「グレート・サンフラワー・プロジェクト」と名づけ、専用のウェブサイトを開設。アメリカ南部のいくつかの州の有力ガーデニング愛好家数人に電子メールを送り、協力を求めた。電子メールを受け取った人たちが地元の仲間たちに協力を呼びかけると、二四時間たたないうちに五〇〇人のボランティアが名乗りをあげた。週末までに寄せられた協力の申し出は、一万五〇〇〇件。しまいには、協力希望が殺到して、ウェブサイトがダウンしたほどだった。

こうして、レブンの一石二鳥のイノベーション――お気づきのように、外部の要素（各地のガーデニング愛好家）に、内部の課題（データ収集）を任せたと位置づけられる――は、華々しいスタートを切った。

いまでは、一〇万人以上のボランティアがハチの数を数えてオンライン上で報告している。そのデータをもとにハチの生息状況が地図にまとめられ、その地図を見れば、どの地域で十分な数のハチが生息していて、どの地域で人間の介入が必要かを判断できるようになった。

レブンは、協力者に多くを要求しすぎないように気をつけている。ボランティアたちは毎年一回、七月半ばから八月にかけての一日、指定された日に庭に出て、一五分間にわたり、ヒマワリに止まっているハチの種類と数を調べ、オンライン上で報告する。それだけだ。次の年まで、すべきことはない。一人ひとりが果たす役割は小さくても、すべて合わせれば、豊富で充実したデータが集まる。こうして何万人もの人たちの協力を得て、全米規模の野生のスペシャリスト・ビーの生息マップをつくり上げることができた。このデータは、いつ、どこで、集中的にハチの保護活動をおこなえばいいかを判断する役に立っている。

「一五分間の作業をおこなうだけで、大勢の市民科学者たちがハチの保護に貢献できるのです」と、レブンは言う。(注15)「世界をよりよい場所にするための活動に、これだけ多くの人たちが興味をもち、一肌脱ぎたいと思うのは、本当に素晴らしいことだと思います」

レブンのハチ生息数調査プロジェクトは、ルイス・フォンアンの書籍デジタル化プロジェクトに通じるものがある。協力者たちが自覚しているかいないかという違いはあるが、両方とも大勢の人たちの頭脳の力を活用している。そしていずれの場合も、協力者はほかの作業をおこないながら、その課題を成し遂げているのだ。

オンラインの一石二鳥＋ハチ調査の一石二鳥

一石二鳥のテクニックの実践者同士の協力関係も生まれている。レブンは全米科学財団のワークショップに出席したとき、フォンアンの教え子であるエディス・ローという学生と知り合った。いまレブンとローは、グレート・サンフラワー・プロジェクトのボランティアたちの仕事の質を高めるために、オンラインゲームを活用する取り組みで協働している。

レブンと知り合う前、ローは「ＥＳＰゲーム」というプログラムを作成した。ごく普通のオンラインゲームに見えるかもしれないが、リキャプチャ同様、ある目的のために大勢の人々の力を借りる巧妙な仕掛けになっている。具体的には、世界の何百万人ものゲーム愛好家たちの協力を得て、インターネット上のさまざまな画像を識別させ、キーワードをつけさせようというのだ。

キーワードづけされた画像は、人々がそのキーワードでネット検索すると表示されるようになる。たとえば、公園のベンチに一人で腰かけている男性の画像があるとする。この画像には、「公園」「ベンチ」「座っている」「物思い」「孤独」といったキーワードがつけられるかもしれない。すると、その後は、誰かがグーグルでこれらのキーワードを検索すれば、この画像が検索結果一覧のなかに登場する。

画像にキーワードをつける作業は、まだコンピュータにはできない。そこでローは、退屈で骨の折れる作業をオンラインゲームに見せかけて、世界中のゲーム愛好家に取り組ませようと考えたのだ。

ローが開発したＥＳＰゲームは、二人のプレーヤーがペアを組んでおこなう。二人のそれぞれのコンピュータに、同じ画像が映し出される（二人が同じ部屋にいる場合は、互いのコンピュータ画面が見えないようにしてプレーする）。表示される画像は無作為に選ばれる。画面上に画像があらわれたら、それを端的に言いあらわすキーワードをおのおのが入力する。その際、相談してはならない。二人の入力したキーワードが同じなら、点数がもらえる。超能力者（ESP）よろしく、パートナーの心を読めれば点数が入る、という趣向だ。いくつもの画像が次々と表示され、プレーヤーは同じことを繰り返す。プレーヤーは、少しでも多くの画像で意見を一致させることをめざす。二人の意見が一致すれば、その回答はデータベースに記録される。そして、同じキーワードで一致したペアの数が一定数以上に達すると、当該画像は、そのキーワードをつけられてインターネット上に投稿される。こうして、その画像が検索で見つかりやすくなる。

世界中の人々の画像識別能力を動員することにより、曖昧な画像にも自信をもってキーワードをつけられるようになった。そのメリットは大きい。グーグルで画像検索をおこなうとする。あなたがいくつかのキーワードを入力すれば、それらのキーワードがつけられている画像がずらりと表示される。インターネット上に投稿されている画像は、すべて合わせれば何十億点にものぼるだろう。キーワード検索に頼らずに、それを一点ずつ調べて、お目当ての画像を探すとしたら？　ぞっとするだろう。たとえば、ハワイのオアフ島のラニカイビーチへの家族旅行を計画しているなら、グーグルの画像検索をおこなえば、ものの数秒で、そこがどういう場所かを目で見ることができる（私たちの経験から言うと、ラニカイビーチは文句なしに素晴らしい場所だ。請け合ってもいい）。あるいは、医師からなんらかの医療処置を勧められたとしよう。その処置について文章だけでなく、画像でも見たいと思うのではないか？　検索すれば、すぐに必要な画像が見つかるだろう。それは、ESPゲームのプレーヤーたちが適切なキーワードをつけてくれているおかげなのだ。

ローは、ＥＳＰゲームを応用して市民科学者たちのトレーニングをおこないたいと考えた。(注16)「市民科学者のためのゲームをつくりたい。ボランティアたちが携わるプロジェクトに関係のある画像、たとえば野鳥やハチやチョウの画像を使ってゲームをさせ、よく似た種を正しく識別できるように学習させる」と、ローは言う。「うまくいけば、市民科学者たちがトレーニングされて、野外調査で識別ミスが減るかもしれない。それに、ゲームを通じて収集されるデータは、コンピュータビジョンの研究にも役立つと思う」

レブンとローは、グレート・サンフラワー・プロジェクトの調査の質を向上させるためにもこの方法が有効なのではないかと思っている。まずなにより、ボランティアにゲームをさせることで、ハチのオスとメスを見わけ、異なる種類のハチを正確に識別できるように訓練できる。そのうえ、無料で科学の勉強ができるとわかれば、さらに大勢のボランティアがプロジェクトに参加すると期待できる。ローはミネソタ大学と共同で、「オオカバマダラ幼虫モニタリングプロジェクト（ＭＬＭＰ）」にも取り組んでいる。アメリカとカナダのボランティアの協力を得て、大型のチョウであるオオカバマダラに関するデータを長期にわたって収集するプロジェクトだ。

このタイプの一石二鳥のテクニックは非常に多くの場面で用いられており、特別な呼び名もついている。「クラウドソーシング」という言葉を聞いたことがある人もいるかもしれない。二〇〇六年のワイアード誌の記事「クラウドソーシングの台頭」でこの言葉をはじめて用いたジャーナリストのジェフ・ハウは、それを「分散型の問題解決・生産モデル」と位置づけている。問題解決のために、コミュニティのメンバーに協力を求めている企業や団体（非営利の科学研究機関も含まれる）は多い。コミュニティの規模は、世界全体まで広がるケースもあれば、きわめて狭い範囲に限定されるケースもあるが、いずれにせよ、多くの場合は、アマチュアやボランティアが暇な時間に課題に取り組む。こうしたクラウドソーシングの試みではほぼ例外なく、なんらかの形で一石二鳥のテクニックが用いられている。

ナイキがたどり着いたランナーの足元のイノベーション

本格派のランナーは、概して依存症ぎみなところがある。多くのランナーは、走ることの健康上のメリット以上に、走ったあとに味わえる高揚感と幸福感が魅力で走っている。生理学的に言えば、そうした幸福感は、神経系が活性化されることによって放出される神経伝達物質のβエンドルフィンの影響と位置づけられる。この「ランナーズハイ」と呼ばれる快感は、麻薬やアルコール、食べ物から得られる快感に匹敵する。(注17)

このようなランナーはたいてい、目標を設定し、走った距離と時間を記録して記録を伸ばしていくことを自分に課している。ランナーたちがいだくデータ計測への欲求、そして尽きることのない向上心にこたえるために、一石二鳥のテクニックを使えないだろうか？　通常のシューズの役割に加えて、これらの目的を達する役にも立つランニングシューズがあれば、どうだろう？

一九八七年、ナイキが画期的な製品「ナイキ・モニター」を発売した。(注18)このシューズは、ランナーが自分の走りをチェックするのを助けるねらいで同社が売り出した最初の製品だった。二つのソナー受信機で走りのスピードを測定し、その情報を音声認識システムに転送。そしてランナーに、スピードと走行距離が音声で伝えられるようになっていた。この新製品は話題を呼びはしたが、売り上げは冴えなかった。ソナー受信機を搭載した書籍サイズの機器を腰に巻かなくてはならず、お世辞にも使い勝手がいいとは言えなかったのだ。一九九九年、ナイキは「モニター」

の製造を打ち切った。

しかしナイキ社内には、走りのデータを測定・記録できる小型の機器に対するニーズがあると信じ続けた人たちがいた。また、自分のデータを知ることのメリットは、医学研究によっても裏づけられはじめた。たとえば二〇〇一年に『アメリカン・ジャーナル・オブ・ヘルス・ビヘイビアー』誌に掲載された論文では、人が禁煙や禁酒を貫き、エクササイズを継続するうえで、自分のデータを知ることが有益だと指摘していた。自分の進歩の度合いが明確な数字の形でわかると、努力を続けようという意志が強まるというのだ。それでもナイキは、「モニター」的なアイデアを棚上げにし続けた。

同社が「ナイキ＋」を市場に送り出したのは、「モニター」の製造を中止して二〇年近くあとのことだった。最初に発売されたのは、アップルのｉＰｏｄと一緒に用いることを前提にした製品で、構成要素はわずか三つだった。シューズの踵部分に、ランナーのストライドを測定する加速度センサー、ｉＰｏｄにデータを送る送信装置、それにバッテリーが搭載されたのである。のちに、ｉＰｏｄタッチやｉＰｈｏｎｅと一緒に使うタイプの製品や、アップル製品なしで利用できるリストバンド型装置も発売された。

ナイキ＋は「モニター」と違い、軽量で小型なうえに、操作も簡単。事前に走行予定距離をｉＰｏｄに登録しておくと、走っている間、スピード、走行距離、残り距離を音声で教えてくれる。走り終わって「ストップ」を押すと、データがｉＰｏｄに保存される。そしてその後、ｉＰｏｄを同期させると、ナイキ＋のウェブサイトにデータが自動的にアップロードされる仕組みになっている。こうして、ランニングの履歴が蓄積されていく。ナイキにも恩恵がある。ランナーのデータがアップロードされるたびに、同社は新たな市場調査データを獲得できるのだ。たとえば、ランナーが最も走りたがるのは日曜日で、昼よりも夜に走るケースが多い。そして予想どおり、新年にはランナーたちが設定する走行目標距離が一挙にはね上がり、二〇一一年一月には目標距離が前月の四倍以上に伸びた。

人々に健康的な習慣を身に着けさせようとする医療専門家に参考になるかもしれないデータも明らかになった。ランニングのデータを一、二回しかアップロードしていない人は、ランニングの習慣が続かない可能性が高いのに対し、五回以上アップロードしている人は長続きする可能性が高いとわかっている。そのような人は、走ることの快感が、そしてナイキ＋を通じて自分のランニングの記録を知ることとの快感が病みつきになっているのだろう。

ナイキがこの製品を開発するにあたっては、一石二鳥のテクニックが実践されている。ランニングシューズに、ランナーの記録を測定・保存するという新たな役割が与えられたのだ（もちろんシューズは、ランナーの足を守るという元々の役割も担い続けている）。ナイキはこのアイデアを発展させ、特定のスポーツに特化したデータ測定機能つきのシューズも売り出している。「ナイキ・ハイパーダンク＋」は、バスケットボールの選手が試合中にどれだけ高く跳び、速く走り、激しく動いたかを測定する製品だ。シューズに教えてもらえそうなことに、ほかになにがあるか考えてみよう。

一石二鳥のテクニックの進め方

一石二鳥のテクニックの効果を最大限引き出すためには、以下の五つのステップで進めるべきだ。

①　製品やサービス、プロセスの内部の構成要素を洗い出す。

②　一つの要素を選び、以下の三つの方法のいずれかにより、それに新しい役割を与える。
a外部の要素に、製品やサービス、プロセスがすでに果たしている機能のいずれかを移す（iPhoneアプリ）。

b内部の要素に、製品やサービス、プロセスがすでに果たしている機能のいずれか、もしくはまだ果たしていない機能を新たに担わせる（ジョン・ドイルの俳優兼演奏家）。

c内部の要素に、それまで外部の要素が担ってきた機能を担わせる（「テールズ・オブ・シングズ」）。

③　一石二鳥にした結果、どういう状況が生まれるかをありありと思い浮かべる。

④　以下の問いを自分に問いかける。一石二鳥にしたことで生まれた製品やサービスには、どのようなメリット、価値、市場があるか？　どういう人がそれを欲しがるのか？　その人は、どういう理由でそのニーズをいだくのか？　特定の問題を解決しようとしているのなら、一石二鳥をおこなうことが問題解決にどのように役立つのか？

⑤　その新しい製品やサービスが価値あるものだと思えた場合は、次のように自問する。そのアイデアは実現可能か？　そういう製品を実際に製造できるか？　そのサービスを提供できるか？　どうして可能なのか？　あるいは、どうして不可能なのか？　アイデアの実現可能性を

高めるために、修正したり、磨きをかけたりできる点はないか？

正しくテクニックを使うために注意すべきこと

本書で紹介してきたほかのテクニックと同じく、好ましい結果を得るためには、正しい方法で実践しなくてはならない。よくある落とし穴を避けるために、以下の点に注意しよう。

●相性のよさそうな要素と課題ばかりを組み合わせない。

ある課題を担わせるのに適していそうな要素にそういう課題を担わせるだけでなく、「閉じた世界」の中の要素をランダムに選び、それに新しい課題を与えることも試みよう。画期的な発明は、意外な組み合わせから生まれるケースのほうが多い。

●当たり前の要素を見落とさない。

あまりに当たり前すぎる要素は、つい見落としがちだ。機能的思い込みに目をくもらされないように気をつけよう。要素の見落としを防ぐため、誰かの助けを借りるといいだろう。たとえば、「閉じた世界」の中になにが見えるか顧客に教えてもらうのも一つの方法だ。顧客はあなたと異なる視点から、あなたに見えていなかった要素を指摘してくれるかもしれない。自分が詳しくない分野に取り組む場合は、ネット検索も役に立つ。たとえば旅客機がテーマなら、「航空機部品」で検索すると、「閉じた世界」の内部の要素がずらりと表示されるだろう。あとは、一般に航空機と関わりのある人たちを思い浮かべて、外部の要素をリストアップしていけばいい。乗客、パイロット、航空管制官、整備士、キャビンアテンダントなどが挙がるだろう。

●複数の機能を束ねることと一石二鳥を混同しない。

スイス・アーミーナイフは、それぞれ別々の機能をもった複数の道具の集合体だ。多機能腕時計も、時計、GPS、方位磁石、カレンダー、アラームなどの機能が寄せ集められている。いずれの場合も複数の要素が一つの機器に集約されているが、それぞれの要素はばらばらだったときにも担っていた機能を果たしているにすぎず、新たな機能を担ってはいない。これは、本章で言う一石二鳥とは異なる。言ってみれば、「機能の集約」にすぎない。

●一石二鳥のテクニックの三つの方法をすべて試す。

アウトソーシング、既存の内部資源の活用、内部の要素に外部の要素の役割を担わせる、という三つの方法をすべて検討してみよう。

一石二鳥のテクニックは、「閉じた世界」の中に元々ある資源を新たな方法で活用するための手段だ。この発想法に従ってアイデアを探すと、可能性はほぼ無限に広がる。ほかのテクニックと併用すると、とくに効果がある。

たとえば、引き算のテクニックで新しいアイデアを見つけようとするときは、「閉じた世界」の中のいずれかの要素に新たな役割を担わせて、削除する要素の代替物にすることを考えてみよう。分割のテクニックを実践する際は、分割して別の場所に移動させる要素に新たな役割を与えられないかを検討するといい。掛け算のテクニックを用いる場合は、コピーした要素に新たな役割も与えよう。このような形で〈制約の中〈インサイドボックス〉〉の思考を実践すれば、いっそう価値の高い創造的なアイデアを生み出す道が開けてくる。

まとめ

画期的なテクノロジーなどの新しい要素がなくても、既存の道具とアイデアだけで
シンプルに実践できて、しかも強力なのが

一石二鳥のテクニック

一石二鳥の方法

既存の製品、サービス、プロセスの

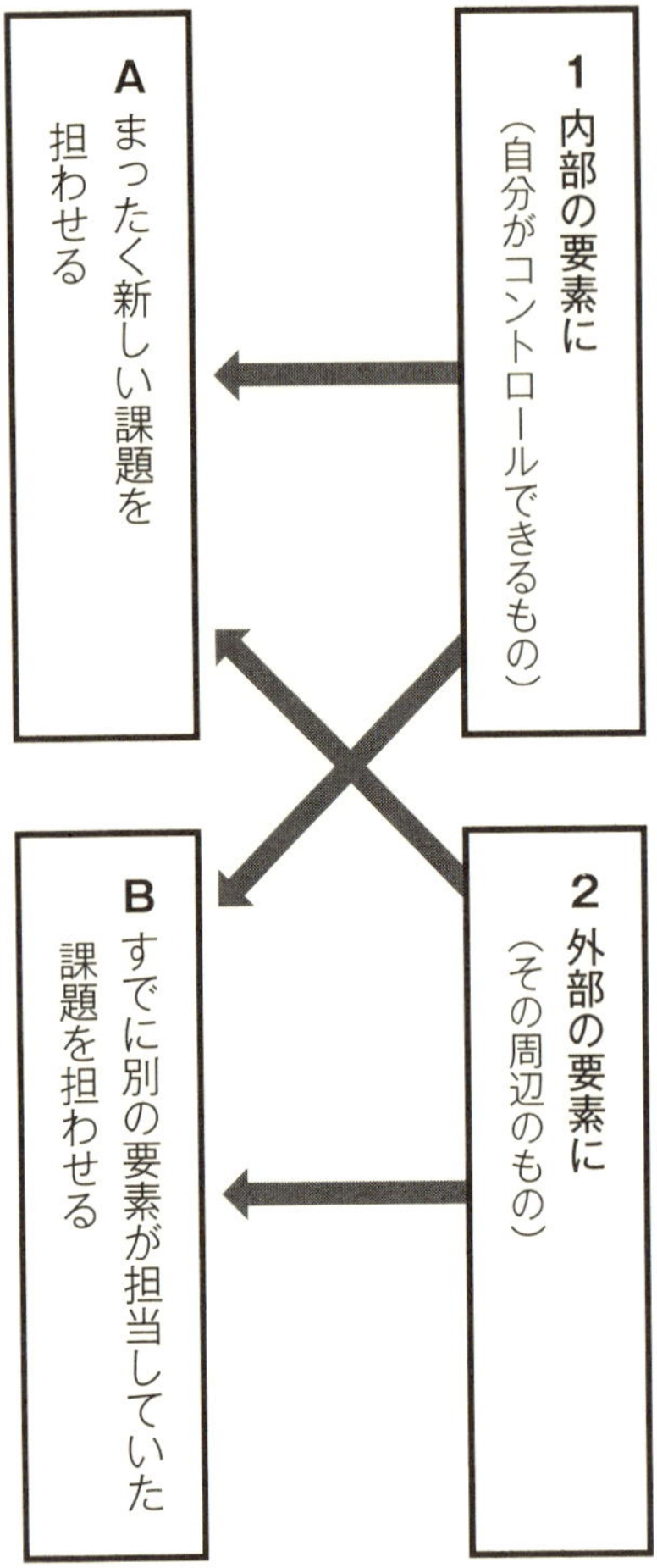

新しい視点を獲得、製品の使い方に新しい可能性が開ける！

一石二鳥の実例

① **アウトソーシング**
開発はすべて社外に任せて提供窓口だけを一本化した、iPhoneアプリ
（2×B）

② **既存の内部資源の活用**
ミュージカル劇で、俳優に楽器演奏者を兼任させて出費の抑制と新たな演出効果を実現（1×B）

③ **内部の要素に外部の要素の役割を担わせる**
一家伝来のハンマーの由来を語り継ぐために、ハンマー自体に連動したウェブサイトを作るサービス（1×B）

次章では

2つの変数を連動させる仕組みで、新たな価値を生み出す。関数のテクニックを紹介！

第6章
関数のテクニック

これらの互いに関係ない物語に共通するテーマは、
あらゆるものが**変化するが、すべてが変化する**
という事実だけは変わらないということです。
――ジョン・F・ケネディ（アメリカ合衆国第三五代大統領）、
一九六三年五月一八日、ヴァンダービルト大学の卒業式スピーチ

カメレオンのように変化するテクニック

この演説の引用は、どうして最後に近づくにつれて大きな活字で印刷されているのかと、疑問に思ったことだろう。それを説明する前に、地球上で最もとらえどころのない動物から話を始めよう。その動物とは、カメレオンだ。

そう、あの地味なカメレオンである。

カメレオンは、きわめて特殊なトカゲだ。（注1）トングのように二股にわかれた足に、左右で別々の方向を見ることができる目。体長の二倍に達するケースもある長い舌は、瞬時に口から出し入れ

できる。前後に体を揺らすような歩き方と、長い尻尾、頭部の角のような突起は、太古の時代に生きた恐竜を連想させる。優秀な野生のハンターであるカメレオンは、長い進化の歴史を生き延びてきた動物だ。しかし最も顕著な特徴は、体の色を変えることだろう。周囲の色に合わせて、ピンクになったりブルーになったり、赤やオレンジ、グリーン、黒、茶色、黄色、水色、紫になったり、あるいはもっと風変わりな色になったりする（これができるのは、一部の種類のカメレオンだけなのだが）。

自然界では一般に、物理的環境の色と動物の皮膚の色は互いに影響を及ぼさない。たとえば、犬はどういう環境に身を置こうと、体の色は変わらない。赤いビロードの寝床の中にいるときも、公園で遊んでいるときと同じ色だ。ところが、カメレオンはほかの大半の動物と違って、周囲の物理的環境に応じて皮膚の色が変わる。

そんなカメレオンよろしく、ある要素に合わせて物体やプロセスの別の要素が変わるようにすること――それが本章のテーマ、「関数」のテクニックである。〈制約の中（インサイドボックス）〉でイノベーションを成し遂げるために、互いに関係のない二つの要素を選び、それらを連動させる。ただし、それにより、なんらかのメリットを生み出せなくては意味がない。その点は肝に銘じておくべきだ。

意味のある連動、意味のない連動

章の冒頭に記したケネディの演説の引用も関数の例だ。前章まで本書の活字はすべて、その言葉が本の中で担う機能に合わせて決まっていた。いちばん大きな活字で記されているのは、本のタイトル。章タイトルは小見出しより大きく、小見出しは本文と違って太字になっている。つま

【図6-1】ケネディの演説

これらの互いに関係ない物語に共通するテーマは、
あらゆるものが**変化するが、すべてが変化する**
という事実だけは**変わらないということです。**

り、活字のサイズと種類は重要性に連動していると言える。

しかし、章冒頭の引用（図６－１に再掲した）で採用されているのは、これとは別のタイプの関数だ。センテンス内の言葉の位置に合わせて、活字の大きさと種類が決まっている。活字のサイズは、センテンスの終わりに近づくにつれて大きくなっていく。

ここには関数の関係が成立しているが、なんのメリットも生み出せていない。カメレオンが関数で大きなメリットを得ているのとは大違いだ。カメレオンは環境に合わせて皮膚の色を変えることにより、捕食者から身を隠せるし、餌食からも身を隠せるので捕食もしやすくなる。本の活字に関して言えば、言葉の位置に合わせてサイズを決めることにはメリットがないが、言葉の役割に合わせてサイズや種類を変えることには意味がある。イノベーションをめざすのであれば、関数のテクニックにより新しい価値を生み出すようにすべきだ。

カメレオン以外にも、自然界には関数の実例がたくさんある。キリンはとても背が高いので、ほかの平均的な大型動物に比べて血圧が約二倍も高く、体の大きさに対する比で見た場合、ほかのどの動物よりも心臓が大きい。(注2) その大きさは、直径六〇センチ、重さ一〇キロほど。これくらい大きな心臓をもっていないと、長い首の上に乗っている脳に、酸素を含む血液を押し上げられないのだ。

このようなシステムが備わっているおかげで、キリンは長い首で高い

【図6-2】なにげないキリンの姿勢に関数が働いている

場所の葉を食べ、脳に十分な酸素を送り届けられる。しかし、問題もある。キリンが地面近くまで首を下げると、頭部が心臓よりかなり低くなる（図6－2参照）。もし、このとき脳に大量の血液が一挙に流れ込めば、脳の血管が破裂しかねない。低い場所の水を飲むだけで、命の危険にさらされる恐れが出てくるのだ。

キリンが生きていくためには、首を上に高く伸ばしているときと、地面近くに低く下げているときの両方の体勢に対処できるように、血圧を調整するメカニズムが必要だ。その点、キリンには、首の上部に複雑な血圧制御システムが備わっており、頭を低く下げたときに、過剰な量の血液が脳に流れ込むことを防いでいる。これも関数の一例と言えるだろう。脳に流れる血液の量が、頭の位置に連動して決まっているからだ。

赤ちゃんをやけどさせない哺乳瓶

関数のテクニックは、本書で紹介するテクニックのなかで難しい部類に属するが、既存の製品を改善したり、新しい製品を生み出したりするために、非常によく用いられている。あらゆるイノベーションの三五％は、このテクニックを通じて成し遂げられているくらいだ。(注3) カメレオンのように色が変わるのは、自然界では珍しい現象かもしれないが、ビジネスの世界では、食品業界を中心にこれと同じ発想に基づいた画期的な製品がいくつも登場している。その実例をいくつか見てみよう。

朝の出勤途中にコーヒーショップでコーヒーを買うのが習慣の人にとっては、注目すべきニュースがある。近い将来、持ち帰り用カップの蓋が変わるかもしれない。温度によって色が変わる素材を使うことで、新しいタイプの蓋が開発されたのだ。この蓋は、未使用のときや中身が冷たいときは茶色で、温かいコーヒー（もちろん、紅茶党の人は紅茶でもいい）を注がれると鮮やかな赤に変わる。そして、中の飲み物が冷めると、だんだん元の茶色に戻っていく。購入者はカップの蓋を見るだけで、飲み物が熱すぎないか（あるいは十分に温かいか）がわかる。

赤ちゃんを育てている親は、ミルクを温めて飲ませるとき、熱すぎるミルクでやけどさせないように気をつけなくてはならない。その点、二〇年以上にわたりベビー用品をつくってきたロイヤル・インダストリーズ社のピュール・ブランドが売り出した哺乳瓶は、ミルクの温度が三八度を上回ると色が変わるようにできている。この哺乳瓶があれば、親は安心してわが子にミルクを飲ませられる。

関数のテクニックという方法論は知らなかっただろうが、温度と色の関数を食品業界で活用した先駆者としては、J・M・スマッカー社の「ハングリー・ジャック」ブランドのシロップを挙げることができる。このシロップをボトルごと電子レンジで温めると、一定の温度に達したときに、ラベルの色が変わるようにできている。

温度と色の関数の関係は、冷やして飲みたい飲料にも活用できる。スペインのワインメーカー、マル・デ・フラデスは二〇〇三年、白ワインの「アルバリーニョ」のラベルに、温度に反応するインクを使用し、ワインが十分に冷えているかどうかわかるようにした。適温の一〇度前後まで冷えると、ラベルに描かれた海の上にブルーの船があらわれるのだ。

アインシュタインの中にモンローがいる？

関数の関係は、変化する余地がある要素（変数と呼ばれる）相互の間でなければ成り立たない。変化する可能性がない要素は、それをどういう環境に置こうと、また、それにどういう操作を加えようと、つねに同じ状態のままだからだ。たとえば、人間の鼻。『ピノキオの冒険』の主人公ピノキオは、嘘をつくと鼻が伸びる。嘘をつけばつくほど、鼻がぐんぐん伸びる。この場合は、嘘をつくことと鼻の長さの間に関数の関係がある。しかし、これはお話の中の設定だ。現実の世界では、こんなことはありえない。人間の鼻は、関数のテクニックを実践する場合の有望な候補とは言いがたい。

一方、ハングリー・ジャックのシロップはどうか？　ボトルの中のシロップは、量、温度、濃さ、色、味など、変わる余地のある要素がたくさんある。したがって、シロップは関数のテクニックをおこなう候補となりうる。

二つの変数を見いだしたら、次は、両者の間に関数の関係をつくり出す。すなわち、一方の変数が変われば、それに連動してもう一方も変わるようにするのだ。そういう関係を「従属関係」とも呼ぶ。

本章ではすでに、関数の実例をいくつも見てきた。カメレオンの皮膚の色は、周囲の環境に従属する。ピュールの哺乳瓶の色は、ミルクの温度に従属する。本書の活字は、それぞれの言葉が担っている機能に従属しているが、章冒頭のケネディの引用だけは、センテンス内の言葉の位置に文字サイズが従属している。

次は、あなたをアッと驚かせるような例を紹介しよう。図６－３を見てほしい。ある有名人の顔が見えただろうか？

たいていの人は、まずアルバート・アインシュタインの顔に気づく。しかし、この画像には、もう一人の有名人の顔が隠れている。アインシュタインは見えたけれど、もう一人の顔が見えないという人は、なんらかの方法で画像に目の焦点が合わないようにするといい。眼鏡をしている人は、眼鏡をはずして写真を見る。そうでなければ、本を遠く離して、ぼやけて見えるようにする。どうだろう？　それでもだめなら、度数の合わない眼鏡を借りてみよう。

さあ、どうだろう？　マリリン・モンローの顔が見えただろうか？　（最初からモンローが見えた人は、眼科医に相談したほうがいいかもしれない）

これも関数の実例だ。この場合、二つの変数はなんだろう？　言うまでもなく、一つの変数は画像だ。では、もう一つの変数は？　そう、見る人の視力だ。十分な視力の持ち主や、眼鏡で視力を矯正している人は、アインシュタインが見える。けれど、眼鏡をはずしたり、本を遠くに離したり、度の合わない眼鏡をかけたりすると、モンローが見えてくる。

この画像は、二〇〇七年三月三一日号の『ニュー・サイエンティスト』誌に、マサチューセッツ工科大学（ＭＩＴ）のオーデ・オリヴァー博士が発表したものだ（注４）。この種の「ハイブリッドイメージ」と呼ばれる画像は、目の錯覚を楽しむためだけでなく、脳が視覚的情報を処理するプロセスについて理解を深める手立てとして用いられている。ハイブリッドイメージの土台にある考

【図6-3】画像の顔は誰？

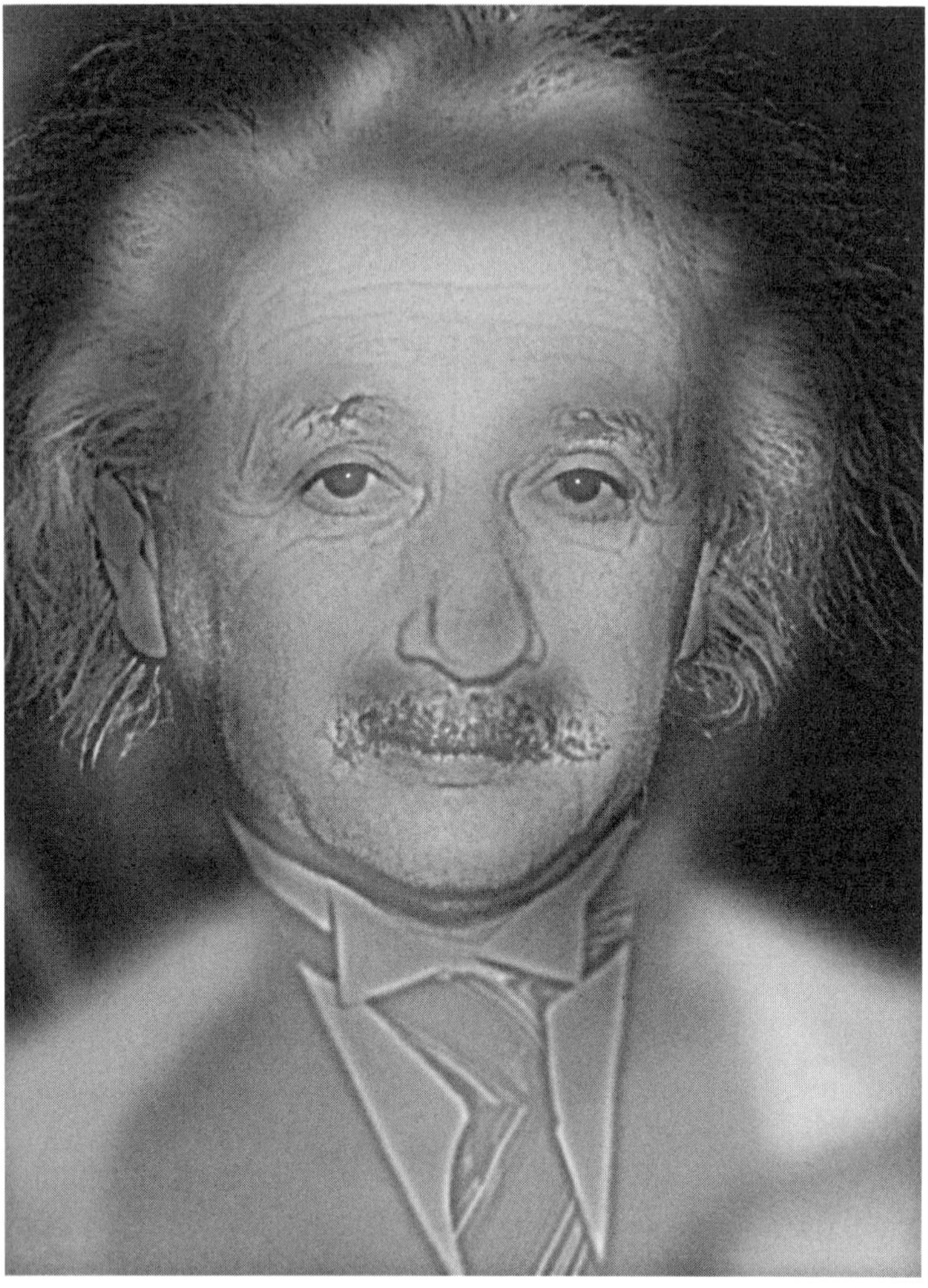

え方は、昔からある。画家たちは（意識的にせよ無意識にせよ）関数のテクニックを使って作品をつくってきた。ゴッホの代表作『星月夜』を例に見てみよう（図6－4）。

至近距離で見ると筆の軌跡の集合体にしか見えないが、一歩下がって見ると、美しい風景が目に飛び込んでくる。絵から離れるほど、筆の軌跡が全体の一部として見えるようになり、全体が意味のある画像に見えてくる。ここでは、筆の軌跡と距離の間に関数の関係が存在している。

では、製品やサービスにイノベーションを起こすために、具体的に関数のテクニックをどのように活用すればいいのか？　このテクニックは本書のほかのテクニックより実践するのが難しいが、成功すれば得るものはきわめて大きい。

欠陥ロウソクの使い道を発見しよう

あなたがロウソク工場の工場長に就任したとしよう。すると就任早々、大きな危機が持ち上がる。そこで、インサイドボックス思考法によりイノベーションをおこない、それを克服してみたい。しかしその前に、まずロウソクづくりの基礎を説明しておこう。

あまり知られていないが、ロウソクは意外に複雑な製品だ。ロウソクは、固形のロウが燃料になっている。ロウがなければ、芯に火をつけても数秒で消えてしまう。しかし、ロウだけあればいいわけではなく、芯がなければ、固形のロウに火をつけることはできない。ロウソクの炎が形成される原理は、おおよそ以下のとおりだ。

1　芯につけられた火の熱がロウソクの上部を溶かし、ロウが液体状になる。
2　毛細管現象により、芯が液状のロウを吸い上げ、ロウが火に近づく。すると、火の熱でロ

【図6-4】名画『星月夜』も関数のテクニックを使っている

フィンセント・ファン・ゴッホ『星月夜』1889年6月、サンレミ（フランス）
油彩　73.7 cm × 92.1 cm (29.0 in × 36.3 in)
ニューヨーク近代美術館所蔵（リリー・P・ブリス遺贈）

ウが気化し、それが炎になって燃える。

3　こうして、気化したロウと酸素が適量ずつ混ざり合い、炎が形成され続ける。

昔は固形のロウソクではなく、器にオイルを入れてそこに芯を浸したものを使っていた。なぜ、それが固形のロウを使うように変わったのか？　その理由としては、次の二つの可能性が考えられるだろう。

1　市場のニーズにより、背の高いロウソクが求められるようになった。あるいは、液体のオイルが入った容器を倒す危険を避けたいというニーズが強まってきた。

2　一石二鳥のテクニックにより、イノベーションの背中が押された。すなわち、燃料が燃料としての役割だけでなく、燃料と芯を収納する容器の役割も担うようにすれば、オイルの容器をなくせるけれど、そのためには燃料の形態を変える必要がある――そういう発想でイノベーションが成し遂げられた。

どちらのシナリオが本当かはわからないが、ロウソクが進化してきたメカニズムには、この製品をさらに進化させるためのヒントが潜んでいるかもしれない。

さて、ロウソク工場の工場長として、あなたに試練に立ち向かってもらうことにしよう。準備はいいだろうか？

ある朝、現場責任者たちから報告が上がってきた。夜勤の時間帯に製造されたロウソクに異常

【図6-5】欠陥ロウソクにメリットを見つけ出せるか

既存のロウソク

新たなロウソク

どんなメリットが？

があるという。ロウソクの外側が溶ける温度が、内側が溶ける温度より高いというのだ。現場責任者たちは、原因を解明できずにいた。このままでは、そのロウソクを廃棄しなくてはならないし、原因がわからなければ、また欠陥品ができてしまうかもしれない。さあ、あなたはどういう指示をするだろう？　大半の工場長はこう指示する――「どれだけ費用や人手をつぎ込んでもいい。明日までに、問題を解決しろ！」。

しかし、あなたはありきたりの工場長とは違う。ロウソク製造のベテランだし、本書をここまで読んできて、インサイドボックス思考法のイノベーション方法、とくに関数のテクニックを学んでいる。あなたは、目の前の問題が関数の二条件を備えていることに気づくだろう。まず、二つの変数が存在している。そして、一方の変数がもう一方の変数に連動している。

この日まで、ロウが溶ける温度は、ロウソクのどの部分でも変わりがなかった。ロウソクの内側も外側も同じ温度で溶けていた。しかし、この日つくられた欠陥品のロウソクは、中心から離れるほど溶ける温度が高い。言い換えれば、外側に行くほど溶けるのが遅い。

あなたは、単に問題を解決するよりもイノベーションを起こすことに関心をもつタイプの人間だ。欠陥品のロウソクが関数の条件を満たしていることに着目し、この危機をビジネスチャンスに転換できないかと考える（ソフトウェア企業では、製品がうまく作動しないとき、こう言うわけだ）。――「これはミスじゃない。そういう機能なんだ！」。あなたもそういう発想で臨もうというわけだ）。「機能は形式に従う」の原理で、形式から出発し、その形式が生み出せる新しい機能を探そうとするのだ。

その場合、あなたが取るべき最初のステップは、現場責任者たちにこう問うことだ。この欠陥品をそのまま売り出した場合、消費者にとって従来品とどういう違いが生まれるか？　現場責任者たちはすぐに答えを述べるだろう。ロウソクの部分によって溶ける温度が違うので、火をつけたあと溶けていく過程のロウソクの形状が従来品とは異なる。具体的には、内側のほうが速く溶けるので、内側がへこんだ状態になる（図6－5参照）。

では、そのようなロウソクに対して、どのようなニーズがあるか？　つまり、そういうロウソクにメリットを感じる消費者はいるか？　その商品には、どういう新しい価値があるのか？　ワークショップや大学の授業でこの問いを投げかけると、受講生たちはものの三分もたたないうちに、以下のような利点に気づく。

1　新しいロウソクはロウが垂れない。高価なテーブルクロスを台なしにせずにすむし、バースデーケーキなどの食品に刺して使うときも都合がいい。
2　風が吹いても炎が消えにくい。野外で使うときに好都合だ。
3　ロウが垂れないので、それだけロウソクが長持ちする。
4　新たな美的可能性が開ける。ロウソクには芸術品的な性格もある。新しいロウソクは、デザイナーたちに新しい選択肢を提供できそうだ。

幸運なアクシデントを待つな！

実際には、関数のテクニックでイノベーションを実践するために、ロウソク工場のようなトラブルが持ち上がるのを待つ必要はない。問題が発生しなくても、このテクニックを使って新しい製品をつくり出したり、既存の製品を大きく改善したりできる。

ところが、たいていの人はそうしない。日々繰り返しているプロセスがとくに問題なく進んでいれば、わざわざものごとを分析しようという気にならない。トラブルや異常事態が発生してはじめて分析に乗り出すのだ。「偶然」や「幸運なアクシデント」がイノベーションの肥沃な土壌だと思っている人は多い。あなたも、偶然のきっかけで大きな発明や発見がなされたエピソードを聞いたことがあるだろう。問題は、そうした発明や発見が、本当に偶然のおかげで成し遂げられたのかという点だ。実際は、アクシデントがイノベーションにつながる場合よりも、失敗をもたらす場合のほうが多いだろう。フランスの細菌学者ルイ・パスツールは、「チャンスは備えある者だけに訪れる」（傍点筆者）と述べている。(注5)

イノベーションはたいてい、パターンを踏襲することで実現されてきた。本書で紹介してきた五つのテクニックは、そうしたパターンをまとめたものだ。ときには、欠陥ロウソクの例のように、幸運なアクシデントにより、いずれかのテクニックに当てはまる状況が生まれるケースもあるだろう。しかし、めったにない幸運なアクシデントを待つのはあまりに非効率だ。本書のテクニックを計画的に実践して、新しいチャンスを切り開こう。そうすれば不毛なアクシデントの数々を経験せずにすむ。

宅配ピザの三〇分キャンペーン

ここまでは、関数のテクニックで製品にイノベーションを起こす事例を見てきた。しかしこのテクニックは、形のある製品だけでなく、目に見えないサービスやプロセスにも使える。宅配ピザの例を見てみよう。

宅配ピザ大手のドミノ・ピザは一九七三年、注文から三〇分以内にピザを届けることを保証するキャンペーンを開始し、もし間に合わなければ料金を受け取らないと約束した。(注6)このキャンペーンは大きな話題を呼んだ。ピザを無料で手に入れたいあまり、家の前の照明を消したり、エレベーターを止めたりするなど、あの手この手で配達を遅らせようとする顧客もいたほどだった。このキャンペーンで、ドミノ・ピザの名前は広く知られるようになった。

キャンペーンは、その後二〇年間続いた（ただし一九八〇年代半ば以降は、ピザの無料提供をやめて三ドル割引に変更）。しかし一九九二年、同社はこのキャンペーンが原因で、インディアナ州のある一家に二八〇万ドルの賠償金を支払うことになった。配達員のオートバイと衝突した女性が不幸にも死亡したのだ。配達員は、三〇分以内に届けなくてはならないという重圧を感じてあわてていたのだろうと考えられている。その翌年にも同様の事故が起きた。このときは、配達員が信号無視をして、ある女性の自動車に激突したのだ。同社は、「無責任で不注意な配達がおこなわれているというイメージ」が広がることを恐れて、キャンペーンの打ち切りを発表した。

ドミノ・ピザはそれ以来、これに匹敵する強烈なマーケティングメッセージを見つけ出せずにいる。「私がこの会社に加わって九年、三〇分キャンペーンを再開できないかと、くよくよ考えなかった日はないだろう」と、ＣＥＯのデーヴィッド・ブランドンは述べている。二〇〇七年、同社は「お届けまで三〇分間、ご自由にお過ごしください」というキャッチコピーを打ち出したが、往年の三〇分キャンペーンとは決定的な違いがあった。今回は、返金（割引）保証をおこなわなかったのだ。

最近の調査によると、ドミノ・ピザの顧客の約三〇％は、同社を三〇分配達の宅配ピザチェーンとして認識している。一九九三年以降、三〇分キャンペーンの広告はおこなっていないのに、である。ドミノ・ピザはいまも配達時間短縮の努力を重ねているが、時間短縮の舞台はおおむね厨房内に変わった。配達員には、速度制限を守って運転するよう厳しく言い渡している。「裁判所行きの船の船長にはなりたくありませんからね」と、ブランドンCEOは言っている。

お気づきのように、絶大な効果を発揮した三〇分キャンペーンは関数のテクニックの実践例だ。テクニックの分析に入る前に、このキャンペーンにどういうメリットがあったのかをまず確認しておこう。配達に時間制限を設けたことにより、同社はライバルに対して大きな強みを獲得できた。

1　時間に遅れれば無料でピザを提供すると約束することにより、強い自信を暗に表現できた。スピードに自信があるからこそ、無料保証というリスクを背負えるとアピールできる。

2　無料保証をおこなうことにより、顧客にある種のエンターテインメントを提供できた。いまでこそ、同様の保証をおこなっている宅配ビジネスは珍しくないが、当時はきわめて斬新なサービスだった。

3　ピザの宅配を時間との競争に変えたことで、顧客は三〇分を短く感じるようになった。その結果、「最速の宅配ピザ」というイメージがいっそう強まった。

この点を理解するために、簡単な思考実験をしてみよう。まず、目を閉じて、自分が電話でピザの宅配を注文したと想像する。そのあと一〇分間、ピザが厨房でつくられているところを思い浮かべる。そして、完成したピザを配達員がもってくるまでに最低で一〇分はかかると計算する。そこで、注文して二〇分後、あなたは食事のためにテーブルを整え、時計とにらめっこを始める。あと一〇分、ピザが届かないでくれと念じながら。そういうとき、あなたは、時間の経過をはやく感じるだろう。

このキャンペーンの成功とドミノ・ピザの躍進は、関数のテクニックの威力を実証するものと言えるだろう。

以前から、おいしくてアツアツのピザを迅速に宅配すると約束するピザチェーンはあったが、ドミノ・ピザが三〇分キャンペーンを始めるまで、ピザの値段は配達時間に従属していなかった。ピザの値段は一定不変だったのだ。しかしドミノ・ピザは、ピザの値段を配達時間に連動させるという、新しい関数の関係をつくり出した。三〇分以内に配達されれば、顧客は定価どおりの料金を支払わなくてはならないが、配達が遅れれば、無料で（のちには割引料金で）ピザを受け取れる。典型的な関数のテクニックだ。関連づけられている二つの変数はピザの価格と配達時間で、前者が後者に従属している（時間が長くなると、価格が安くなる）。

関数のテクニックを活用した宅配ピザチェーンは、ドミノ・ピザだけではない。のちに、ライバルのピザハットがオーストラリアで新手のキャンペーンを打ち出した。配達時間ではなく、ピザの温度に価格を連動させることにしたのだ。キャッチコピーは、「冷たいピザを食べるのはもう終わりです」。ピザの箱に特殊なステッカーを貼り、十分に温かければ、「ホット」という文字があらわれるようにした。そして、顧客の元に届いたときにその文字が見えなければ、料金を受け取らない、と発表したのである。

末期癌の保険金が先にもらえたら

映画『最高の人生の見つけ方』(注7)では、自動車整備工のカーター・チェンバーズと大富豪のエドワード・コールが病院で知り合う。末期癌と診断された二人は、一緒に治療を受けるうちに友達になる。よき家庭人のカーターは、歴史学の大学教授になることを夢見ていたが、「無一文の黒人で、妻が妊娠した」ために夢をあきらめざるをえなかった。一方のエドワードは四回の離婚経験の持ち主で、暇つぶしに秘書をいじめることを楽しみにしている。いちばん好きなコーヒー豆の品種コピ・ルアクは、世界でも指折りの高価なコーヒーだ。

ある日、エドワードはカーターの「棺桶リスト」を読む。棺桶に入る前にやりたいことのリストだ。エドワードは、リストの内容をすべて実行するようカーターに促し、自分も同様のリストをつくり、二人分のリストを実行するための金を出そうと申し出る。こうして二人は、世界一周のバカンスに旅立つ。スカイダイビングをし、ピラミッドに登り、北極点の上を飛行し、南フランスの古城ホテル「シャトー・ドゥ・ラ・シェーブル・ドール」でディナーを楽しみ、インドの美しい史跡タージ・マハルを訪ね、中国の万里の長城でオートバイに乗り、アフリカの大自然に野生動物を見に行く……。

エドワードの癌は寛解したが、カーターの病状は進行していった。ある日、最後に病室を見舞ったエドワードに、カーターが言う――エドワードがお気に入りのコピ・ルアクのコーヒー豆は、ジャングルのジャコウネコのフンの中から取れる未消化の豆なんだよ、と。そして、この衝撃の事実を告げたあと、カーターは笑い転げる。これで棺桶リストの中の「涙が出るまで笑う」という項目もやり遂げた。エドワードはカーターの葬儀で述べた――自分たちは赤の他人だったが、カーターの最後の三カ月を一緒に過ごせたことで、自分は人生で最高の三カ月を送れた、と。

こんなことが現実の世界でありうるだろうか？　人生の最後の数カ月を楽しむために、お金をたっぷり提供してくれる人があらわれることなど、考えられるだろうか？　あるいは、質の高い医療を受けたり、せめて死期を遅らせたりするための資金を、誰かがプレゼントしてくれることなど、あるだろうか？（多額のお金が手に入れば、病気が完治することはなくても、最後の日々がいくらかは楽しく快適になるかもしれない)。現実離れした夢物語だと思うだろう。確かに、エドワードのような人物と巡り合える可能性は限りなくゼロに近い。でも、保険会社なら、似たような役割を果たせるかもしれない。

生命保険ではたいてい、死亡保険金は本人の死後に遺族の生活を支えるために支払われる。それを変更して、回復の見込みが乏しい病気と診断された時点で保険金が支払われるようにしたらどうだろう? 保険会社にとっては、大きな変更ではない。いつ顧客に保険金を支払うかというタイミングが変わるだけだ。一方、顧客にとっては大きな違いだ。死ぬ前にまとまった金が入ってくれば、選択肢が大きく広がる。たとえば、もっと充実した医療を受けることもできるだろうし、家の住み心地を改善することもできるだろう。あるいは、人生でやり残したことがないように、大自然に旅立ってもいいだろう。

価格をほかの要素に連動させる

関数のテクニックを実践しようとする場合は、価格をほかの要素に連動させることを検討するとうまくいくケースが多い。

たとえば、大手百貨店メーシーズのサンフランシスコの店舗はある夏、「男の夜のお出かけ」キャンペーンの一環として、話題づくりのためにユニークなセールをおこなった。特定の日の午後五時の気温に連動させて、メンズのブランドものの防寒・防水ジャケットの値段を決めることにしたのだ。関数のテクニックそのものである。具体的には、ジャケットの値札が一四〇ドルだったとしても、外の気温が華氏七一度(摂氏二一・七度相当。夏のサンフランシスコの夕方としては平均的な気温だ)であれば七一ドルで売る(サンフランシスコより寒い地方でこのキャンペーンをおこなえば、消費者はもっとうれしいが、温かい地方ではそれほど喜ばれない、ということになる）。

商品やサービスの価格は、ほぼあらゆる要素に連動させることが可能だ。ファストフードチェーンのなかには、メニューの種類ではなく、ブッフェ形式で重さによって価格が決まる店も多い。これなら、店側はサービスを提供する手間が省け、顧客の側は手ごろな価格で、自分の食事をカスタマイズしたという満足感を味わえる。一部の国では、食べたメニューの種類や量ではなく、食事時間に応じて料金が決まるレストランもある。また、レストランで気温と料金を連動させれば、寒い日に客を店に呼び込めるかもしれない。

市場を見渡すと、商品やサービスの外部の変数に連動して価格が決まっているケースは珍しくない。常連客向けの割引や、友達を紹介した顧客向けの割引など、すっかり定着していて、いまでは創造的と考えられていない仕組みも多いが、それらも最初はきわめて創造的なアイデアだったのだ。

もし、個々の読者の興味の度合いに応じて書籍の値段が変わるようにできれば、関数のテクニックの実践例として興味深いだろう。たとえば、創造性とイノベーションに関心をいだいて本書を読む読者に、とくに高い値段を支払ってもらおうという発想だ。しかし私たちは、この戦略を採用するように出版社を説得しようとは思わない。個々の読者にとっての関心の度合いを客観的に測定する方法は、おそらく見つからないからだ。それに、価格をいじることに、企業が及び腰になるのは理解できる。企業がなんらかの創造的な選択をすると、事前の想定とは正反対の結果を生むことがしばしばある。価格そのものや価格の決定方法を変える場合も例外ではない。

デルタ航空は以前、利用客がオンラインで航空券を購入しない場合に、料金に二ドル上乗せする方針を発表したことがあった。同社としては、オンライン以外で航空券を販売する場合には余計な手間がかかり、そのためのコストは二ドルだと言いたかったわけだ。会社側はごく当たり前のことをしたつもりだったが、コンピュータをもっていなかったり、コンピュータが苦手だったりする消費者は激しく反発した。差別待遇だと感じたのだ。消費者はあらゆる機会を通じて、デルタ航空を攻撃し、割増料金への怒りを表現した。お金が関係すると、差別という批判を招きやすい。デルタ航空は、オンラインで購入しない利用客に割増料金（要するに罰金）を科すのではなく、オンラインで購入する利用客に割引をおこなうという形にすれば、同じ内容の価格制度をもっと好意的に受け入れてもらえただろう。

コカ・コーラが自動販売機のアイス飲料に関して、気温の上昇に連動させて価格を引き上げる方式を導入するという噂が流れたときも、同様のことが起きた。抗議の声が広がり、コカ・コーラはこのアイデアを断念せざるをえなかった。

ほとんどの場合、企業はその気になれば製品やサービスの価格を動かせる。価格を変えるだけなら、製品を設計し直したり、サービスの内容を変えたりする必要もない。しかし、これらの事例からも明らかなように、あらかじめ十分な（ときにはかなり複雑な）分析をおこない、それがどういう結果をもたらすか検討することを忘れてはならない。価格に関しては、つねに細心の注意が不可欠だ。

アイスティーの固定観念を疑う

人々が関数のテクニックを用いるのを妨げるのは、固定観念だ。関数の関係はどのような局面にもつくり出せるが、ほとんどの人は、世界が固定的で変わらないものと思い込んでいる。もちろん、季節が移り変わることは知っているし、時間が飛ぶように過ぎていくことも知っている。太陽が沈むと、暗くなり気温が下がることも知っている。しかし、ある要素が変化すると別の要素も連動して変化するという関係が成り立つとは、はっきり意識していない。たとえば、その場の明るさによってレンズの色が変わる眼鏡――夜間や屋内では透明で、昼間に屋外にいるときはサングラスのように濃い色になる――をつくることは、なかなか思いつかない。以下では、固定観念を壊すプロセスについて飲料業界の例を見てみよう。

ネスティーは、ネスレとコカ・コーラのグローバルな合弁事業であるビバレッジ・パートナーズ・ワールドワイド（ＢＰＷ）のアイスティーブランドだ。ユニリーバとペプシコが展開するリプトン・アイスティーとは競合関係にある。両ブランドともに、濃縮ポーションや粉末に始まり、パック飲料、ボトル詰め飲料にいたるまで、さまざまな紅茶関連製品を販売している。

多くの先進国市場でトップシェアを握っていたのはリプトンで、ネスティーはその後塵を拝していた。そこで、ＢＰＷの紅茶製品マーケティング責任者のレイナー・シュミット（注8）は、関数のテクニックを使って世界のアイスティー市場の勢力図を塗り替えようと考え、インサイドボックス思考法のベテランのトレーニングスタッフであるグーズ・シャレヴとエレズ・ツァリクの助けを借りることにした。

それまで、紅茶メーカーが新製品を開発する際のアプローチと言えば、市場のトレンドを分析し、そこに潜んでいる消費者ニーズに合わせた商品をつくるというものだった。業界全体に固定観念が根を張っていて、小手先の漸進的なイノベーションに終始してきたのだ。シュミットはそういう状況を変えたかった。もっと革命的な変化を起こす必要があると思っていたのである。

シュミットは多国籍チームを組織し、ドイツ人の幹部たち、ドイツの広告代理店の代表者、イタリア人の研究開発専門家、東ヨーロッパの代表者たちなどもメンバーに加えた。なんとしてもイノベーションを成し遂げたいと、強く願っていた。市場でシェア拡大に苦労している現状を打破するためには、市場そのものを大きく変えるような新製品が必要だと考えていたからだ。

話し合いを始めてしばらくして、メンバーの一人が発言した――関数の関係をもたせる変数の候補として、時間、とくに季節はどうだろう？　これをきっかけに、活発に意見が交わされはじめた。グーズとエレズはほほ笑んだ。長年、インサイドボックス思考法のトレーニングスタッフをしていると、こういう決定的な瞬間に度々立ち会える。「夏にはアイスティーをよく飲むけど、冬はあまり飲まない！」と、一人が言った。「どうする？　冬には、ホットのアイスティーを売る？」

一通り意見が出尽くすと、メンバーはそれらのアイデアを検討した。わかったのは、「人々は夏にアイスティーを飲み、冬にホットティーを飲む」という前提を疑ってみる以外に、紅茶市場に対する固定観念を打ち破る方法はないということだった。

「夏はアイス、冬はホット」という前提はおおむね正しいが、冬にアイスティーを売る方法を見いだせれば、大きな収益をあげ、リプトンからシェアを奪えるかもしれないと、メンバーは考えた。そういう製品を開発できれば、一年通して売り上げが落ちないし、寒い国でもビジネスを拡大できる。

それまでイノベーションを妨げていたのは、「『アイスティー』は冷たい状態で飲むもの」という思い込みだった。もし、電子レンジですぐに温められる「アイスティー」を開発できたらどうだろう？　それも、消費者が熱湯とティーバッグでつくるホットティーよりおいしい紅茶を売り出せたら？

こうして誕生したのが、ネスティーの「ウィンター・コレクション」だ。冬にそのまま室温で飲んだり、温めて飲んだりするためのアイスティーである。この新シリーズにより、BPWは新しい市場をつくり出し、冬場に売り上げが落ち込むというパターンを抜け出すことに成功した。

この場合、関数の二つの変数は、紅茶の風味と季節だ。たとえば、この新シリーズの一つとして売り出された「ネスティー・スノーウィーオレンジ」は、クリスマスシーズンを意識して、オレンジとハチミツと香辛料のクローブ（それにビタミンC）を加えたものだ（ボトルも冬らしいデザインにした）。

アイスティーは夏だけの飲み物だという固定観念を壊したことで、どのような成果がもたらされたか？　ネスティー・ブランドの売り上げは、なんと一〇％も上昇したのである。

関数のテクニックの進め方

ここまでいくつかの実例を通じて、関数のテクニックの有効性を示してきた。以下では、あなたが実際にイノベーションをめざす際に、「閉じた世界」内ですでに関数の関係にある変数を、あるいは新たに関数をつくり出せそうな変数を見つけ出す手引きをしたい。

「閉じた世界」内のさまざまな変数を洗い出すコツがつかめれば、最もイノベーションに結びつきそうな「ペア」をすぐに発見できるようになるだろう。ただし、この作業には手間がかかる。実例をもとに、方法を説明していこう。

関数のテクニックの効果を最大限引き出すためには、以下の六つのステップで進めるべきだ。最初の四つのステップは、ほかの四つのテクニックと大きく異なる。

① 変数をリストアップする。

② 表をつくり、その縦と横に変数を割り振る。

③ 現在の市場の状況に基づいて、表に記入する。

④ どのような関数を生み出せる可能性があるかに基づいて、表に記入する。

⑤ 以下の問いを自分に問いかける。関数の関係をつくり出したことで生まれた製品やサービスには、どのようなメリット、価値、市場があるか？　どういう人がそれを欲しがるのか？　その人は、どういう理由でそのニーズをいだくのか？　特定の問題を解決しようとしているのなら、関数をつくることが問題解決にどのように役立つのか？

⑥ その新しい製品やサービスが価値あるものだと思えた場合は、次のように自問する。そのアイデアは実現可能か？　そういう製品を実際に製造できるか？　そのサービスを提供できるか？　どうして可能なのか？　あるいは、どうして不可能なのか？　アイデアの実現可能性を高めるために、修正したり、磨きをかけたりできる点はないか？

以下では、エクササイズとして、創造性を発揮する余地がほとんどなさそうに見える単純な製品にイノベーションを起こしていくことにする。その製品とは、赤ちゃん用の軟膏だ。ある大手の化粧品・医薬品企業の経営陣が新たに赤ちゃん用の軟膏を売り出したいと考えた。新製品を成功させるためには、既存製品にはない明確なメリットをもたせなくてはならない。この会社のブランドイメージは強力だが、赤ちゃん向けの軟膏とはこれまで無縁だった。したがって、消費者にとって意味のある明確な強みをもった製品をつくる必要がある。

イノベーションを起こすための検討作業に入る前に、まず製品と市場についてよく知っておかなくてはならない。赤ちゃん用の軟膏は、赤ちゃんの敏感な肌の肌荒れの痛みをやわらげ、肌を守り、肌荒れの再発を防ぐための製品だ。肌荒れはたいてい、汚れたオムツに長時間触れ続ける鼠径部に生じる。

この種の製品は、一九〇〇年代初頭に誕生して以来、ほとんど変わっていない。構成要素は、油脂性の基剤、保湿剤、有効成分。既存のブランド間の違いは、軟膏の粘度と、保湿剤と有効成分の濃さだけだ。

ではまず、第一のステップから見ていこう。

●ステップ1　変数をリストアップする。

ほかのテクニックと同様、最初のステップはリストをつくることだ。ただし、ほかと異なり、製品やサービスの「閉じた世界」内の要素をすべて洗い出すのではなく、変数、つまり要素の性質のなかで変化する余地のある性質だけをリストアップする。

消費者の視点から見ると、赤ちゃん用軟膏自体に関わる変数としては、軟膏の粘度、香り、有効成分の量、色、油脂性基剤の量を挙げることができる。では、赤ちゃんに関わる変数はどうか？　オムツの中のおしっこの量、おしっこの酸性度、肌の敏感さ、年齢、食事の内容、時間帯

【図6-6】赤ちゃん用軟膏の変数の表

	軟膏の粘度 A	香り B	有効成分の量 C	色 D	油脂性基剤の量 E
1おしっこの量					
2おしっこの酸性度					
3肌の敏感さ					
4年齢					
5食事の内容					
6時間帯					

を挙げられるだろう。

●ステップ2　表をつくり、その縦と横に変数を割り振る。

次は、表をつくる。説明を単純にするために、横にはすべて、軟膏自体に関わる変数を並べることにしよう。これらの変数を「従属変数」と呼ぶ。ほかの変数が変わると、それに連動して変わる変数だからだ。表の縦には、横に記さなかった変数を並べる。これらは、ほかの変数の影響を受けて変わるわけではないので、「独立変数」と呼ぶ。図6－6を見てほしい。

●ステップ3　現在の市場の状況に基づいて、表に記入する。

表に記入する。個々のマス目に該当する製品が現在市場で売られていなければ、マス目に数字の0を記す。たとえば、軟膏の「色」(＝D)と赤ちゃんの「おしっこの量」(＝1)の間に関数の関係がある製品がまだ売られていなければ、表のD1のマス目に0と書く。

図6－7に示したように、赤ちゃん用軟膏に関して表を作成すると、マス目はすべて0となる。既存の製品には、いかなる関数も存在しないのだ。このような表を「予測表」と呼ぶことにしよう。製品と市場について多くのことが見て取れるからだ。

【図6-7】赤ちゃん用軟膏の変数の状況

	軟膏の粘度 A	香り B	有効成分の量 C	色 D	油脂性基剤の量 E
1おしっこの量	0	0	0	0	0
2おしっこの酸性度	0	0	0	0	0
3肌の敏感さ	0	0	0	0	0
4年齢	0	0	0	0	0
5食事の内容	0	0	0	0	0
6時間帯	0	0	0	0	0

図6－7のようにすべてのマス目が0の場合は、市場であまりイノベーションがおこなわれていないとみなせる。

●ステップ4　どのような関数を生み出せる可能性があるかに基づいて、表に記入する。

1　0のマス目の一つひとつに、新たに関数を生み出してみる。言い換えれば、そのマス目の縦の要素と横の要素に従属関係をもたせる方法を考える。

2　前項で考えた方法が実現可能かどうか検討する。

3　可能だと思えば、マス目の数字を0から1に変える。イノベーションをおこなう余地があるという意味だ。

この一連の作業の結果、図6－8のような表ができあがった。

●ステップ5　新たに生まれた関数に、どういうメリットがあるかを思い描く。

表のいくつかのマス目を例に考えてみよう。たとえば、B1のマス目。軟膏の「香り」と赤ちゃんの「おしっこの量」の間に関数の関係をもたせた製品だ。既存の赤ちゃん用軟膏市場で

【図6-8】赤ちゃん用軟膏の変数に関数を生み出す

	軟膏の粘度 A	香り B	有効成分の量 C	色 D	油脂性基剤の量 E
1おしっこの量	0	1	1	0	0
2おしっこの酸性度	0	0	1	0	0
3肌の敏感さ	0	0	1	0	0
4年齢	0	0	1	0	0
5食事の内容	0	0	1	0	0
6時間帯	1	0	1	0	0

は、赤ちゃんのおしっこの量によって香りが変わる製品は存在しない。では、オムツがおしっこで湿っていないときは香りがせず、おしっこで湿ると心地よい香りを発する軟膏をつくったらどうか？

この製品に、どういうメリットがあるだろう？ 以前、おしっこで湿ると色が変わるオムツが売り出されたことがあったが、売れなかった。典型的な場面を思い浮かべれば、理由はすぐに理解できるはずだ。オムツの上に服を着ていれば、赤ちゃんがおしっこをしてオムツの色が変わってもすぐにはわからない。その点、軟膏が香りを発すれば、親はすぐに気づく。いちいちパンツを脱がせて、オムツの状態を確認せずにすむ。赤ちゃんも喜ぶだろう。親が気づいてオムツを交換してくれるまで、長い間我慢せずにすむからだ。

●ステップ6 実現可能性は？

前のステップでメリットを確認できたら、次は、そのアイデアが実現可能かを考える。そのような製品を実際につくれるか？ いい香りを発する物質を封じ込めた微細なカプセルを軟膏に混ぜ込むことは可能だろう。おしっこのような酸性の物質に触れたときに、カプセルが溶けて香りを発するようにすればいいのではないか？　しかし、研究開発に莫大な投資が必要だったり、軟膏に有害物質が入り込む恐れがあったりすれば、このアイデアはただちに放棄しなくてはならない。

テクニックを実践する練習として、別のマス目も検討してみよう。Ａ６のマス目、すなわち「時間帯」によって「軟膏の粘度」が変わるようにできないか？　典型的な赤ちゃん用軟膏は、時間帯によって粘度が変わることはない。つまり、昼も夜も軟膏の粘度は同じだ。

では、時間帯によって粘度が変わる軟膏を開発した場合、どういうメリットがあるか？　親がそういう軟膏を欲しがる理由はなんだろう？

市場調査をおこなえばわかるだろうが、「夜間には粘度の高い軟膏が欲しい」というニーズがありそうだ。夜は昼ほど頻繁にオムツを交換しないので、粘度の高い軟膏で赤ちゃんの敏感な肌をおしっこから守りたいからだ。一方、昼間は夜より頻繁にオムツ交換がおこなわれるので、通気性を高めるために軟膏の粘度が低いほうがいい。

実際に売り出した場合、そういう製品は売れるのか？　すでに、鎮痛剤やオムツなど、昼用と夜用がある製品がいろいろ存在することを考えれば、昼と夜で粘度が変わる軟膏は、消費者に受け入れられやすいように思える。

製品にメリットがあることはわかった。次に検討すべきなのは、そういう製品をつくることが可能なのかという点だ。一見すると、開発するのにかなりの費用と手間がかかりそうに思える。即座にこのアイデアを却下すべきだという話になっても不思議でない。

しかし、この新製品には大きなメリットがある。なんとか実現する方法はないだろうか？　たとえば、夜用の粘度の高い軟膏と、昼用の粘度の低い軟膏をセットにして販売してはどうか？

この方法なら、シンプルに、そしてコストをかけずに、関数のテクニックに基づく革新的な製品を送り出せる。

予測表を手がかりにすれば、さらに多くの革新的なアイデアを探索することが可能だ。Cの列を一通り検討してみよう。表によれば、現在の市場には、有効成分の含有量が同じ製品しか存在しない。有効成分の量を変えた製品を何パターンもつくったらどうか？　有効成分の量を、赤ちゃんの肌の敏感さ、年齢、食事の内容といった変数に従属させることも可能なのではないか？このように検討をおこなうと、退屈に見えた製品分野に、イノベーションによる大きな成長の可能性が潜んでいることがわかってくる。

一例として、C5のマス目を見てみよう。有効成分の量と食事の内容の間に、関数の関係をつくり出すにはどうすればいいか？　新生児はたいてい、最初は母乳や粉ミルクを飲む。そしてしばらくすると、ベビーフードを食べはじめる。家庭で調理したピューレ状の野菜やスープを与えられるケースもある。このそれぞれの段階ごとに、赤ちゃんの排泄物の酸性度が変わり、肌に対する影響も変わる。それに合わせて軟膏も変えればいい。

ここまでの検討の出発点は、現状で表のすべてのマス目が0だという分析だった（図6－7）。しかし、イノベーションがいくつも生まれれば、次第に1のマス目が増えていく。したがって、予測表を作成すると、すべて（またはほとんど）のマス目が0の未開拓状態の表が出現する場合もあれば、ほとんどのマス目が1の飽和状態の表が出現する場合もある。

未開拓状態の表（図6－9）では、新しい製品を開発し、消費者に新たな恩恵をもたらせる可

【図6-9】未開拓状態の表

	A	B	C	D
1	0	0	0	0
2	0	0	0	0
3	0	0	0	0
4	0	0	0	0

【図6-10】飽和状態の表

	A	B	C	D
1	1	1	1	1
2	1	1	1	1
3	1	1	1	1
4	1	1	1	1

能性を秘めた選択肢がいくつもある。この場合、注意すべきなのは、新たな価値を生み出せそうなアイデアが見つかったとき、すぐに飛びつかずに、実現可能性と市場環境を検討することだ。あなたの会社はその製品を送り出す立場にあるか？　その製品は市場に必要か？　しばらく待つべきではないか？　もし待つべきだとすれば、どれくらい待てばいいか？

一方、飽和状態の表（図6－10）ができあがった場合は、あなたの会社がイノベーションのチャンスを生かせているかはともかく、これから新たに革新的な製品を市場に投入できる余地はほとんどない。

しかし、イノベーションを完全にあきらめるのは早い。次の二つのことを試みてみよう。

1　同じ市場のほかの製品を検討する。

多くの場合、関数のテクニックを活用できる製品が見つかるだろう。

2　本書で紹介したほかのテクニックを当てはめてみる。関数のテクニックがイノベーションへの道を開けなくても、ほかのテクニックが役に立つ可能性はある。

正しくテクニックを使うために注意すべきこと

本書で紹介してきたほかのテクニックと同じく、好ましい結果を得るためには、正しい方法で実践しなくてはならない。よくある落とし穴を避けるために、以下の点に注意しよう。

●要素と変数を混同しない。

ほかの四つのテクニックと異なり、関数のテクニックでは、要素ではなく変数に着目する。問題は、要素と変数を混同してしまう人が多いことだ。くどいようだが、確認しておくと、変数（本書では「属性」という言葉も同じ意味で使っている）とは、製品やサービスの性質のなかで変化する余地がある性質のことだ。赤ちゃん用軟膏で言えば、軟膏は要素、軟膏の粘度は変数（属性）である。

●時間を惜しまずに、適切な表を作成する。

面倒くさいかもしれないが、質の高い表を作成すれば、テクニックを適切に実践する助けになる。手を抜いて表の作成を割愛する人もいるが、それはお勧めしない。きちんと表をつくったほうが結果的には時間の節約になるし、胸躍るイノベーションの機会を見落とす危険も減る。

●一つのマス目について、複数の関数を検討する。

二つの変数の間に成り立ちうる関数のパターンは、一通りだけとは限らない。たとえば、ある変数が強まると、別の変数も強まるという関係を検討したのであれば、今度は逆に、前者が強まると後者が弱まるという関係を生み出せないかも考えてみよう。たとえば、レンズの色が変わるサングラスは、太陽の光が強くなると、レンズの透明性が弱まるようにできている。

●自分でコントロールできない変数同士の間に、関数を生み出そうとしない。

製品やサービスの内部の変数同士の間であれば、有効な関数の関係を生み出すことはできる。両方ともあなたがコントロールできる変数だからだ。また、内部の変数と外部の変数の間でも、それは不可能ではない。外部の変数はコントロールできないが、内部の変数はコントロールできるからだ。しかし、外部の変数同士の間に有効な関数の関係を成り立たせることはできない。両方ともあなたがコントロールできないものだからだ。極端な話、天気と時間帯の間に関数の関係を生み出せるだろうか？　本当にそれができれば、あなたは一躍有名人だろう。

関数のテクニックは、ほかの四つのテクニックより難しいが、それまで見えていなかったイノベーションの可能性を開く手立てになりうる。使いこなすためには、ほかのテクニックより多くの訓練が必要だろう。それでも長い目で見れば、この方法論をあなたの創造性の道具箱に加えておいて損はない。

まとめ

変化する要素を使って新しい価値を創造する。
難しいが、商品のイノベーションの35%を生んでいるのが

関数のテクニック

関数の方法

互いに関係のない2つの変数を選び出す
⬅ 一方の変化に合わせて、他方の性質が変わるようにする
⬅ **新たな価値が生まれる**

関数は自然界によく見られる

環境が変化 ⬇ 体の色が変化（カメレオン）
⬅ 商品開発に応用すると……
▪ミルクの温度が一定以上になる ⬇ 色が変わる哺乳瓶

関数の実例

ロウの溶ける温度が部分によって異なる欠陥ロウソクができた。
関数で考えれば「欠陥品」の生かし方が見いだせる！

既存のロウソク

↓

新たなロウソク

どんなメリットが？

ロウソクの「部分」と「溶ける温度」が関数 ↓ 内側がへこんだ状態に

新たな価値：❶ロウが垂れない　❷風が吹いても消えにくい
❸長持ちする　❹美的に斬新

次章では

問題が起きていると感じられ、誰もが避けたい「矛盾」を創造的に解決し、歓迎するようにさえなる方法を紹介！

第7章
矛盾を見いだせ

形式的な論理の世界では、矛盾は敗北の印だ。しかし、現実の世界で知識を発展させていく過程では、矛盾は勝利への最初の一歩である。

——アルフレッド・ノース・ホワイトヘッド（イギリスの哲学者、数学者）

包囲された部隊への補給のイノベーション

一九三〇年代のスペイン内戦をロマンチックな戦争だったと思っている人は多い。理想に燃えた男女が正義のために命を投げ出したというイメージがあるのだろう。しかし、ギリシャ神話の英雄、トロイアの王子ヘクトルの言葉にあるように、「死には、詩的な面などない」。一九三六年七月一七日から一九三九年四月一日まで続いたスペイン内戦では、三年に満たない期間に推定五〇万人が命を落とした。戦闘で死亡した人たちだけでなく、政治的・宗教的信条を理由に殺害された非戦闘員が何万人もいた。戦後、勝利を収めたファシスト体制は、敗れた共和国軍のシンパを迫害し、さらに多くの人を殺害した。

この戦争に関して伝えられている逸話のなかに、実に興味深いものがある。一見すると解決不能に思える問題に直面したとき、人がいかに知恵を発揮できるかを浮き彫りにするストーリーだ。

戦争中のあるとき、南部の町アンドゥハルで共和国軍の攻勢に押されたファシスト勢力の一派が丘の上の修道院に立てこもり、長期にわたる包囲戦が始まった。ファシスト勢力は包囲された仲間を助けるために、飛行機を飛ばし、食料や武器弾薬、医薬品をパラシュートに結びつけて修道院の敷地に投下していた。しかし、戦いが長引くうちに、パラシュートが不足してきた。味方は敵軍に完全に包囲されており、陸路は完全に閉ざされている。物資を補給する方法は空路しかないが、パラシュートはない。さあ、どうするか？

詳細な資料がなく、誰がどのように常識破りの解決策を考案したのかは明らかでない。わかっているのは、いずれかの時点でファシスト勢力が生きた七面鳥に物資を結わえつけて投下しはじめたということだ。上空から放たれた七面鳥は、翼をはばたかせてふわりと地面に降り立った。物資は無事に味方に届いた——七面鳥の肉と一緒に。[注1]

戦争の物語は、人類の過去の愚行が生んだ暗い悲劇の遺産だ。しかしそうした逸話は、過酷で制約の多い状況下でどのように知恵をはたらかせるかという教材をふんだんに含んでいる。戦争が歴史書の中だけのものになることを祈りながら、人々が創造的なアイデアを生み出した実例を研究して参考にすることにしよう。上記の事例では、一石二鳥のテクニックを賢く独創的に用いることにより、「閉じた世界」の中で問題の解決策を見いだしている。七面鳥の元々の機能は肉として食べられることだが、ここでは物資を安全に運ぶという機能も担わせたのである。

相互に関連のある二つの要素が両立しえないように見えるとき、その状況を「矛盾」と呼ぶ。スペイン内戦の例で言えば、多くの物資を投下したいというニーズと、パラシュートの使用量を抑えたいというニーズがぶつかり合っている状況、それが矛盾だ。

無理もないことだが、矛盾に直面した人はたいてい、戸惑ったり、途方に暮れたりする。不安も湧いてくるだろう。そして、袋小路にはまり込んだと感じる。だから、人は矛盾を避けたい、矛盾と無縁の日々を送りたいと願う。矛盾は、重大な問題が起きていることを示す明確なシグナルだと思われているのだ。

しかし私たちに言わせれば、矛盾は歓迎すべきものだ。「閉じた世界」の中で矛盾を見つけることにより、創造のエネルギーが生まれる。矛盾は創造への入り口、それまで目に入っていなかった選択肢や可能性に続く扉なのである。本章では、あなたが矛盾を忌み嫌うのではなく、それを歓迎するように導きたい。

ニセモノの矛盾とは

まず、衝撃の事実をお伝えしよう。矛盾に見えるものはほとんどの場合、実際には矛盾でない。矛盾はたいてい、人の頭の中にだけ存在している。要するに、思い込みの産物なのである（またしても「犯人」は思い込み、というわけだ）。人はしばしば一般論に基づいてものを考えるが、それがあらゆるケースに当てはまるとは限らない。目の前の状況に矛盾を見て取るかどうかは、おうおうにして、その人の考え方次第なのである。問題は、矛盾が存在するとみなすと（そういう認識は、個人レベルの意識的な判断の場合もあれば、社会で広く共有されている暗黙の常識の場合もあるだろう）、創造的にものを考える能力が削がれてしまうことだ。

【図7-1】ホンモノの矛盾

濃い色の
ボタンは
正しい
薄い色の
ボタンは
間違っている

では、ホンモノの矛盾とニセモノの矛盾はどう違うのか？　古典的な論理学の考え方によれば、矛盾とは、複数の命題が互いに相容れない状況を言う。二つの命題から導かれる結論が正反対である状況、と言ってもいいだろう。

古代ギリシャの哲学者アリストテレスいわく、「あるものごとについて、同じ観点で、同時に、それを肯定し、しかも否定することはできない」。「無矛盾律」と呼ばれる論理学の法則である。図7－1の状況は、この法則に反している。

これは、ホンモノの矛盾だ。現実世界では、この両方が正しいということはありえない。ここに描かれている堂々巡りの状況を断ち切ることは不可能だからだ。この矛盾に関する哲学的考察は哲学者にゆだねることにして、本書では先を急ぐことにしよう。

では、ニセモノの矛盾とはどういうものか？　車を走らせていると、図7－2の道路標識があらわれたとしよう。あなたはどちらの標識に従うか？　それをどうやって決めるか？　一見すると、状況は図7－1と同じに思えるかもしれない。確かに、車を「進入させる」ことと「進入させない」ことの両方はできない。

しかし、二つの標識が異なる時間帯に適用されるとしたら、

【図7-2】ニセモノの矛盾

どうだろう？　夜間は進入禁止、昼間は進入可能（ただし、一方通行）という意味だとしたら？　この場合は、矛盾はない。両方の標識に従うことは可能だ。

では、なぜ、最初に二つの標識を見たとき、矛盾していると思ったのか？　両者が同時に適用されるという暗黙の思い込みをいだいていたからだろう。その思い込みを捨てた瞬間、矛盾は消えた。ニセモノの矛盾は、このように自分の思い込みが生み出すものにすぎないのだ。

ここから、重要な教訓を引き出せる。それは、「正しい情報を得ていなかったり、誤った思い込みを暗黙のうちにいだいていたりすると、ニセモノの矛盾が生まれる」というものだ。人はほとんどの場合、論理的にものを考えるが、つねにそうとは限らないのである。

「クレタ人はみな嘘つき」というパラドックス

古くからよく知られている矛盾の例に、「エピメニデスのパラドックス」がある。(注2)エピメニデスは、紀元前六〇〇年ごろのギリシャの哲学者だ。クレタ島生まれのエピメニデスはこう書いた。「クレタ島の人間はみな、嘘つきである」。そして、そこにこう署名した――「クレタ島のエピメニデス」。

この主張は「自己言及のパラドックス」と位置づけられる。エピメニデスがもし一人でも嘘つきでないクレタ人を知っていれば、彼は嘘をついていることになる。ということは、嘘をついていないとすれば、クレタ人である彼自身も嘘つきでなければならない。しかしその場合、嘘つきである彼が述べた「クレタ島の人間はみな、嘘つきである」という言葉も嘘だということになる。完全に矛盾している！

しかし、こうした自己言及のパラドックスは、言葉の定義に関する思い込みを見直すことで解消できる場合がある。このケースでは、「みな」「嘘つき」という言葉の定義を考え直せばいい。たとえば、「クレタ島の人間はみな、嘘つきである」と言っても、あらゆるクレタ人のすべての発言が嘘とは限らないだろう。どんなにひどい「嘘つき」でも、本当のことを言うときがあるはずだ。こう考えると、このパラドックスはニセモノの矛盾ということになる。

哲学者たちには異論があるだろう。哲学にのめり込むような人たちは、ホンモノの矛盾がもつ美しさに快感を覚えるものだ。言葉尻をとらえてその楽しみを奪うことはやめておこう。しかし、矛盾は脳内世界では人畜無害かもしれないが、現実世界ではときにきわめて大きな弊害をもたらす。その矛盾が誤った思い込みに基づくニセモノの矛盾である場合はなおさらだ（なお、「××人はみな、嘘つきである」というパターンのパラドックスが「エピメニデスのパラドックス」と呼ばれるようになったのは、二〇世紀になってからだ。哲学者のバートランド・ラッセルが一九〇八年のエッセーで言及したのが最初である）。

矛盾を構成する三要素

ホンモノの矛盾とニセモノの矛盾を見わけることは、創造性を発揮するための第一歩になりうる。頭に入れておくべきなのは、これまで述べてきたように、矛盾に見えるもののなかには、誤った思い込みのせいでそう見えているにすぎないものもあるということだ。以下に、そうしたニセモノの矛盾である可能性がある叙述の例をいくつか挙げよう。

＊もっとたくさん給料が欲しいけれど、私の会社は経費を削減しなくてはならない。
＊デザインを仕上げるのにもっと時間が欲しいけれど、私に課されたスケジュールは変更の余地がない。
＊荒天でもアンテナを支えられるように、アンテナポールは強くなくてはならないけれど、同時に、山奥に徒歩で運べるように、軽量でなくてはならない。
＊もっと性能の高いコンピュータが欲しいけれど、予算の制約があるので、私はコンピュータの購入費用を抑えなくてはならない。
＊補給物資を空からもっとたくさん投下したいけれど、私の手元にはパラシュートがない。

最後の例は、本章冒頭で紹介したスペイン内戦のケースだ。ほかの例のいくつかは、あとで取り上げる。

しかしその前に、まず矛盾が三つの要素で構成されることを確認しておこう。二つの主張と、その二つを結びつける連結要素である。多くの場合、二つの主張は、①利益や恩恵の要求、②利益や恩恵を得るためのコスト、という形を取る（利益や恩恵は、かならずしも金銭的なものである必要はない）。

この点に照らして、あらためて先の五つの文を見てみよう。今回は、二つの主張を《》で囲み、連結要素を太字で示した。

＊《もっとたくさん給料が欲しい》けれど、**私の**会社は《経費を削減しなくてはならない》。
＊《デザインを仕上げるのにもっと時間が欲しい》けれど、**私に**課された《スケジュールは変更の余地がない》。
＊荒天でもアンテナを支えられるように、《アンテナポールは強くなくてはならない》けれど、**同時に、**山奥に徒歩で運べるように、《軽量でなくてはならない》。
＊《もっと性能の高いコンピュータが欲しい》けれど、予算の制約があるので、**私は**《コンピュータの購入費用を抑えなくてはならない》。
＊《補給物資を空からもっとたくさん投下したい》けれど、**私の**《手元にはパラシュートがない》。

お気づきだろうか？　いずれのケースも、連結要素の役割を果たす言葉がなければ矛盾は存在しない。それぞれの文は、互いに関係のない二つの主張で構成されていて、両方とも正しい可能性も十分ありうるようになる。

ウィン・ウィンを妨げる暗黙の思い込みの危うさ

人はしばしば、実際には関連がないものの間に関連があると思い込むことがある。不幸にも、人はいとも簡単に思い込みをいだく。それが暗黙のものの場合は、とくに危険だ。明示的な思い込みは、まだ対処しやすい。それを言葉にして論じ、ときには文書にして同僚と共有することにより、分析し、検討できるからだ。それに対し、暗黙の思い込みは気づきにくいので、真偽が検証されない場合も多い。

有名な実験を例に説明しよう。二人の被験者にこう言い渡す。「一個のオレンジを宙に放り投げるのでキャッチしてほしい。取りそこねた場合は、相手と交渉して譲ってもらうこと」。そして一方の被験者には、相手のいない場所でこう説明する。「お子さんが重病で、その命を救うために、オレンジを絞ってジュースをつくる必要があるのです」。もう一方には、こう話す。「奥さん（ご主人）が重病で、その命を救うために、オレンジの皮でジャムをつくる必要があるのです」。お互い、相手がなにを言われたかは聞かされない。

オレンジが投げられ、片方がそれをキャッチする。そして、二人の間で、執拗な、ときには激しい交渉が始まる。

二人の被験者は、相手のニーズに関して暗黙の思い込みをいだいている。相手がオレンジを丸ごと必要としていると決めつけているのだ。たいてい、かなりの時間が経過してはじめて、二人はウィン・ウィンの解決策にたどりつく。片方が皮、片方が中身を受け取ればいいということに、なかなか気づかない。

どうして、そんなに時間がかかるのか？　暗黙の思い込みが原因だ。思い込みが明確に表現されていれば、意識的に検討を加えたり、同僚に意見を聞いたりすることにより、こうした事態は避けられただろう。

矛盾が存在するように見える状況で二つの相反する主張を結びつけている連結要素は、たいてい暗黙の思い込みに土台を置いている。そうした暗黙の思い込みの多くは妥当性の検証がなされないので、実は思い違いであるケースも珍しくない。そのような弱い連結要素を突き崩せば、矛盾を消滅させることができる。連結要素は、矛盾の弱点なのである。

妥協せずに矛盾そのものを消し去ろう

実は、本書ではすでに、「閉じた世界」の中で連結要素を突き崩すための方法論をいくつか学んできた。関数のテクニック、分割のテクニック、一石二鳥のテクニックは、とくに強力な手立てになりうる。オレンジの例では、矛盾して見えた状況の連結要素を断ち切るために、分割のテクニックを使った。すべての出発点は、自分がどのような暗黙の思い込みをいだいているせいで、二つの要素を誤って結びつけて考えてしまっているかを知ることだ。それがわかってはじめて、ホンモノの矛盾とニセモノの矛盾を選りわけられる。それができないかぎり、真に創造的な問題解決策は見いだせない。

肝に銘じておくべきなのは、妥協案を選んではならないということだ。妥協とは、矛盾した状況で両方のニーズの中間でバランスを取ること、具体的には、大きすぎるコストを生じさせない範囲で、最大限の恩恵を手にする道を探ることを意味する。もちろん、妥協が好ましい解決策であるケースもあるだろうが、それは本書でテーマにしている創造的な問題解決策とは言えない。

たとえば、強力で、しかもエネルギー消費量の少ない器具を開発するよう、エンジニアが命じられたとしよう。この二つのニーズは矛盾しているように思える。このとき取りうる一つのアプローチは、妥協案を探すことだ。具体的にどのような妥協案を導き出すかは、エンジニアの考え方次第で変わってくる。器具のパワーと省エネのどちらに重きを置くのか？　エンジニアは自分なりの選択をおこない、たとえば、旧来製品より少しだけパワーがあり、少しだけ環境にやさしくない製品をつくる。

妥協は創造的でない。序章で触れた旧ソ連の技術者・科学者である故ゲンリック・アルトシューラーは、妥協と創造性の関係について調べたことがある。いくつかの資料によると、アルトシューラーが二〇万件以上の特許を検討したところ、その大多数は、妥協により既存の製品やシステムを改良しただけのものだったという。すべてのニーズを同時に満たす創造的な解決策を生み出したものは、ごくわずかにすぎなかった。

もちろん、バランスの取れた妥協案以外に現実的な解決策がないケースも多いだろう。しかし、矛盾そのものを消し去れなければ、創造的な解決策とは呼べない。

以下に、非常に難しい状況で創造的なアイデアを見いだすことに成功した事例を三つ紹介しよう。これらの事例でイノベーションを成し遂げた人たちは、「閉じた世界」の中で解決策を探すためのテクニックを駆使して、ニセモノの矛盾を消し去ったのである。

ETを探せ！

SETI（地球外知的生命体探査）とは、その名のとおり、地球外の宇宙に知的生命体を探すことをめざして、多くの科学機関が実施している活動やプロジェクトの総称だ。とくに、カリフォルニア州マウンテンビューのSETI協会と、カリフォルニア大学バークレー校の「SETI・アット・バークレー」の活動がよく知られている。SETIの取り組みの多くは、「電波SETI」と呼ばれるタイプのものだ。これは、電波望遠鏡を使って、宇宙からの狭帯域の電波信号を受信しようという試みである。このやり方は、探査機を送り出すなどの、ほかの探査方法より有効だし、費用対効果も高い。狭帯域の電波信号が自然に発生するケースは知られていないので、そのような電波を確認できれば、地球外知的生命体が存在するという裏づけになると、電波SETIの研究者たちは考えている。

電波SETIプロジェクトをおこなうためには、膨大な量のコンピューティング能力が必要とされる。集めたデータをすべてデジタル分析しなくてはならないし、調査する周波数帯域もたえず拡大させているからだ。

そこで研究者たちは、専用のスーパーコンピュータを望遠鏡に接続してデータ解析をおこなってきた。問題は、巨額のコストがかかるうえに、処理できるデータの量にも限りがあったことだ。官民が資金を提供してはいたが、大半のSETI関連団体は、資金不足により電波SETIプロジェクトに乗り出せずにいるのが実情だった。しかし一九九五年、SETI・アット・バークレーの若きコンピュータ科学者、デーヴィッド・ゲディが独創的な解決策を考えついた。(注3)

直面していた矛盾は、本章で先に挙げたものと似ている。端的に言えば、コンピュータの処理能力がもっと欲しいけれど、予算が足りない、という状況だったのだ。

当時、エンジニアたちは途方に暮れていたに違いない。なにしろ、コンピュータで処理しなくてはならないデータの量が何倍にも増えようとしている（具体的に何倍に増えるかは、誰も見当がつかなかった）のに、ネットワークにコンピュータを一台追加する予算すらないのだ。この状況をどうにかしなくてはならなかった。それも一刻も早く、である。

この問題に、ゲディはどういう解決策を見つけたのか？　出発点になったのは、一般人にはあまり知られていないが、コンピュータ科学者なら誰もが知っている事実だった。それは、ほとんどの一般ユーザーが自宅のパソコンの処理能力のほんの一部しか使っていないという事実だ。

ゲディは、インターネットを介して未使用のコンピューティング能力を「寄付」してもらい、データ処理の課題を小わけにして多くの人たちのコンピュータにおこなわせてはどうかと提案した。そして、そのプロジェクトを「SETI・アット・ホーム」と名づけた。

一九九九年にSETI・アット・ホームが始まって以来、コンピューティング能力を提供した人は世界中で何百万人にものぼる（勤務先の会社のコンピューティング能力を提供した人も少なからずいたが、会社はいい顔をしなかった）。いまや、世界二二五カ国以上の五〇〇万人を超す人たちの協力を得て、電波望遠鏡で集めたデータをすべて解析できるようになった。SETI・アット・ホームは、世界でも群を抜いて最大規模のスーパーコンピュータと言っていいだろう。SETI・アット・ホームの協力者たちがこれまでに提供したコンピュータの演算時間は、累計二〇〇万年相当に達する。電子掲示板を通じてオンラインコミュニティが形成され、人々が社交したり（結婚にいたったカップルも数組ある）、自分のコンピュータがどれくらいの作業に貢献したかをチェックしたりできるようにもなっている。このプロジェクトは、一九六〇年代のアポロ月探査計画のように、人々の宇宙に対する関心を再びかき立てることにもなった。

この事例における二つの相反するニーズは、①コンピュータの能力を増強したい、②コンピュータの能力を増強するための支出を避けたい、だ。そして、連結要素は「コンピュータの能力を増強するための費用は、プロジェクトの予算から支出しなくてはならない」という認識だったが、それは誤った思い込みにすぎないとわかった。こうして連結要素が打ち破られたことにより、問題の解決策が見えてきたのだ。

アレクサンドリアの大灯台に名を残せ

紀元前二八六～二四六年のプトレマイオス二世の治世にエジプトのアレクサンドリア湾岸に完成した「アレクサンドリアの大灯台」は、世界の七不思議の一つに数えられている。高さ約一三五メートルの大灯台の建設には、計画だけでも長い年数を要し、当時として最先端の工学知識を駆使する必要があった。灯台の建設は、嵐の夜に船乗りたちを無事に港に迎え入れることに加えて、アレクサンドリアとその統治者の偉大さを誇示することも目的にしていた。

建設プロジェクトは一筋縄ではいかなかった。設計の指揮は、当時の世界で最も有名な建築家だったクニドスのソストラトスにゆだねられた。ソストラトスは、大灯台を通じて将来の世代にも自分の才能を知らしめたいと強く願っていた。しかし、エジプトを統治していたプトレマイオス二世は、灯台の基礎にソストラトスの名前を刻ませるつもりなどなかっただろう。今日であれば、弁護士が長期にわたり厳しい交渉を重ね、双方ともに不満が残る妥協案をまとめるところだ。しかし昔の君主たちは、この類いの要望で自分を煩わす人間を許さなかった（一七世紀、インドのムガール帝国の皇帝シャー・ジャハーンは、壮麗な墓廟タージ・マハルが完成したあと、設計した建築家を処刑し、建築に携わった全員の手を切り落とさせた。同じような建造物がつくられることを防ぐためだったという）。そのことは、ソストラトスも重々承知だった。大灯台の設計を自分の手柄として主張しようとしただけで命が危ないだろう。

ソストラトスは、どのような矛盾に直面していたのか？　おさらいしておくと、矛盾とは、二つの（互いに結びついた）相反するニーズを抱えている状況を言う。たいてい、なんらかの恩恵を得ようとすると、コストを覚悟しなくてはならないという構図になっている。ソストラトスの場合、灯台建設に対する評価と名声を得たい半面、王の逆鱗に触れて命を奪われたくはなかった。

妥協するという選択肢もありえただろう。本章ではその道を選ばないことを前提にしているが、SETIプロジェクトの例では、大学の財務部に少しでも多くコンピュータを購入してくれとかけ合うこともできた。その場合、SETIプロジェクトを力強く前進させ続けるには不十分かもしれないが、まったくコンピュータが増えないよりはましだったはずだ（もっとも、実際に選択された創造的なアイデアのほうがはるかに好ましい結果をもたらしたが)。

しかしソストラトスの場合、妥協の余地はあまりなかった。名声を得ようとすれば、命がない。しかし、殺されることを避けようとすれば、後世に名を残せなくなる。

ソストラトスは、妥協するのではなく、二つのニーズを両方とも満たすための見事なアイデアを思いついた。(注4)それがどういう方法だったか想像できるだろうか?

まず、ソストラトスの直面していた矛盾(「大灯台の設計者として評価されたいけれど、その半面、すぐには死にたくない」)の弱点がどこにあるかを割り出そう。これまで述べてきたように、多くの場合、弱点は連結要素、すなわち二つの相反する主張を結びつける言葉だ。

具体的に検討してみよう。ソストラトスが命を失う危険が最も大きいのは、どのときか? 言うまでもなく、生きているときだ。死後は、王の怒りを買って処刑される心配をする必要はない。では、名声と評価が最も欲しいのはいつか? 死んだあとだ。ソストラトスは、当時の世界で最も名を知られた建築家だった。同時代の人たちには、すでに十分すぎるくらい知られていた。その名声を死後も残したいと思っていたのだ。

これで、矛盾の連結要素を壊せた。大灯台の設計者としての名声を得たい時点と、殺されることを避けたい時点は、同一ではないのだ。

いま、五つのテクニックのうちのどれを用いたかお気づきだろうか? ここで使用したのは、関数のテクニックだ。実は、ニセモノの矛盾の連結要素はほとんどの場合、このテクニックによって打ち破れる。ソストラトスのケースでは、名声を得ることとの重要性と時間の間に関数の関係を見いだした。時間がたつと、名声の重要性が高まるという関係に着目したのだ。

さて、あなたなら、どういう解決策を導き出すだろう? ここでは創造的な解決策をめざすので、「閉じた世界」の中の要素しか活用しないものとする。

ソストラトスはどうしたか？　まず、灯台の正面に大きな文字で自分の名前を刻んだ。そしてその上に漆喰を塗り、プトレマイオス二世の名前と、王の英知と偉業に対する仰々しい賛辞を記した。やがて二人とも世を去り、長い年月の間に、太陽の熱と、塩分を含んだ風が少しずつ漆喰を侵食していった。そのうちに王の名前は消え、代わりに、偉大な建築家の名前が表面に見えてきた。こうしてソストラトスは二〇〇〇年近くにわたって、世界の驚異を設計した人物という名声を得続けることができた（アレクサンドリアの大灯台は一四世紀の二度の地震で壊れ、一五世紀に完全に撤去された）。言い伝えによると、プトレマイオス二世の子孫はこの賢いやり方に感心し、ソストラトスの名前を消したり、漆喰を塗り直したりはしなかったという。

雪の中に軽量のアンテナを設置せよ

不可能なことを約束させられる羽目になった経験は、誰しもあるだろう。以下で紹介する大手防衛企業もそういう状況に立たされた。

その防衛企業は、軍事用のレーダー送受信機器の設計・製造を専門とする企業だった。数年前、同社はある軍機関の呼びかけに応じて、ある機器のコンペに参加した（機密性が高いため、具体名は明かせないが、以下の内容はすべて事実に基づいており、公的な記録にも記されている）。

発注者である軍機関が求めているのは、気温がマイナス二〇度を下回り、しかも、つねに強風にさらされる土地でも使える受信専用アンテナだった。アンテナは、強風のときも激しく揺れないように頑丈なポールの上に乗せて、地上一〇メートル近い場所に設置するものとされていた。

同社の提示金額は他社よりも高額だったが、それでも契約を受注できた。決め手になったのは、ポールが超軽量なことだった。戦略上重要な土地に、厳しい天候のなかで三人の兵士が徒歩で現地まで運ぶ必要があるのだ。兵士たちは、ポールを設置し、その上にアンテナを取りつけると、撤収する。したがって、ポールは運びやすいように軽量でなくてはならず、しかも現地に放置しても大丈夫なくらい頑丈でなくてはならない。

皮肉だったのは、この会社が温暖な土地にある会社だったことだ。その土地では、小雪すらめったに降らない。そのため、同社のエンジニアたちは、軽量なポールを設計したまではよかったが、アンテナの設置地域でしばしば起きる現象を考慮に入れていなかった。寒冷地では、アンテナの上に大量の雪（氷）が積もり、その重さに耐えきれずにポールが折れる場合がある。この点を見落としていたために、軽量ではあるが、十分な強さのないポールを設計してしまったのだ。

エンジニアたちは、受注が決まったあとではじめて、この過ちに気づいた。困ったことになったと、彼らは思った。設計面で根本的な矛盾を抱えた製品を納入すると、軍機関に約束してしまったのだ。設計チームが直面していた矛盾は、次のように表現できるだろう――「荒天でもアンテナを支えられるように、アンテナポールは強くなくてはならないけれど、同時に、山奥に徒歩で運べるように、軽量でなくてはならない」。

エンジニアたちの計算によれば、ポールを十分に頑丈なものにするためには、重さを二倍にする必要がある。しかし重さが二倍になれば、三人で運べなくなる。設計を根本から考え直すしかないと、設計チームは覚悟した。この矛盾をどうすれば解決できるのか？　同社の経営陣とエンジニアたちは、強烈なプレッシャーを感じていた。

先を読み進める前に、あなたなりのアイデアを書いてみよう。エンジニアでなくても、アイデアは見つけられる。ここまで読んでくれれば、必要なテクニックとノウハウは学んでいるはずだ。

【図7-3】アンテナポールの矛盾を解決するには？

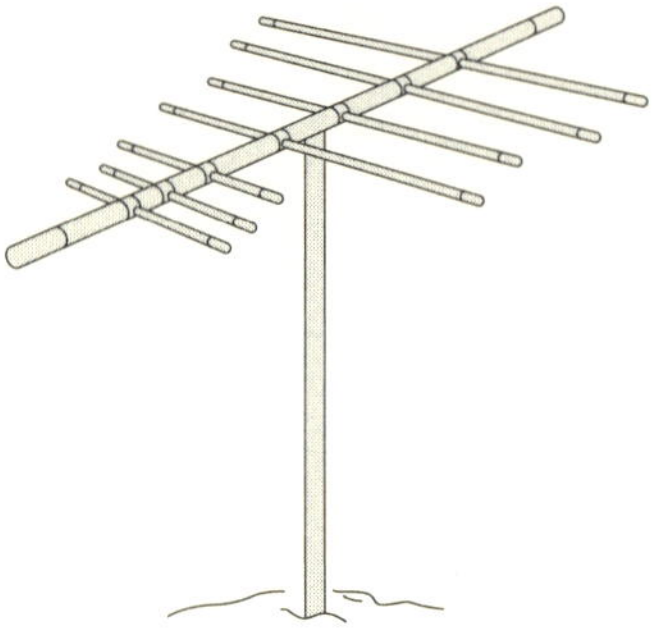

雪が積もっても耐えられるが、
同時に、
徒歩で運べるように軽量なポールを設計せよ！

〔解答〕

さて、自分なりの答えを考えてみただろうか？　以下に、五つの解答例を紹介しよう。おそらく七〇％程度の確率で、あなたのアイデアもこのなかに含まれているのではないか？　私たちはこれまで何千人ものエンジニアやマネージャーの研修でこのエクササイズをおこなっており、次に挙げるのは、とくに多くの受講生が思いついたアイデアのパターンなのだ。あなたのアイデアも、細部こそ違っても基本的なコンセプトはいずれかに当てはまるだろう。

1　アンテナに積もる雪（氷）が溶けるようにする。

八〇％以上の人は、このタイプのアイデアを発表する。雪を溶かそうというのは、論理的で素直な発想だ。この方向性で考えれば、レーダー機器と電子レンジの共通点に気づくのは難しくないだろう。電子レンジが電波で食品を加熱するように、アンテナの電波で熱を生み出して雪を溶かせばいい、というわけだ。いいアイデアだ――ほとんどの状況では。しかし、このケースでは役に立たない。すでに述べたように、この事例で扱っているのは受信専用アンテナなので、雪を溶かすためのエネルギーをつくり出せないのだ。

2　振動で雪（氷）を振り落とす。

この種のアイデアを思いつく人も多い。振動を起こせれば、雪をアンテナから振り落とせるので、アンテナのエネルギーを利用して振動をつくり出せばよさそうに思える。しかし、1のアイデアと同様、いいアイデアではあるが、受信用アンテナには使えない。

では、風の力を利用してアンテナを揺らせばどうか？　振動型のアイデアの応用例としては興味深い。風という、その場にある資源を活用しており、「閉じた世界」の中にとどまっている点がとくに好ましい。しかし、風はいつもこちらの望みどおりに吹いてくれるとは限らない。それに、風の力を振動に変えるためには、複雑で大きな装置が必要となる。ポールより装置が重くなってしまっては本末転倒だ。

3　雪（氷）がアンテナに積もることを防ぐ。

以上の二つとはやや異なる角度から考えた人もいるかもしれない。積もった雪を取り除こうとするのではなく、そもそもアンテナに雪が積もらないようにすればいいのでは？　問題になる前に、その芽を摘もうというわけだ。理にかなった考え方だし、実践するのも簡単そうに見える。たとえば、フッ素樹脂素材のようにつるつるした素材をアンテナの表面に塗ればいいのでは？しかし、この方法が通用するのは、マイナス二五度程度までの場合に限られる。それよりも低温になっても雪が積もらないような素材は、いまだに発見されていない。

フッ素樹脂がだめなら、アンテナに油脂を塗ってはどうかと思う人もいるだろう。しかし残念ながら、これくらい低い温度になると、油脂も凍ってしまい、かえって雪が積もりやすくなる。

4　アンテナを屋根で覆う。

1～3まで読むうちに、さらに新しいアイデアを思いついた人もいるかもしれない。アンテナを屋根で覆えばいいと思った人もいるだろう。しかし、屋根をアンテナの上に固定するためには、ポールなり柱なりタワーなりが必要となる。そんなものを運び込むのは、頑丈で重いポール以上に大変だ。

5　ポールを使わない。

まったく別の角度から解決策を考えた人もいるだろう。ポールを使うのをやめにして、ヘリウム風船などにアンテナを結び、適切な高さの空中に浮かべてはどうか？　この方法は無理だ。アンテナの重さを考えると、どんな道具を使っても宙に浮かせることは不可能だし、一定の高さの空中に浮かせておくこともできないだろう。

ほかにも多くの受講生が挙げるアイデアがいくつかあるが、このへんでおしまいにしておこう。これらのアイデアはすべて、この事例でエンジニアたちが直面していた矛盾を解決するのに有効でなかったり、効率的でなかったりする。

それにも増して問題なのは、どのアイデアも真に創造的とは言えないことだ。創造的なアイデアとは、有益で、しかも独創的なものでなくてはならない。有益であるとは、そのアイデアが目の前の問題をうまく解決できること。独創的であるとは、同様のアイデアを思いつく人がいない、もしくはきわめて少ないことだ。以上に挙げたアイデアはいずれも、有益性と独創性のどちらの面でも高い点数をあげられない。

この問題を解決するのは、どうして難しいのか？　まず厄介なのは、ポールが頑丈であると同時に軽量でなくてはならないことだ。工学的に言うと、ポールを丈夫にすればおのずと重くなる。要するに、エンジニアたちにとっては、「軽いと同時に重いポール」をつくることを求められているのと同じことなのである。そんなことは明らかに不可能だ。だから、前述の五つのアイデアのいずれもポール自体の設計は変更しようとしていない。二つのニーズを同時に満たせるポールなど存在しえないと、誰もが無意識に気づいているのだろう。しかし、ここまで読んできた読者ならわかるように、矛盾にぶつかるのは、そこにチャンスが潜んでいる証拠でもある。矛盾を解決できれば、単なる妥協案ではなく、真に創造的な解決策を考案できるはずだ。

アレクサンドリアの大灯台の事例にならって、関数のテクニックを使って問題を解決できないだろうか？　おさらいしておくと、このテクニックは、互いに関係ない二つの属性の一方に連動して、もう一つの属性も変化させるというものだ。この方法論をニセモノの矛盾に適用すると、矛盾を消し去る道がたちまち見えてくる。

そこで、頑丈なポールをつくることの重要性と時間との間に関数の関係をつくり出してみよう。時間？　あなたは疑問に思うかもしれない。この場合、時間は変数ではないのではないか、と。しかし、それは思い違いだ。エンジニアたちが直面している矛盾は、ポールが頑丈であると同時に軽量でなくてはならないこと。ニセモノの矛盾の弱点は、えてして連結要素にある。このケースでは、連結要素は「同時に」という言葉だ。したがって、矛盾を消し去るためには、こう問いかけるべきだ――本当に、頑丈さと軽さという二つのニーズが同時に満たされなくてはならないのか？　実は、その必要はない。この二つの性質は、同時に必要とされるものではないからだ。

アンテナは、ある時点で製造し、別のある時点で目的地に運び、さらに別のある時点でその場所で機能を果たす。頑丈なポールが必要なのはどの時点か？　それは、雪が降っているときだけだ。それ以外のときは、軽量の弱いポールで問題ない。そこで、関数のテクニックにのっとり、雪が降っているときだけ重くて頑丈になるポールをつくれば、兵士たちは比較的容易に目的地に運べる。

これで、矛盾は消えた。解決すべき課題は、「兵士たちが運ぶときは軽量で、設置して引き揚げたあとに丈夫になるポールをどうやってつくるか」という問題に変わった。

兵士たちが現地でなにかを組み立てて、ポールを補強するようにすれば？　それも不可能ではないだろう。しかし、補強材を持ち込むとすると、運搬する荷物が重くなってしまう。素材を持ち込めないとすれば、その場にあるものを利用するしかない。このアプローチは悪くない。解決策を「閉じた世界」の内側で見つけることになるからだ。

では、設置場所で手に入るもののなかで、ポールの補強に使えるものはなんだろう？　その素材は、ポールのそばになくてはならない。そして、雪や風がアンテナを傷めつけるときに、スムーズに役割を果たす必要がある。アンテナを設置したあと、兵士たちは撤収してしまうので、いざというときに調整や整備をする人は誰もいないからだ。

そう考えると、なにが利用できそうか？　空気と土を別にすれば、アンテナの設置地点にふんだんにあるものは、雪と氷だ。雪が降ったときに、アンテナだけでなく、ポールにも雪と氷が大量に付着すれば、ポールが太くなり、雪と氷の積もったアンテナの重みを支えられる。これを実現させる方法を見つけられれば、真の意味で独創的で画期的な発明になる。

この防衛企業のエンジニアたちがたどり着いたのは、まさにそういうアイデアだった。ポールの表面をつるつるにするのではなく、ざらざらにすることにより、雪と氷が付着しやすくしたのだ。氷は自然界で有数の硬い物質だ。なにしろ、湖の水面が凍結し、氷の厚みが五〇センチ以上になれば、重い戦車も無事に上を走れるくらいだ。図7－4のように、氷がびっしり付着したポールなら、雪と氷の乗ったアンテナの重みに耐えられるだろう。

この解決策は、ほれぼれするくらいエレガントだ。なんと言っても、問題の源を解決策の柱にしてしまうのだから！　「問題に問題を解決させる」と言ってもいい。問題の「閉じた世界」の内側にある要素を使って、その問題を解決すると、このような美しい解決策を編み出せるのだ。

【図7-4】エレガントな解決策：氷をポールの補強材にする

ちなみに、前述の「風の力で雪と氷を振り落とす」という案も同様の理由で魅力的だ。これも「閉じた世界」の中にあるものを利用している。実際上の理由でこのアイデアは採用できないが、この案を思いついた人には拍手したい。それが本書の効果だとすれば、私たちとしてはうれしい。

氷を補強材にするというアイデアが独創的なものであることは間違いない（実際、このアイデアを挙げる受講生はほとんどいない）。それに、エレガントな解決策だという魅力もある。ただし、真に創造的な解決策であるためには、実用性も備えていなくてはならない。実際に使えなくては意味がないのだ。では、このアイデアは実現可能なのか？費用対効果は割に合うのか？　この二つの問いに対する答えがノーなら、その解決策は放棄しなくてはならない。そういう留保はつくが、まったく新しいアイデアを導き出し、ほかの選択肢と比較できるようにすることには、きわめて大きな意義がある。多様なアイデアが出そろえば、あとは実現可能性、安定性、コストという、いつものビジネス上の基準に従ってふるいにかければいい。

本書で紹介してきた「閉じた世界」で考えるアプローチのねらいは、このように創造的な解決策の選択肢を増やすことにある。解決策が創造的でありさえすればいいなどとは、私たちも思っていない。ほかにも考慮しなくてはならない要素がある。しかし、解決策の選択肢は多いにこしたことはない。

交渉での矛盾もインサイドボックスで解消

あらゆるタイプの問題解決の場面で、人は矛盾に直面する。その点、インサイドボックス思考法は、製品だけでなくサービスにも、さらには創造的なアート、マネジメント手法、ビジネスのプロセスにいたるまで、要素や変数に切りわけて考えられるものにはなんにでも活用できる。

次は、ビジネス上きわめて重要な問題でありながら、本書でこれまで取り上げてこなかったテーマに関して、どのようにニセモノの矛盾を解消していけばいいかを見ていこう。そのテーマとは、交渉である。

ジェイコブがはじめて会ったとき、ディーナ・ニール博士はアカデミズムの世界でキャリアを出発させたばかりだった。ディーナは、修士論文の指導をしてほしいと依頼してきた。論文のテーマは、交渉における体系的創造法の実践だった。すでに多くの指導学生を抱えていたし、交渉は専門外だったが、会って話を聞くことには同意した。もっとも、門前払いするのは忍びないと思ったからにすぎず、指導を引き受けるつもりはなかった。

しかしディーナは、長身に、穏やかな声、きらきら光る目、それに真剣な雰囲気をもった魅力的な女性だった。複雑な交渉の経験について語る穏やかで感じのいいしゃべり方にも、すぐに引き込まれた。ディーナは人の心を奪う天才だった。たとえ立場が対立していても、人間として信用せずにいられないような女性だ。ウィン・ウィンの精神をつねに実践している。

気がつくと、ディーナの依頼を受け入れていた。ジェイコブ自身も交渉下手で、交渉に臨むとたいてい敗北感を味わっていたこともあって、指導を引き受けようと思ったのかもしれない。

その後、ディーナは博士論文を書き上げ、ジェイコブは、彼女と彼女のもう一人の指導教官であるエイヤル・マオズ博士から実に多くのことを学んだ。以下で交渉上の問題を創造的に解決するための体系的方法論を紹介できるのは、この二人のおかげだ。

交渉で新たな価値を生み出そうと思えば創造性が欠かせないということは、広く認識されている。なにかの取り分を争っているときに、全体の量を増やして双方が満足できる取り分を確保できるようにしたり、袋小路の状況をウィン・ウィンの状況に変えたりするために、創造的なアイデアが必要なのだ。しかし、交渉の場面で創造性を発揮する余地を見いだし、実際に創造的な解決策に到達することは、けっして容易でない。言うは易し、おこなうは難し、なのだ。

しかし、今日の世界では状況がつねに大きく変化しており、しかも組織内でも組織外でも他者の存在を無視して行動することがますます難しくなっている。それにともない、交渉は日々のビジネスで避けて通れないものになった。交渉のスキルは、いまやマネージャーやリーダーに欠かせない技能だ。交渉は、互いに影響を及ぼし合う関係にある当事者が希少な資源の分配方法を決めるときに必要とされる。仕事の世界では、納期に間に合うように製品を完成させたり、チーム内の意思統一を図ったり、商品を市場に売り込んだりといった目的を達するために、人々がたえず交渉している。

インサイドボックス思考法と「閉じた世界」の原理は、交渉でも非常に役に立つ。交渉で創造的な考え方をする人は、対立をうまく解決できる可能性が高いのだ。そういう人はチャンスを最大限生かし、個人として成功を収め、組織を成功に導きやすい。

多くの人は、交渉で創造的な解決策を見いだせず、非生産的な妥協に甘んじてしまう。実際には双方の利害を一致させる方法がある場合も多いのに、お互いの利害が相容れないと決めつけている。交渉で奪い合うパイの大きさが変わらないと思い込んでいる人は、交渉をゼロサムゲームのように考え、勝つか負けるかの二つに一つだと思ってしまう。たとえば、離婚事案を扱う弁護士は多くの場合、夫婦の資産総額が増えないという前提で、依頼人の取り分を少しでも増やそうと交渉に臨む。このような発想に陥ると、創造的な問題解決が妨げられ、たいてい、双方とも不満をいだくような妥協案を受け入れてしまう。研究によると、交渉に臨む人が相手との対立を解消し、相手と長期的な関係を築きたいと心から願っている場合でさえ、この落とし穴にはまるケースがある。

しかし、交渉の経験が豊富な人たちは、創造的な問題解決を実現する方法を編み出してきた。ディーナが交渉に関する専門的文献を調べたところ、ほとんどの場合、ウィン・ウィンの解決策は、ニセモノの矛盾を解消することを通じて見いだされていることが判明した。

以下では、いくつかの事例を通じて、インサイドボックス思考法のテクニックを使って交渉でニセモノの矛盾を解決する方法を見ていこう。これらは実際の交渉を大幅に単純化したもので、現実はもっと複雑だが、ニセモノの矛盾を解決する道筋は理解してもらえるだろう。

増税か、経済振興か

X市の市長は、市内の企業に課す税金を引き上げようと考えている。市長は同時に、地元産業を発展させることにより、雇用を増やし、地域経済を活性化させたいとも思っている。市長の増税案が実施されれば、地元の石油精製会社のY社は、年間の税負担が一〇〇万ドルから二〇〇万ドルに倍増する。Y社は現在、工場の大幅な改修と拡張を検討しており、取引関係のある

プラスチック工場に対しても、コスト削減のために近くに移転するよう求めている。増税がおこなわれれば、工場の拡張もプラスチック工場の移転も頓挫しかねない。(注5)

どのような矛盾が存在しているかは一目瞭然だ。市長は増税により税収を増やしたい。しかし、増税をおこなえば、地元企業が事業を拡大する足を引っ張ることになる。この二つの点は矛盾している。二つのニーズは互いに結びついていて、しかも相反する関係にあるからだ。

しかしこの問題の当事者たちは、関数のテクニックを用いて問題を解決した。市長は予定どおり増税をおこなうが、新規の進出企業には七年間の税猶予を認め、事業を拡張する既存企業には税の軽減をおこなうものとしたのだ。これにより、X市はY社の工場拡張を促し、新しい工場を誘致すると同時に、拡張予定のない既存企業への課税を強化することで税収も増やせた。

第6章で論じたように、関数のテクニックとは、それまで互いに関係のなかった変数を関連づけ、一方が変化するとそれに連動してもう一方も変わるようにする手法だ。このケースでは、税率はそれまで企業の売上高や利益といった基準だけで決まっていた。会社のタイプ（既存企業か新規進出企業か）や事業拡張計画の有無といった要素は、税率に影響を及ぼさなかった。それを改めて、新規進出企業や事業拡張をおこなう企業の税率を低く抑え、それ以外の企業の税率を高くすることにしたのである。

この問題以外でも、市と地元企業の利害対立を解決するために、関数のテクニックが有効なケースは多い。たとえば、企業に課す税率と、その会社が雇用している地元住民の数を連動させてもいいだろう（地元住民の雇用数が多いほど、税率を安くする）。事業拡張のスピードと税猶予期間の長さを連動させることも可能かもしれない（早期に事業拡張をおこなうほど、税猶予期間を長くする)。

すでに述べたように、関数のテクニックは、ニセモノの矛盾を解決するためによく用いられる方法だ。交渉におけるウィン・ウィンの解決策の八〇%は、このテクニックを使用している。

保険代理店の給料決定方法の交渉(注6)

ある小都市にある独立系保険代理店の経営者は、社員の給料決定方法を変更しようとしたとき、思いがけず猛反発を買った。経営者がめざした改革は、一部の社員の給料を固定給ではなく、「基本給+歩合給(上限なし)」という制度に変えようというものだった。それに対して社員たちは、新制度でいくら給料を受け取れるかがはっきりしないことに不安と疑念を感じたのだ。社員にしてみれば、新制度はあまりにリスクの大きな選択肢に思えた。

やはり、双方の利害の間に矛盾が生じている。経営者としては、社員がもっと積極的に新規顧客を開拓するようになると期待して、新制度を導入したい。しかし、社員はきわめて消極的だ。これは、ホンモノの矛盾なのか、それともニセモノの矛盾なのか？　検討してみよう。

アレクサンドリアの大灯台やアンテナの事例のように関数のテクニックを使ったり、オレンジの事例のように分割のテクニックを使ったりする場合も多いが、ここでは掛け算のテクニックを試してみよう。それによって新しい視点が得られ、問題の解決策が見えてくるだろうか？

掛け算のテクニックを実践する場合、給料決定方法の数を増やし、コピーしたものに修正を加えるという手順になる。具体的には、以下のように考えてはどうだろう？　掛け算により、経営者は二種類の給料決定方法を併用するものとする。一つは、従来型の固定給方式。もう一つは、歩合給方式だ。経営者は、さしあたりすべての社員に旧方式を適用して給料を支払いつつ、もし新方式に移行していれば給料がいくらになるかを一人ひとりに示す。社員は二つの方式で受け取る給料の額を見比べ、新方式に移行すると給料が大幅に増えると気づく、というわけだ。

経営者は掛け算のテクニックを使って、さらに大きな恩恵を手にすることも可能かもしれない。それなりのコストはかかるが、二つと言わず、三つ、四つ、五つという具合に、いくつもの給料決定方法を想定し、それぞれの方式を採用した場合の給料の額を計算するのだ。そうすれば、会社と社員の両方にとっていっそう好ましい給料決定方法が見つかる確率が高まるだろう。

オフィスのスペース争奪戦の交渉（注7）

ほとんどの組織は、組織内に十分に行きわたるだけの資源をもっていないので、資金や人材などをめぐる内部の争いが絶えない。大きな会社では、オフィススペースも奪い合いの対象になる。

ある建設会社の社内に空きスペースができた。すると、その両隣の二つの部署の間で争奪戦が始まった。上層部はスペースを半分ずつわける方針だったが、両部署ともスペース全体を独占したいと主張していた。IT部門は、すでに会議室としてそのスペースを利用しており、経理部門は、増える一方の書類の保管場所を欲しがっていた。空きスペースはそれほど広くないので、部屋を平等にわけた場合は、どちらの部署のニーズも満たせない。

どのような矛盾があるかはわかりやすいだろう。二つの部署のニーズは、両部署が同じ部屋を欲しがっているという事実によって関連づけられている。勝ったほうの部署はスペースが増え、負けたほうの部署はなにも獲得できない、という図式ができあがっているのだ。

この問題は、どのように解決されたか？　解決策はいたってシンプルだった。IT部門が経理部門のために、ペーパーレスの書類保管システムを考案・整備したのだ。これで、経理部門はただちにスペース拡張の要望を取り下げた。典型的なウィン・ウィンの問題解決策だ。ＩＴ部門は待望の会議室を獲得し、経理部門は懸案の書類管理に関して長期的な対策を手にできた。

この種の解決策がしばしばそうであるように、この場合も両部署が得た恩恵はこれだけではなかった。経理部門は、ペーパーレス型の書類管理システムに移行した結果、書類が減り、スペースに余裕ができた。ＩＴ部門は、費用対効果の高い新システムを構築して経理部門の生産性を向上させたことで、社内での評価を高められた。また、ＩＴ部門が会議室を使わないときは、経理部門が利用できるようにすることでも、双方が合意した。

ここで問題解決に用いられたのは、引き算のテクニック（代替型）だ。最初に、なんらかの主要な要素を取り除く。ここでは、新しい書類保管室に対する経理部門のニーズを取り除いた。そして、その要素を「閉じた世界」内にある別の要素で代替させることにより、両部署はすぐに合意に達することができた。具体的には、ペーパーレスの書類管理システムを構築するＩＴ部門の能力で代替させたのである。

企業買収の金額交渉（注8）

交渉に関する最後の事例として、次のシナリオを考えてみよう。大企業であるＡ社は、下請け企業である非上場企業のＢ社に、友好的買収をもちかけた。Ａ社が提示した買収金額は一四〇〇万ドル。しかしＢ社は、一六〇〇万ドル以下では買収に応じないと主張している。両社とも一五〇〇万ドルで折り合うつもりはない。

両社の間では、Ｂ社の新しいハイテク関連ベンチャービジネス部門の将来性に対する評価が大きく違った。Ａ社は、同部門の価値を一〇〇万ドルと見積もっていたが、Ｂ社は同部門で開発を進めている製品に自信をもっており、同部門の価値は六〇〇万ドルをくだらないとみていた。

この状況における矛盾は、「A社はB社の買収金額として一四〇〇万ドル以上支払うつもりはないが、B社は一六〇〇万ドル以下で了承するつもりがない」というものだ。

矛盾する二つの主張を結びつけている連結要素は、両社の主張がいずれも同じものに対する経済的評価を反映しているという点だ。この連結要素を打ち砕くためには、交渉からベンチャー部門を取り除けばいい。

最終的に、どういう条件で話がまとまったか？　A社は一二〇〇万ドル支払い、ベンチャー部門以外のB社を買収する。A社としては、一〇〇万ドルの評価しかしていないベンチャー部門を除外することにより、買収金額を二〇〇万ドル減らせたので、一〇〇万ドル得した計算になる。

一方、新しい合意案は、B社にとっても満足のいくものだった。六〇〇万ドルの評価をしているベンチャー部門を保持したまま、それ以外の部門を売却して一二〇〇万ドルを得られるからだ。

これは引き算のテクニックの見事な実践例と言える。問題を構成する重要な要素であるベンチャー部門を取り除いたことにより、両社はともに、最初の案よりも大きな恩恵を手にできた（このケースでは、取り除いた要素の機能をほかの要素で代替させることはしていない）。引き算をおこなってはじめて、A社とB社はこの恩恵を得られたのだ。

創造的解決の鉄則「妥協するな」

この企業買収の事例でA社とB社が金額で妥協していれば、双方ともに不満が残ったはずだ。アンテナの事例で妥協案を選択していれば、まずまず丈夫で、まずまず軽いアンテナが設計されていただろう。それは有効な戦略かもしれないが、創造的な問題解決策とは言えない。「まずまずだけど、創造的でない」解決策で妥協することの問題点は、真に創造的で、もっとメリットの大きい解決策に到達できなくなることだ。妥協案は目にとまりやすいし、お手軽な選択肢なので、どうしてもそれに引き寄せられてしまい、もっと好ましい解決策を見いだせなくなりやすい。「閉じた世界」の中で計画的に創造性を発揮するコツは、妥協しないことだ。みんなと同じ道を選ぶことをやめよう。矛盾に着目することで、みんなが気づいていないアイデアを見いだすのだ。

最善の結果を導き出すために、妥協が役に立たないと言うつもりはない。創造的解決策のほうがつねに優れていると言うつもりもない。しかし、妥協している限り、創造性は発揮できない。状況を一変させるような独創的なアイデアを見つける道はただでさえ見えづらいのに、妥協案を選ぶと、それがいっそう目に入りにくくなる。

「閉じた世界」における創造性と妥協の対立関係について、図で考えてみよう。

図7－5は、アンテナのポールの例を使って、ニセモノの矛盾とはどういうものかを示したものだ。ニセモノの矛盾は、二つの対極的なニーズの中間で妥協することを要求するという性格をもっている。

図の左側では、ポールは非常に頑丈で、どんなに大量の雪と氷がアンテナに積もっても持ちこたえられる。しかしその半面、ポールは非常に重く、運ぶのが大変だ。逆に図の右側では、ポールは軽く運びやすいが、アンテナに大量の雪と氷が積もると、その重みに耐えられない。左から右へ進むにつれて、ポールは強さを失い、運びやすさが高まっていく。その途中のどこかで折り合いをつければ、妥協を選択したことになる。図に楕円で示した範囲がおおよそ手堅い妥協の領域と言えるだろう。

妥協はどのような矛盾に対してもかならず存在する選択肢だが、だからこそ、創造的な解決策

【図7-5】ニセモノの矛盾をグラフで表すと（ポールの事例）

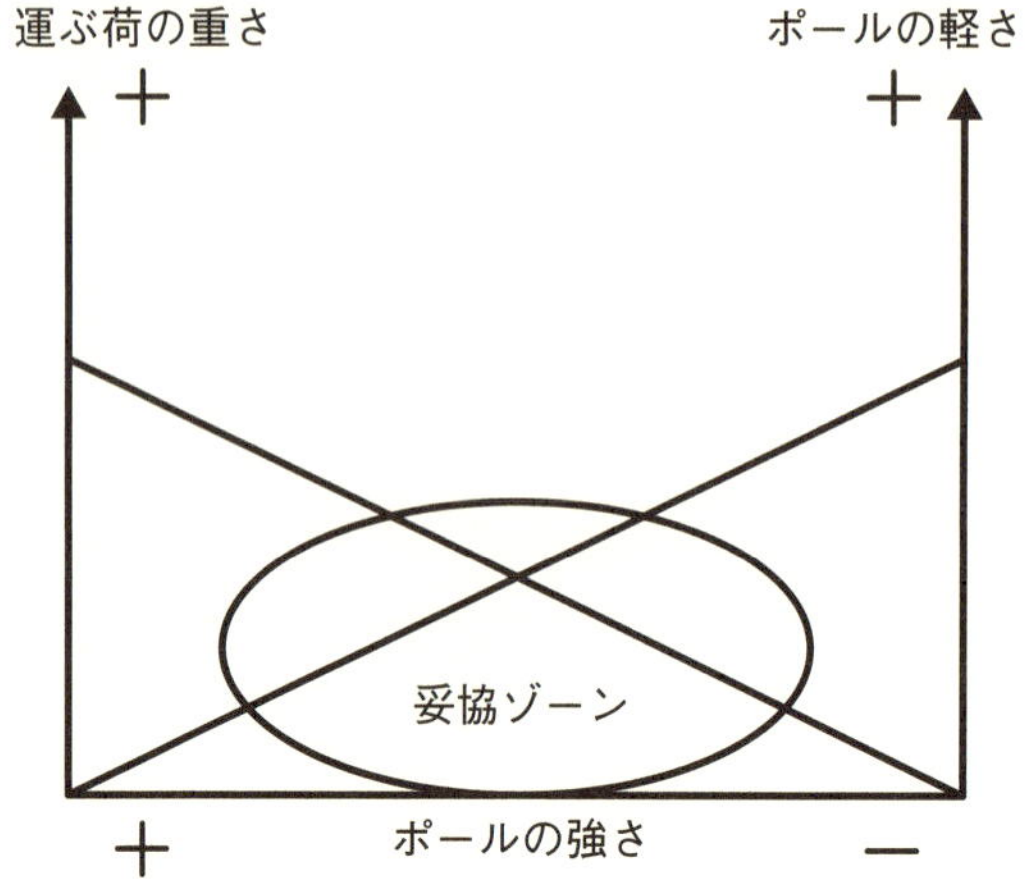

にはなりえない。妥協という選択肢は、誰でもすぐに思いつく。誰でも考えつくようなアイデアを「創造的」とは呼ばない。

アレクサンドリアの大灯台の例で言えば、ソストラトスは妥協案を選択して、灯台の下のほうの目立たない場所に小さな字で自分の名前を彫り込むこともできただろう。そうすれば、王に知られる可能性を大幅に減らせる。しかしあらゆる妥協案の例に漏れず、これではソストラトスの欲求の一部しか満たされない。本来望んでいたほど大きな名声は得られないし、王に知られて命を奪われるリスクもゼロにはならない。

よきにつけ悪しきにつけ、人間には妥協案を探す習性が染みついている。職場の同僚グループが一緒に食事に行くときは、大方のメンバーにとってまずまず好ましい時間を選ぶだろう。その時間が全員にとって最も好都合だとは限らない。カップルが新居を探すときは、双方の最低限のニーズを満たせる物件で折り合いをつける。ノートパソコンを買うときは、予算が許し、持ち運びに不便にならない範囲内で、できるだけモニターの大きい機種を選ぶ人も多いだろう。

中庸を選ぶのは人間の自然な本能だが、矛盾に直面したときに妥協案を選択すれば、対立する二つのニーズの両方とも部分的にしか満たせない。この点は頭に入れておいたほうがいい。妥協をせず、矛盾して見える状況が実はニセモノの矛盾にすぎないと見抜き、連結要素を打ち砕けば、真に創造的な解決策を導き出し、両方のニーズを完全に満たすことができる。

矛盾解決の練習問題：物置のイノベーション

一九九九年一一月、ニューウェル・ラバーメイド社は、新しい移動式の屋外用物置の開発をめざしていたが、具体的にどのような製品をつくるべきか頭を悩ませていた。その新製品は、野ざらしにしても壊れにくい頑丈な移動式の物置で、家の裏庭に置いてさまざまな家財道具を収納できるものだった。同社はこの製品に大きな期待を寄せていた。

この物置は顧客が自分で組み立てるものなので、運びやすいように軽量でなくてはならない。しかし、強風で飛ばされたり、倒れたりしないように、頑丈にできている必要もある。

これは、比較的解決しやすい矛盾だ。アンテナのポールの事例が参考になるだろう。私たちが最後にこの事例を選んだのは、理由がある。ニセモノの矛盾を解決するのはけっして難しくないと、読者のみなさんに知ってもらいたかったのだ。今度、実生活で矛盾にぶつかったときは、どんなに厳しい条件に直面しているように思えても、同様の思考プロセスをたどって解決策を見いだしてほしい。

アンテナのケースも物置のケースも、重さが変数の一つになっている。そして、いずれの場合も連結要素は時間だ。この連結要素を打ち砕けば、ニセモノの矛盾は消える。

理想的な解決策は、問題の原因（＝風）を解決策の柱に変えるというものだろう。物置をまっすぐ立たせておくために必要な重み（厳密に言うと、エネルギーないし圧力）を風が生み出せれば、文句なしにエレガントな解決策と言える。しかし残念なことに、このアイデアは机上の空論だ。そのようなシステムをつくろうとすれば、物置本体以上のコストがかかる。それに、その装置は運ぶのに重すぎるし、風の状況によって物置の安定性が変わってしまう。

でも、あきらめるのはまだ早い。これまで述べてきたように、「閉じた世界」は非常に豊かな場だ。この場合も、解決策を導き出すために使える要素は風以外にもある。

ニューウェル・ラバーメイドの検討チームは、インサイドボックス思考法の考え方を学び、問題を解決した。(注9) その解決策とは、物置本体と土台を分離するというものだった。そして、土台を運搬しやすくするために、内部を空洞にした。購入した人がそれを適切な場所に設置したあとで、その中に土や水を入れて重くして、物置をしっかり支えられるようにするのだ。矛盾に着目することにより、物置という、ほとんどイノベーションの余地がないと思われていた製品で、イノベーションを成し遂げることができたのである。

矛盾を愛せ！

本章で取り上げた事例には、前章までと違う点がある。第2～6章の事例ではしばしば、どのような問題を解決すべきかがまだ見えていない状態で、まずイノベーションを起こそうとしてきた。しかし本章の事例はすべて、解決すべき課題がすでにはっきりしていた。本章で学んでほしかったのは、難しい問題にぶつかったとき、そこにどのようなニセモノの矛盾があるかを見いだし、それを解消できれば、問題をチャンスに変えられる可能性があるということだ。

矛盾に見えるもののほとんどは、実は矛盾ではないのだとわかっていれば、問題を前にしたとき、積極的に矛盾を探そうという気になれるだろう。この手法を日々の問題解決に活用してみよう。それを繰り返すうちに、矛盾が見つかったときに（矛盾はかならず見つかる）、それを受け入れ、さらにはそれを歓迎するようになる。そこまで来れば、あなたは制約の中（インサイドボックス）でイノベーションを起こす方法論の習得に向けて大きく前進したと言っていい。

まとめ

普通の人の常識

重大な問題が起きていると感じられる「矛盾」を避けたい

インサイドボックス思考法では

矛盾はむしろ、歓迎すべきもの！
矛盾に見えるものはほとんど、ニセモノの矛盾

■ **矛盾を構成する三つの要素**

①利益や恩恵の要求　②利益や恩恵を得るためのコスト
③その二つを結びつける連結要素

暗黙の思い込みであることが多い

＝ **矛盾の弱点である連結要素を打破しよう**

創造的でない「妥協」をせずに、閉じた世界の中で矛盾を消し去る実例

■SETIのデータ解析

①利益：コンピュータの能力を増強したい。

②コスト：コンピュータを増強するための支出は圧縮したい。

③連結要素：支出はSETIの予算から出さなければならない？

↓人々のPCの余剰処理能力を「寄付」してもらって矛盾を打破

課題の中に積極的に矛盾を探すことで、妥協せずに創造的に解決できる

矛盾を見いだせ！

次章では

テクニックはすべて伝授した。

さあ、インサイドボックス思考法で、実際に変革を起こそう！

第8章
人類の思考パターンを活用して変革を起こせ

私たちが道具をつくったあとは、道具が私たちを形づくる。
――マーシャル・マクルーハン（カナダの思想家）

なぜ、変革したいのにできないのか？

アメリカ国防総省や民間企業のためにシミュレーション機器や研修プログラムの設計をおこなっているロジャー・スミス博士は、二〇〇八年のエッセーでこう問いかけた。（注１）「二〇世紀最大の発明はなんだろう？」。イノベーションの方法論なのではないかと、博士は考えていた。

私たちも同感だ。なにしろ、世界中の組織のリーダーたちがイノベーションを起こしたいと思っているのだから。

では、どうしてイノベーションがなかなか実現しないのか？　どうして、リーダーたちはイノベーションが大切だと言っているのに、そのための投資をしないのか？

【図8-1】企業経営者のホンネ

CHANGE IS GOOD.
You go first!

変革は素晴らしい
あなたが最初にやってください

　P&G元幹部のデーヴィッド・ディジュリオは二〇〇七年、イノベーションに関するイベントの開会スピーチに、上のようなバッジをつけて登壇した。バッジに記されていた言葉は、イノベーションと変革の必要性を説きながら、リスクをともなう行動に足を踏み出そうとしない人たちの心理を鋭く描き出していた。

　私たちは企業幹部の前でイノベーションについて話すとき、二つの質問を投げかけることが多い。一つ目の問いは、「あなたの会社が成功を収めるうえで、イノベーションはどの程度重要ですか？　1～10点で点数をつけてください」。二つ目の問いは、「あなたの会社で生み出されているイノベーションに、どの程度満足していますか？　1～10点で点数をつけてください」というものだ。

　予想どおり、企業幹部たちはイノベーションの重要性に高い点数をつける。国や業種を問わず、点数はたいてい、9点か10点だ。いかなる組織にとってもイノベーションが成長の最大の源泉だという点に、異を唱える人はいない。

　驚かされるのは、二番目の問いに対する回答だ。ほとんどの企業幹部は、この問いに非常に低い点数をつける。たいてい、5点に満たない。これも、国や業種を問わず見られる現象だ。そこで私たちは、このギャップを指摘する。リーダーたちはイノベーションを非常に重んじているのに、どうしてみずからの組織のイノベーションの達成度にこれほど不満足なのか？　企業幹部たちは、ギャップを埋めるための権力と手段、役職上の動機と個人的な動機、それにマネジメントスキルをもっているはずだ。彼らは組織内で誰よりも、イノベーションを実現するための変革を推し進める力をもっている。それにもかかわらず、思うような成果をあげられていないのだ。

そういう状況を変えなくてはならない。

創造性の「神話」を打破する

私たちが本書でめざした最大のゴールは、創造性に関する最大の神話を打ち破ることだった。その神話とは、創造性を発揮するためには〈枠の外（アウトサイドボックス）〉でものを考える必要があるという思い込みだ。ここまで読んできた読者は、実際はその正反対だとわかっていることだろう。極端に突飛な思考が創造的なアイデアを生むケースはほとんどない。本書を通じて伝えようとしたのは、イノベーションをめざすときは〈制約の中（インサイドボックス）〉で考えるべきだということ。そして、きわめて創造的な解決策は、既存の製品やサービス、環境の内部に潜んでいる場合が多いということだ。

私たちは、創造性の発揮を特異なこととは考えていない。生まれつきの才能とは関係ないので、「私には創造の才が備わっていない」と悲観することはやめよう。創造性は、ビジネスや人生のために身につけるべき数々の技能の一つであり、誰でも学習して習得できるものだ。ほかの技能と同様、練習を重ねるほど上達する。本書では、秘密のカーテンを開き、あなたの目の前に隠れている素晴らしき世界を——制約の中の世界を——見せることをめざしてきた。

本書で紹介したインサイドボックス思考法を実践すれば、人類が何千年も昔から用いてきた思考のパターンを活用できる。「閉じた世界」の中で用いる五つのテクニックは、日々にぶつかる問題や矛盾を解決する道具として役立つだろう。あなたは、必要なときにイノベーションを起こせる力を手にしたのだ。

このアプローチは、ビジネス関係者やエンジニアだけに有効なものではない。本書の方法論は、誰でも使えるものだ。建築家であろうと、小学四年生であろうと、それに従えば自分の創造性を高められる。創造的思考が得意な人も不得意な人も、この方法論を周囲の世界に適用すれば効果がある。

私たちは、どのような分野で活動している人にも役立ち、人生のあらゆる場面で活用できる方法論を示したいと思った。普通ではけっして思いつかないようなイノベーションを成し遂げるために、頭の使い方をどのように変えればいいかをわかりやすく書いたつもりだ。

忘れないでほしいのは、単に独創的なアイデアを思いつくだけでは十分でないということだ。真のイノベーションとは、斬新なアイデアを生み出し、そこからなんらかの恩恵を得ることを意味する。インサイドボックス思考法の核をなす五つのテクニックといくつかの原則に従えば、この二つの要素を備えたイノベーションを実現できるだろう。本書では、それらのテクニックと原則を説明してきた。

あらゆる道具がそうであるように、この道具も、適切に使わなければ好ましい結果は引き出せない。私たちの経験から言うと、インサイドボックス思考法をはじめて実践する人は、居心地悪さを感じるらしい。五つのテクニックは、その性格上、奇妙な状況やばかげているように見える状況をつくり出すようにできているからだ。だから、違和感をいだくのは無理もない。むしろ、最初に違和感を覚えないとすれば、テクニックを正しく実践できていない可能性が高い。重要なのは、テクニックを適用し、その結果としてあらわれた状況と向き合うことだ――それがどんなに突飛で、自分ではけっして思いつかないようなものだったとしても。

練習あるのみ

本書をここまで読んできて、方法論は理解できただろう。次は、実践の段階だ。新しい技能を学ぶときは、本を読んだり、誰かがやっている様子を動画で見たりするだけでは十分でない。自分でやってみることが不可欠だ。一回ではなく、繰り返しやってみる。その都度、自分の行動と結果を振り返り、やり方を調整し、改善していく。

自分がイノベーションのテクニックを実践する様子を脳内でシミュレーションするのも有効だろう。『アイデアのちから』（邦訳・日経ＢＰ社）で著者のハース兄弟は、脳内でシミュレーションをおこなうことの重要性を強調している。「三一四人の被験者を対象にした三五件の研究を調べたところ、自分が課題を最初から最後まで首尾よくやり遂げる姿を思い浮かべるだけで、成果が目覚ましく向上することがわかった。これは、さまざまなタイプの課題で見られる傾向だ。イメージトレーニングだけでも、実際の行動をともなう練習の三分の二程度の効果がある」

ぜひ、あなたもイメージトレーニングを積んで、イノベーションの技術に磨きをかけよう。なんらかの出来事を脳内でイメージすること自体は、誰でもいつもやっていることだ。人は日々、スーパーに買い物に行ったり、上司と話をしたり、マッサージを受けたりする前に、脳内でその場面をイメージしている。そうすることで、先に待ち受けている出来事に対する準備ができる。こうした脳内予行演習は、なんらかの行動パターンを習得しようとする場合も効果的だ。その点では、新しいアイデアの創出も例外でない。

具体的には、以下のアドバイスに従ってイメージトレーニングをおこなうといいだろう。

①目新しいアイデアに注意を払う。

目新しく興味深いものごとに注目し、それがどのようにして発明されたのかを想像してみる。とくに、「ちくしょう！　どうしてオレが思いつかなかったんだ？」と悔しく感じたときは、この作業をおこなってみよう。その対象はたとえば、一度でバナナをサイコロ状に切れる道具のような新しいキッチン用具でもいい。発明の過程でどのテクニックが用いられたかを考えてみよう。そして、そのテクニックに基づいてアイデアを導き出すプロセスを脳内でシミュレーションしてみるのだ。本書で学んできたように、出発点は構成要素をリストアップすること。そのなかから、イノベーションにつながりそうな要素を選ぶ。

②ランダムに対象を選ぶ。

身のまわりのありきたりのものを選んで、それにイノベーションのテクニックを用いたらどうなるかを脳内でシミュレーションしてみる。対象は、ケチャップのボトルや郵便ボックスのような物体でもいいし、郵便事業や靴磨きなどのサービスでもいい。いずれかのテクニックを実践する手順を脳内で一通り思い浮かべる。どうすれば、その製品なりサービスなりを改良できるだろう？

③ランダムにテクニックを選ぶ。

五つのテクニックのいずれかをランダムに選び、いま自分のまわりで進行中のものごとに当てはめてみよう。空港でセキュリティチェックを受けている最中なら、関数のテクニックを適用して、そのプロセスを構成する変数のうちの二つを連動させられないかを考えてみる。セキュリティチェック担当者の経験によって、手続きの進むスピードが違うとしたら、経験豊富な職員の担当する列に並ぶ利用客に割増料金を課せないか？　あるいは、経験豊富な職員の担当する列は、子ども連れなど、手続きに時間のかかりそうな客専用にできないか？　さらに、一石二鳥のテクニックも検討してみよう。利用客に、ほかの利用客のセキュリティチェックをさせることはできないか？　そのアイデアは、どうすれば実現できるか？　それにどういうメリットがあるか？　そのイノベーションを誰が望むか？　こうした点を考えてみるのだ。

このように、ランダムに選んだ条件下で、すなわち予備知識や経験の乏しい環境で問題解決の脳内シミュレーションを重ねることで、実際の場面で必要とされる「イノベーションの筋肉」をはぐくめる。

本書で紹介したテクニックは、一人で実践しても非常に効果的だが、チームで取り組めば、さらに大きな成果を得られる可能性がある。今日のビジネスの世界で持ち上がる課題にはきわめて手ごわいものが多く、一人の努力によって問題が解決されるケースはほとんどない。そこで私たちは、一連のテクニックをチームで正しく実践するのに適した環境づくりの方法論も編み出してきた。本書の続編を執筆する機会があれば、そうした方法論や、イノベーションを起こせる組織文化の築き方も披露したい。

変革は素晴らしい。あなたが最初にやろう！

これまで多くの人がそうしてきたように、あなたも練習を重ねてイノベーションの技能を身につけ、新しい価値あるアイデア、製品、サービス、プロセスを生み出そう。本書の方法論は、人類が長い歴史を通じて、日々の問題を解決しながら磨きをかけてきたものだ。そのテクニックが、いまあなたの手の中にある。それを正しく使えば、あなたも自分自身や自分の組織の創造性をかつてなく高められるかもしれない。

まとめ

世界中のリーダーはイノベーションを起こしたいと思っている

⬅

実際には思うように成果をあげられていない

どうすればいい？

✕ **アウトサイドボックス思考法**

⬅

極端に突飛な思考が創造的アイデアを生むことはない

○ **創造的解決策は制約の中に潜んでいる！**

⬅

人類が何千年も用いてきた思考パターンを利用すれば

誰でも創造性を発揮できる

ビジネスだけでなく、
あらゆる場面でイノベーションを生み出せる

インサイドボックス思考法

インサイドボックス思考法を使いこなすには？

練習あるのみ。イメージトレーニングを欠かさない

①目新しいアイデアに注意を払う
②ランダムに対象を選ぶ
③ランダムに5つのテクニックを選ぶ
➡問題解決のシミュレーションをおこなって、
「イノベーションの筋肉」をつけよう

創造性を〈制約の中（インサイドボックス）〉で高めよう！

エピローグ——子どもたちを発明家にしよう：ドリューの経験

あるとき、中学一年生の息子から頼まれた——学校でなにか特別授業をしてよ。堅苦しい勉強ではなく、インラインスケートの遊び方とか、クッキーの焼き方みたいに、楽しい授業にしてほしいとのことだった。そこで私は学校に電話し、「発明家になろう」という授業をすることを申し出た。私はすでに四年間、数々のイノベーションのワークショップでインサイドボックス思考法を教えていた。子どもたちのために、楽しくて役に立つ授業をする自信があった。

学校側の回答はノーだった。

私は驚いた。創造性に関するミニ講義をするというアイデアは、当然歓迎されるものと思っていたのだ。私は理由を尋ねた。発明家になる方法など教えることは不可能だ、というのが拒否の理由だった。とりわけ、子どもにそんなことを教えるのは無理だという。子どもたちに高度な要求をしすぎれば、「小さな胸を苦しめて」しまうと、学校側は考えていた。学校の上層部は、大半の人と同様、「創造性は生まれつきの才能だ」と思い込んでいたのだ。

それでも粘り強い交渉の末、ようやく私の特別授業が認められた。参加した子どもは、中学一年生と二年生の一〇人。毎週一時間ずつ、五週間にわたって、本書で紹介したのと同じイノベーションのテクニックを教えた。事例は子どもが興味をいだきやすいものにしたけれど、それ以外は大人向けのセミナーと同じ方法で授業をおこなった。

最後の授業は「卒業試験」だった。子どもたち一人ひとりに、私がなんらかのありきたりの品物を手渡した。洋服のハンガーだったり、懐中電灯だったり、腕時計だったり、靴だったり。子どもたちは、このときはじめて、自分がどういう品物を与えられるのかを知った。その後、三〇分間、子どもたちは、それまでの授業で学んだテクニックをその品物に当てはめる方法を考えた。ありふれた品物を前例のない品物に変え、それを黒板の前で説明し、どのようにテクニックを用いたかをみんなに話して聞かせるのだ。

最初に自分のアイデアを発表したのは、モーガンという中学一年生の女の子だった。この子に与えたのは、針金ハンガーだった。可動部品のない、というより複数の部品で構成されない、単純な品物だ。たいていの人は、こんな課題を言い渡されれば途方に暮れる。このような単純でありきたりな品物にイノベーションを起こすなんて無理だ、とおじけづくのだ。でも、モーガンは違った。関数のテクニックを使い、服の大きさと重さに応じて形の変わるハンガーを考案した。

次はニコルの番だ。課題として与えた品物は、私が妻から借りてきたスニーカーだった。ニコルも関数のテクニックを使用し、履く人の活動や天候に応じて靴底を変えられるスニーカーを思いついた。「私が発明したのは、踊っているかボウリングをしているか、雨が降っているか雪が降っているかによって、靴底を変更できるスニーカーです」。モーガンのアイデア同様、新しく、予想外で、しかも役に立つアイデアだった。

このように、子どもたちが一人ひとり順番に、インサイドボックス思考法を用いた新しいアイデアを披露していった。どうやら、子どもたちの「小さな胸を苦しめ」ずにすんだらしい。私はホッとした。

締めくくりは卒業式。私は子どもたちに、「発明家」の認定証を手渡した。これから、この子たちが世界に出ていき、多くの驚くべき発明を生み出すのだ。みんな満面の笑みだったし、私もうれしかった。

これで私の授業はすべて終わり。あとは、荷物をまとめて帰るだけだ。教室を出て廊下を歩いていると、子どもたちがぞろぞろついてくる。早く家に帰りたかったので、私は少し足を速めた。するると、子どもたちも早歩きになった。やがて、小走りでついてきていたニコルが叫んだ。「ドリュー、ドリュー！　もう一つ思いつきました！　成長して足が大きくなるのに合わせて、サイズが大きくなるシューズです！」

子どもたちの創造性に、「切る」のボタンはないのだ。ニコルたちの小さな頭脳は、授業が終わったあともフル回転し続けていた。

これ以降、私はシンシナティのワイオミングシティ学区の小学校で三年生と四年生に本書の方法論を教えている。サムという男の子は、私の教えた内容を忠実に守って、掛け算のテクニックでイノベーションに取り組んだ。この子に与えた課題は、地元のシンシナティ大学の鮮やかな赤色の傘だった。サムは定石どおり要素のコピーをおこない、取っ手が二つある傘を考案した。一つは普通の場所、もう一つは傘の先端部分についている。正しい手順にのっとって、私は尋ねた。「両端に取っ手のついた傘を欲しがるのは、どういう人だと思う？　そういう傘にどういうメリットがあると思う？」

サムは一瞬考えてから、拳を天に突き上げて叫んだ。「わかったぞ！　なんの役に立つかわかった！」

私は息を呑んで、次の言葉を待った。

サムは言った。「強い風が吹いて、傘がおちょこになっても、上下をひっくり返してすぐに使えるよ！」

謝辞

ジェイコブに思考のヒントを与えたり、一緒に協力して活動したりした五人の人たちがいなければ、この本は生まれなかっただろう。その五人とは、ゲンリック・アルトシューラー、ロニ・ホロウィッツ、アムノン・レーヴァヴ、ダヴィド・マズルスキー、ソーリン・ソロモンである。その一人ひとりに深い感謝の言葉を述べたい。

まず、故ゲンリック・アルトシューラー。私たちのずっと前に、創造的な問題解決策を体系的に導き出すことは可能だと主張し、ＴＲＩＺ（発明的問題解決理論）を構築するなど、すべての創始者であり、この分野の学術研究で最も大きな影響を残した人物である。

アルトシューラーの主張の際立っていた点は、妥協中心の旧来の問題解決と、真の創造的問題解決とをはっきり区別したことだ。そのうえで、以下の問いに答えようとした。創造的なアイデアに共通するパターンはないか？　発明にいたる思考の道筋を割り出せないか？　それを人に教えるには、どうすればいいか？　アルトシューラーの主たる関心はエンジニアリング上の問題解決だったが、ジェイコブはそれに触発されて、きわめて革新的な製品やサービス、プロセスを生み出すパターンについて、同様の問いに対する答えを見いだそうとしはじめた。

アルトシューラーは精力的に研究をおこない、人類に計り知れない恩恵をもたらせる方法論を確立するために生涯を捧げた。私たちはこれまで、学術的なものも実用的なものも含めて、創造性について書かれた数多くの論文や記事、書籍に目を通してきたが、アルトシューラーの主張ほど説得力があり、魅力的なものにはほかにお目にかかったことがない。もし彼がいなければ、本書で紹介したテクニックは一つも編み出せなかっただろう。

第1章で紹介したタイヤのパンクの事例に出てくる二人のエンジニアの片方はジェイコブ、そしてもう片方はロニ・ホロウィッツ博士だ。ロニは同僚のなかでいち早く、アルトシューラーの主張を知って触発され、ジェイコブがこの研究に足を踏み入れるよういざなった人物だ。ほかに先駆けてアルトシューラーのアイデアを学術的研究の対象にし、「閉じた世界」の原理を生み出したのも、ロニである。この原理が「体系的創造思考法(SIT)」、愛称「インサイドボックス思考法」の重要な柱になった。貢献はまだある。複雑な理論と手法を、わかりやすく、誰でも実践できる一貫した方法論にまとめたことも重要な業績だ。ロニの研究、アイデア、発見がなければ、そして最初に彼がジェイコブをやさしく導かなければ、本書で紹介した方法論は確立できなかっただろう。

アムノン・レーヴァヴにも感謝している。本書では、第2章(ドリューのイノベーションの試験プログラム、フィリップスのDVDのストーリー)、第4章(P&Gの芳香剤のストーリー)に出てくるが、それ以外にも数々のイノベーションの物語(本書で紹介したものもあれば、紹介していないものもある)で欠かせない役割を果たした。アムノンは、ジェイコブとロニの理論と研究に基づいてSITの土台をつくり、一九九六年以降、この思考法を実践するチームを築いてきた。また、そこに独自の理論と方法論を加え、SITのさらなる進化を監督してきた。その進化とは、ヒナ型の適用を中心とするイノベーションの方法論（これについては本書で紹介した）から、組織にイノベーションを起こすための包括的なアプローチ（次の著書を出版する折には、この点も論じたい）への移行である。アムノンのおかげで、ＳＩＴは、実用的で洗練されていて、ほぼ誰でも実践できる方法論に磨き上げられた。こうした貢献に加えて、貴重な経験を聞かせてくれ、本書の草稿に目を通して改善点を提案し、頼りにしたいときにいつも相談に乗ってくれたことに、深く感謝したい。

ジェイコブには、学問上の師が三人いる。この師たちがいなければ、創造的問題解決を研究テーマにしなかっただろうし、そもそも学問研究の道に足を踏み出すこともなかったかもしれない。博士論文の指導教員であるヘブライ大学（エルサレム）のダヴィド・マズルスキーとソーリン・ソロモンは、指導を引き受け、ジェイコブの研究の意義を信じ、研究者としての訓練をし、その後も今日にいたるまで見守り、励まし、助言してくれている。本書の科学的内容はほぼすべて、ジェイコブがこの二人の師と共同で執筆した学術論文に基づいている。

三人目の学問上の師は、博士課程修了後に研究員として受け入れてくれたコロンビア大学ビジネススクールのドン・Ｒ・リーマンだ。実質的に三人目の博士論文指導教員と言ってもいい。この三人の師とは、いまも共同研究を続けている。

アルトシューラーの教え子であるジナディ・フィルコヴスキにも感謝したい。ロニとジェイコブに、自分なりのＴＲＩＺの原理とエンジニアリング上の問題解決法を教えてくれた。

創造性とは、人が世界をよりよい場所に変えるために活用するもの――そういう考えに基づいて、私たちはこの本を書いた。執筆の過程で、興味深い活動をしている多くの聡明な人たちに話を聞き、そういう人たちのエピソードを本に記せたことは光栄だった。以下に、本書で紹介した事例に関わる人たちの名前を記し、感謝の意を表したい。ジョンソン・エンド・ジョンソン（J&J）で献身的に職務に取り組んでいるパティ・ウェネマン、思いやりをもって患者を治療しているスティーヴン・パルター医師、ヒューマンコンピュテーションの先駆的研究をおこなったルイス・フォンアン博士と博士課程学生のエディス・ロー、チリ鉱山事故の救出活動についてわかりやすく教えてくれたジェフ・サボーとロブ・マギー、ハチの保全に取り組んでいるグレッチェン・レブン博士、J&JでドリューとともにS勇気を奮ってSITをはじめて試したマイク・グスタフソン、プロクター・アンド・ギャンブル（P&G）でこの方法論を取り入れる先見性をもっていたダニエル・エプスタイン、BPW社で革新的な取り組みをおこなったレイナー・シュミット、アクサ・エクイタブル社でこの方法論を実践する先頭に立ったジャッキー・モラレスとハリーナ・カラチュック、レス・ポールについて詳しく教えてくれたディスカバリー・ワールド・ミュージアムのマイク・アームガート、方法論の有効性をいち早く信じてくれたカプロ・インダストリーズのポール・スタイナー。本文で個人名を挙げなかったケースでも、経験を聞かせてくれた人たちに感謝したい。とくに、ビレロイ&ボッシュ、サムソナイト・インターナショナル、ピアソン・エデュケーション、ロイヤル・フィリップス・エレクトロニクスの人たちにお礼を言いたい。

昔、ジェイコブとドリューは、イノベーションに関してそれぞれ単独で本を書くつもりだった。ドリューは主に企業の現場でのガイド本を、ジェイコブは理論面を重んじた教科書的な本を念頭に置いていた。お互い、相手が出版を計画していることを知っていて、読者を混乱させないように用語を統一しようと申し合わせていた。そしてある日、お互いの執筆計画について意見交換していたとき、ジェイコブが言った――「二人の共著で一冊本を書いたほうがいいんじゃない？」。

ドリューは間髪入れずに答えた。「そうしよう！」。ジェイコブはにっこり笑うと、その場で、ニューヨークの著作権代理事務所リバイン・グリーンバーグ・リテラリーエージェンシーのジム・リバインに電話した。ジムはこの三年前、コロンビア大学のジェイコブのクラスを見学に来たことがあった。その日はたまたま、ドリューがゲストスピーカーとして講義に来た日だった。授業のあと、ジムは私たちに、二人の共著で本を書いてはどうかと提案した。そのとき、私たちは相手にしなかった。スケジュールの調整を考えると、現実的には難しいと思ったのだ。しかし、このときのジムの言葉がのちの決断につながるきっかけを与えてくれた。ジムの名刺をちゃんと取っておいてよかった。

ジムとケリー・スパークス、ベス・フィッシャーらのチームには、本当に助けられた。彼らの力がなければ、書き上げることはできなかっただろう。ジムは、わかりやすい文章を求めて私たちに厳しい要求をし、本の構成を考え直し、多くの読者に伝わる書き方を工夫するよう促した。当初の草稿はあまりに抽象的で理論的すぎたのだ。シンプルな文章で書くようにと言ってくれたのもジムだった。彼の指導と手引きのおかげで、本書は大きく改善された。

出版社のサイモン＆シュスター社に紹介してくれたのもジムだ。本書の企画に関心を示してくれた出版社はいくつかあったが、本書の趣旨を本当に理解していたのは、同社のシニアエディターのボブ・ベンダーだった。私たちは五三ページの企画提案書を用意し、ボブと最初の面談に臨む前、厳しい質問を次々と浴びせられることを覚悟していた。しかし待っていたのは、一つのシンプルな問いだった――「どうして、こういう本を書こうと思ったのですか？」。ボブは温かく、プロフェッショナルらしく接し、私たちを勇気づけてくれた。そしてなにより、本書の方法論と私たちという人間に心から興味をいだいていた。ボブが最初に強い関心を示してくれたことで、執筆に弾みがついた。また、彼の率直なアドバイスのおかげで文章を改良することができた。深く感謝したい。

ドリューは、シンシナティ大学のクリス・アレンとカレン・マチレイト、シカゴ大学のアート・ミドルブルックス、そしてミシガン大学のクリスティー・ノードヒールム、マルタ・ダペナバロン、ジェフ・デグラーフの支援と激励に感謝している。とくにお礼を言いたいのは、友人のユーリ・ボシク博士だ。博士は長年、ドリューが世界中の多くの企業関係者の前でイノベーションの考え方を試し、発展させ、それに磨きをかける機会を提供してくれた。また、アムノンをはじめとするSIT社の面々に鍛えられて、一連の方法論を実践し教育できるようにならなければ、そもそも本書の執筆に着手することはなかっただろう。SITの方法論とSIT社は、ドリューのキャリアに、そして世界をよくするための方法論の形成に大きな影響を及ぼした。

一連の方法論を子どもたちに教えるためにはどうすればいいのかと、繰り返し質問されるうちに、私たちはそのやり方を見いだしたいと思うようになった。エミリー・ダゴスティーノ、ヒューズセンター高校のパム・ゼルマン、メイソンシティ学区の人々、そしてワイオミングシティ学区のダイアン・ブリズニアクは、さまざまな年齢の子どもたちに創造性の方法論を教える機会を与えてくれた。本書で紹介したサムやモーガン、ニコル、それに誰よりもライアンのような才能豊かな子どもたちと巡り合えて光栄だった。これらの活動では、創造的問題解決についての子ども向けの本を執筆した経験をもつSIT社の仲間たちが力になってくれた。

執筆パートナーのアリス・ラプランテにも感謝したい。ジム・リバインが紹介してくれたアリスは、私たち二人の文章スタイルをすり合わせ、一貫性のある読みやすい本に仕上げてくれた。ドリューのビジネスマン的な文体（簡潔で無味乾燥、退屈）と、ジェイコブの学者的な文体

（仰々しく、回りくどく、情熱的）を一つにし、明晰で、読んで楽しく、心地いい文章にまとめるのは、骨が折れたことだろう。謙遜家のアリスに代わって紹介しておくと、彼女はスタンフォード大学でクリエイティブライティングの講師をしており、小説の賞を受賞した経験の持ち主でもある。また、アリスは頑固な二人の意見がぶつかったときの仲裁役も務めてくれた。そして、私たちにとっての「先生」でもあった。彼女の指導のおかげで、私たちは文章を書くことに上達したと思う。もっとも、私たちだって教育を仕事にしている人間だ。そこでお返しに、SITの方法論をできるだけうまく教えようと努力した。彼女は、小説の次回作に本書のテクニックを活用するつもりだと言ってくれた。なんてうれしい話だろう！

ジェイコブはアカデミズムのキャリアを通じて、プロのライターで編集者のレニー・ホッチマンの力を借りて多くの論文や書籍を出版してきた。レニーは、私たちが本書の最初の草稿を執筆するのも助けてくれた。ジェイコブは、彼女がつねに力になり、支えてくれていることに深く感謝している。

お世話になった人たちはほかにもいる。社会科学の分野で世界有数の著名な研究者であるダン・アリエリーは、ジェイコブの友人だ。ダンはかねてより、SITの方法論をアカデミズムの世界と企業の重役室の中だけにとどめておくのではなく、書籍の形で出版し、幅広い読者の評価を仰ぐべきだと言っていた。そう言われ続けるうちに、ジェイコブはその考えに賛同しはじめた。ダンは象牙の塔の外の読者に向けた文章の書き方をコーチし、本書に最初の推薦文を寄せ、出版企画の提案方法も指南してくれた。ジム・リバインに紹介してくれたのもダンだった。アンドレア・メイヤーとディック・ベイリーは、企画書の執筆と推敲を助け、コメントを寄せてくれた。デーヴ・ハーマンとエマヌエル・タンガルは本書に掲載した数々のイラストを描き、言葉だけでは伝えられないストーリーを視覚的に表現するのを助けてくれた。

　ＳＩＴ社の有能で親切な面々にも支えられた。とくに、ヨニ・スターン、イディット・ビットン、ヌリット・シャレフ、ヒラ・ペレス、タマール・シェルーシェは、方法論を実践した経験を聞かせ、事例を紹介し、自分の担当した顧客にも引き合わせてくれた。ＳＩＴ社で方法論を実践・指導してきたメンバーはほかにも大勢いるが、顧客に対する守秘義務の関係で本書では紹介していない。しかし私たちは、この方法論を広めるためにいつも献身的に取り組んでいるＳＩＴ社のスタッフ全員に感謝している。以下に名前を挙げたい。アディ・レチェス、アレグザンダー・カーツ、アレグザンダー・ミルデンバーガー、アルフレッド・アラムハン、アーロン・ハリス、アミット・メイヤー、アナト・バーンスタインライシュ、アンドレアス・ライザー、アヴィヴィト・ロージンジャー、ベンディックス・ポーレンツ、ベネディクト・プレール、ボアズ・カプスート、カロリーナ・アヴィラ、デーナ・ホロヴィッツ、ダン・ゼマー、ディクラ・ベニンソン、ドヴ・ティビ、エレズ・ツァリク、エディス・ラッチマン、アイヤル・アヴニ、フェリックス・フォンヘルド、ガブリエル・リクトナー、ギル・キドロン、グラント・ハリス、グーズー・シャレフ、アイリス・レインワンド、ジュリア・バター、カレン・シェマー、リアト・タヴォール、マリエラ・ルイズ・モレノ、マーティン・ラビノウィッチ、マキシミリアン・ライトメイアー、メイ・アミエル、メイラ・モアスキュー、ミハエル・ロキエクヤロム、ミハエル・マスターバラク、故ミハエル・シェマー、ニリ・サジル、ニール・ゴードン、ヌリット・コーエン、ヌリット・シュミロヴィッツ・ヴァルディ、オフェル・エルギャド、オムリ・ヘルツォーグ、オムリ・リンデル、オル・デ・アリ、オルリー・シーガル、フィリップ・ギャステイジャー、ラルフ・レトラー、ロベルト・デラパヴァ、ロビン・タラジンスターン、シャハル・ラリー、シリ・

ヤルデニ、シュロミット・タッサ、シナイ・ゴハル、タル・ハルレヴ・アイデルマン、トバイアス・グッテンバーグ、トム・ペレス、ヴァスデヴァ・レディ・アケパティ、ヴェロニカ・レチツザイド、ヤエル・ショール、ヨアヴ・ミムラン。最後に、ハイム・ペレスと故ハイム・ハルドフにも感謝の言葉を捧げたい。二人は、ヒナ型に従ってイノベーションをおこなうアプローチについて初期段階の説明を読み、先見の明を発揮してそれを広告業界で試した。そして、のちのSIT社を立ち上げ、支援し続けてくれた。

本の謝辞では、著者が家族の忍耐に感謝するくだりがよくある。いま、私たちもそういう著者たちの気持ちがよくわかる。私たちも家族にずいぶん迷惑をかけた。とくに、執筆に時間を割き、シンシナティ、エルサレム、パロアルトなど遠い土地の間で深夜や早朝に電話会議をするなど、ジェイコブの妻アンナとドリューの妻ウェンディーをいわゆる「執筆未亡人」にしてしまった。いままで耐えてくれてありがとう。埋め合わせはきっとする。それが私たちのおこなう最も創造的な行為になるかもしれない。

訳者あとがき

あなたは創造的でありたいですか？

答えは、たぶん「イエス」だと思います。そうでなければ、「究極の創造的思考法」と題した本を手に取りはしないでしょう。でも、半信半疑の人もいるかもしれません――本当に、創造性を本で学べるのか、と。

一般的なイメージによれば、創造的なアイデアは、型にはまった思考では生み出せない、ということになっています。大切なのは、〈枠の外（アウトサイドボックス）〉に足を踏み出すこと。だから、本で学んだ「方程式」に従って到達できるアイデアが創造的なわけがない？

著者たちの考えは違います。詳しくは本文に譲りますが、創造的なアイデアは、〈枠の中（インサイドボックス）〉にこそ存在すると言うのです。そして、五つのテクニック――「引き算」「分割」「掛け算」「一石二鳥」「関数」――を実践すれば、誰でも計画的に、〈枠の中〉で創造的なアイデアを導き出せると主張します（それなりに頭は使わなくてはなりませんが）。実際、研究によれば、優れた発明の多くはその五つのパターンに沿って生まれているそうです。本書では、豊富な実例を通じて、これらのテクニックの使い方を手取り足取り説明しています。

こんな方法で見つかるアイデアなんて、しょせんは退屈なものなのではないかと思うかもしれません。でも、そんなことはなさそうです。本書が提唱する「インサイドボックス思考法」でめざす目標は、問題を妥協によって解決することではなく、問題そのものを鮮やかに消し去ってしまうこと。そんな究極の問題解決法が退屈なわけがありません。

また、独創的で実行可能な――この二つが真に創造的なアイデアの条件だと、著者たちは言います――アイデアを生み出すための、とっておきの方法論も用意されています。目の前に突きつけられた問題を解決するだけでなく、ときには、まずテクニックを適用して新しいアイデアを生み出し、そのうえでそのアイデアの用途を探してみよ、というのです。逆転の発想ですが、新製品開発ではとくに役立ちそうなアプローチです。

本書の考え方は、一九五〇年代のソ連で考案され、冷戦終結後はアメリカなどで深化されてきた歴史ある問題解決理論「ＴＲＩＺ」を継承・発展させたものです。著者の一人のドリュー・ボイドは、アメリカの生活用品業界で経験を積んできたベテランビジネスマン。ジェイコブ・ゴールデンバーグは、イノベーション大国のイスラエルを拠点に研究と教育をおこなうほか、アメリカの名門コロンビア大学ビジネススクールでも教鞭を執っている人物です。そうした理論と実務経験の積み重ねが本書の記述を説得力あるものにしています。

「方程式」に準拠して創造とイノベーションをおこなうなんて、夢がないと思うでしょうか？　確かに、一定のパターンを踏襲して行動するというのは、没個性的で官僚的に聞こえます。でも実は、これこそ、本当に夢のある話なのかもしれません。特別な才能に恵まれて生まれてきた人や、幸運に恵まれた人だけでなく、誰もが独創的で実用的なアイデアを思いつける可能性が開けるのですから。

ビジネスや仕事の世界では、創造性やイノベーションの重要性が強調されることが増えています。日々の生活でも、創造的な問題解決が必要な場面にぶつかることがあるでしょう。読者のみなさんがさまざまな場で有益なアイデアを見いだすうえで、本書が助けになれば幸いです。最後になりましたが、翻訳の過程では、文藝春秋の下山進さん、精力的に編集してくださった髙橋夏樹さんにお世話になりました。心よりお礼を申し上げます。

池村千秋

注

＊ウェブ文献のURLは原書刊行時に確認されたものです。

序章　創造性は誰もが習得できる技能だ

1. Arthur Koestler, *The Act of Creation* (London: Penguin Arkana, 1964), 101-2［『創造活動の理論』（ラティス）］.
2. Barry Miles, *Paul McCartney: Many Years from Now* (New York: Holt Paperbacks, 1998), 277［『PAUL McCARTNEY - MANY YEARS FROM NOW』（ロッキング・オン）］.
3. Ronald A. Finke, Thomas B. Ward, and Steven M. Smith, *Creative Cognition: Theory, Research, and Applications* (Cambridge, MA : MIT Press, 1992), 26-27［『創造的認知――実験で探るクリエイティブな発想のメカニズム』（森北出版）］.

第１章　イノベーションは制約の中にこそ潜んでいる

1. "Thinking Outside the Box," *Wikipedia*, http://en.wikipedia.org/wiki/Thinking_outside_the_box.
2. Janet E. Davidson, "Insights About Insightful Problem Solving," in *The Psychology of Problem Solving*, ed. Janet E. Davidson and Robert J. Sternberg (Cambridge, UK: Cambridge University Press, 2003), 154.
3. O. Maimon and R. Horowitz, "Sufficient Conditions for Design Inventions," *Systems, Man, and Cybernetics*, Part C : Applications and Reviews, *IEEE Transactions*, 29: 1 no.3 (August 1999): 349-61.
4. Gary Schirr, "Flawed Tools: The Efficacy of Group Research Methods to Generate Customer Ideas," *Journal of Product Innovation Management* 29 (2012): 475.
5. Ibid., 483.
6. Margaret A. Boden, "What Is Creativity?" in *Dimensions of Creativity*, ed. Margaret A. Boden (Boston: MIT Press, 1996), 79.

第２章　引き算のテクニック

1. Karl Duncker, "On Problem Solving," *Psychological Monographs* 58, no. 5 (1945): i-113.
2. Meaghan Haire, "A Brief History of the Walkman," *Time*, July 1, 2009, http://content.time.com/time/nation/article/0,8599,1907884,00.html.
3. Amit Schejter and Akiba Cohen, "Israel: Chutzpah and Chatter in the Holy Land," in *Perpetual Contact: Mobile Communication, Private Talk, Public Performance*, ed. James E. Katz and Mrak Aakhus (Cambridge, UK: Cambridge University Press, 2002), 37［『絶え間なき交信の時代：ケータイ文化の誕生』（NTT出版）］.
4. Susan Marks, *Finding Betty Crocker: The Secret Life of America's First Lady of Food* (Minneapolis, MN: University of Minnesota Press, 2007), 168.
5. デベロッパーの1人であるドム・サゴラの38番目のツイート。André Picard, "The History of Twitter, 140 Characters at a Time," *The Globe and Mail* (Canada), March 20, 2011, http://www.theglobeandmail.com/technology/digital-culture/social-web/the-history-of-

twitter-140-characters-at-a-time/article573416/.
6. Nicholas Carlson, "The Real History of Twitter," *Business Insider*, April 13, 2011, http://www.businessinsider.com/how-twitter-was-founded-2011-4.
7. "Dahlbusch Bomb," *Wikipedia*, http://en.wikipedia.org/wiki/Dahlbusch_Bomb.
8. 著者のインタビュー(2011年9月)。
9. 著者のインタビュー(2011年9月)。
10. "How We Grew," Standard Bank, http://www.standardbank.com/

第3章　分割のテクニック

1. "Les Paul Online," www.lespaulonline.com/bio.php.
2. ディスカバリー・ワールド博物館のマイク・アームガートへの著者のインタビュー(2011年7月26日)。
3. Anil Dash, "The Facebook Reckoning," *A Blog About Making Culture*, September 13, 2010, http://dashes.com/anil/2010/09/the-facebook-reckoning-1.html.
4. M. E. Doyle and M. K. Smith, "Friendship: Theory and Experience," *The Encyclopedia of Informal Education*, last update: May 29, 2012, www.infed.org/biblio/friendship.htm.
5. Aleks Krotoski, "Robin Dunbar: We Can Only Ever Have 150 Friends at Most..." *The Guardian* (Manchester, UK), March 14, 2010, http://www.theguardian.com/technology/2010/mar/14/my-bright-idea-robin-dunbar.
6. Shari Roan, "Facebook Backlash Continues with Evidence of 'Frenemies'" *Los Angeles Times*, March 30, 2011, http://articles.latimes.com/2011/mar/30/news/la-heb-facebook-frenemies-20110330.
7. Casey Newton, "Google+ Signs Up 400 Million Users, with 100 Million Active," CNET, September 17, 2012, http://news.cnet.com/8301-1023_3-57514241-93/google-signs-up-400-million-users-with-100-million-active/.
8. 著者のインタビュー(2012年1月12日)。
9. 著者のインタビュー(2012年1月12日)。
10. このエピソードは、著者(ドリュー・ボイド)の回想に基づく。

第4章　掛け算のテクニック

1. Rovert Enstad, "Girder Tops Sears 'Rock,'" *Chicago Tribune*, May 4, 1973. http://www.searstower.org/articles.html.
2. "Bruce J. Graham Video Tribute," Skidmore, Owings & Merrill, www.som.com/content.cfm/video_tribute_to_bruce_j_graham/.
3. Claudia H. Deutsch, "Gillete Is Betting That Men Want an Even Closer Shave," *New York Times*, September 15, 2005, http://www.nytimes.com/2005/09/15/business/media/15adco.html?_r=1&.
4. "Melchisédech Thévenot," *Wikipedia*, http://en.wikipedia.org/wiki/Melchisedech_Thevenot.
5. ポール・スタイナーへの著者のインタビュー(2012年1月19日)。
6. "Dr. Edward F. Knipling and Dr. Raymond C. Bushland," World Food Prize, http://www.worldfoodprize.org/en/laureates/19871999_laureates/1992_knipling_and_bushland/.

7. "College SAT Format," *Videojug*, www.videojug.com/interview/college-sat-format.
8. P&Gのマーケティング責任者、ダニエル・エプスタインから著者に宛てた電子メール(2011年10月26日)。
9. Jack Neff, "Special Report-Marketing 50," *Advertising Age* 77, Issue 46 (November 13, 2006): PS-4-S-4.

第5章　一石二鳥のテクニック

1. January W. Payne, "Origin of Chronic Pelvic Pain in Women Can Be Elusive," *U.S. News & World Report*, March 8, 2010, http://health.usnews.com/health-news/family-health/pain/articles/2010/03/08/origin-of-chronic-pelvic-pain-in-women-can-be-elusive.
2. Steven F. Palter and David L. Olive "Office Microlaparoscopy Under Local Anesthesia for Chronic Pelvic Pain," *The Journal of the American Association of Gynecologic Laparoscopists* 3, Issue 3 (May 1996), 359-364.
3. 著者のインタビュー(2011年7月25日)。
4. Luis von Ahn, "Human Computation," presented at Computing Research That Changed the World: Reflections and Perspectives, Washington, DC, March 25, 2009, http://www.cra.org/ccc/events/past-events/329-computing-research-that-changed-the-world.
5. Alex Hutchinson, "ReCAPTCHA: The Job You Didn't Even Know You Had," *Walrus*, March 2009, http://thewalrus.ca/human-resources.
6. Somini Senguputa, "A Start-Up Bets on Human Translators over Machines," *New York Times*, June 19, 2012, http://bits.blogs.nytimes.com/2012/06/19/a-computer-scientist-banks-on-human-superiority-over-machines/.
7. Clive Thompson, "For Certain Tasks, the Cortex Still Beats the CPU," *Wired*, June 25, 2007, http://www.wired.com/techbiz/it/magazine/15-07/ff_humancomp?currentPage=all.
8. "At an Apple Event at Its Headquarters in Cupertino , California, CEO Steve Jobs Launches the Company's New iPhone App Store," video http://www.youtube.com/watch?v=x0GyKQWMw6Q.
9. Lyn Gardner, "The Amazing Mr. Musicals," *The Guardian* (Manchester, UK), January 24, 2008, http://www.theguardian.com/stage/2008/jan/24/theatre.musicals.
10. "An interview with *Sweeney Todd* Director John Doyle," Downstage Center radio broadcast, original air date, November 24, 2006, http://americantheatrewing.org/blog/2006/11/29/john-doyle-127-american-theatre-wing-downstage-center/.
11. Bruce Sterling, "Spime Watch: Tales of Things," *Wired*, April 13, 2010, http://www.wired.com/beyond_the_beyond/2010/04/spime-watch-tales-of-things/.
12. このエピソードは、著者(ドリュー・ボイド)の回想に基づく。
13. Alexandra Kain, "PLAY PUMP: The Merry-Go-Round Water Pump!" *Inhabitots*, March 5, 2009, http://www.inhabitots.com/play-pump-the-merry-go-round-water-pump/.
14. 著者のインタビュー(2011年7月20日)。
15. Video of Dr. Gretchen LeBuhn on the Great Sunflower Project website, http://www.greatsunflower.org/learn.
16. 著者のインタビュー(2011年7月15日)。

17. Gina Kolata, "Yes, Running Can Make You High," *New York Times*, March 28, 2008, http://www.nytimes.com/2008/03/27/health/nutrition/27best.html?_r=1&.
18. Mark McClusky, "The Nike Experiment: How the Shoe Giant Unleashed the Power of Personal Metrics," *Wired*, June 22, 2009, http://www.wired.com/medtech/health/magazine/17-07/lbnp_nike?currentPage=all.

第6章　関数のテクニック

1. Sharon Katz Cooper, "Chameleons," *National Geographic Explorer*, http://magma.nationalgeographic.com/ngexplorer/0210/articles/mainarticle.html.
2. "Giraffe," *Wikipedia*, http://en.wikipedia.org/wiki/Giraffe.
3. Jacob Goldenberg and David Mazursky, "The Voice of the Product: Templates of New Product Emergence," *Creativity and Innovation Management* 8, no.3 (September 1999): 157-64.
4. Aude Oliva, "Marilyn Einstein," Hybrid Images, http://cvcl.mit.edu/hybrid_gallery/monroe_einstein.html.
5. "Louis Pasteur," *Wikiquote*, http://en.wikiquote.org/wiki/Louis_Pasteur.
6. Janet Adamy, "Will a Twist on an Old Vow Deliver for Domino's Pizza?" *Wall Street Journal*, December 17, 2007, http://online.wsj.com/article/news/SB119784843600332539.html.
7. "Plot Summary for the Bucket List," Internet Movie Database (IMDb), http://www.imdb.com/title/tt0825232/plotsummary.
8. レイナー・シュミットの著者宛ての電子メール(2012年8月15日付)。

第7章　矛盾を見いだせ

1. "Siege of Santuario de Nuestra Señora de la Cabeza," *Wikipedia*, http://en.wikipedia.org/wiki/Siege_of_Santuario_de_Nuestra_Se%C3%B1ora_de_la_Cabeza.
2. "Epimenides Paradox," *Wikipedia*, http://en.wikipedia.org/wiki/Epimenides_paradox.
3. "About SETI@home," *SETI@home*, http://setiathome.berkeley.edu/sah_about.php.
4. Jacob Goldenberg and David Mazursky, *Creativity in Product Innovation* (Cambridge, UK: Cambridge University Press, 2002), 8.
5. Roger Fisher, William L. Ury, and Bruce Patton, *Getting to Yes: Negotiating Agreement Without Giving In*, 2d ed. (New York: Penguin Books, 1991), 71-73 [『ハーバード流交渉術——必ず「望む結果」を引き出せる!』(三笠書房)].
6. Roy J. Lewicki, David M. Saunders, Bruce Barry, and John W. Minton, *Essentials of Negotiation*, 3d ed. (New York: McGraw-Hill, 1999).
7. D. Nir, J. Goldenberg, and E. Maoz, "Creativity in Negotiation Through the Prism of Creative Templates," in *Creativity and Innovation in Organizational Teams*, ed. Leigh L. Thompson and Hoon-Seok Choi (Mahwah, NJ: Lawrence Erlbaum Associates, 2005), 54-56.
8. Max H. Bazerman and Margaret A. Neale, *Negotiating Rationally* (New York: Free Press, 1992), 17 [『マネジャーのための交渉の認知心理学——戦略的思考の処方箋』(白桃書房)].
9. アムノン・レーヴァヴに対する著者たちのインタビュー(2012年1月16日)。

第8章　人類の思考パターンを活用して変革を起こせ

1. Roger Smith, "Innovation for Innovators," *Research Technology Management* 51, no.6 (November-December 2008).

著者

ドリュー・ボイド　Drew Boyd

ジョンソン＆ジョンソンで 17 年間イノベーションの現場を指揮。ジェイコブと出会ってインサイドボックス思考法を練り上げ、手術麻酔装置の改善に大成功したのを皮切りに、GE をはじめとするメーカーから銀行まで、多種多様な企業を指導する。講演会、セミナーなどで世界中を飛び回り、現在はシンシナティ大学の講師も務める。

ジェイコブ・ゴールデンバーグ　Jacob Goldenberg

エルサレム・ヘブライ大学を経て、IDC ヘルズリヤ大学教授、コロンビア大学ビジネススクール客員教授。マーケティング学を専攻し、理論面でインサイドボックス思考法を構築。『ジャーナル・オブ・マーケティング・リサーチ』誌、『マーケティング・サイエンス』誌などに数多くの論文を寄稿し、『ウォールストリート・ジャーナル』紙や『ニューヨーク・タイムズ』紙などの一般紙にも寄稿する。『ウォールストリート・ジャーナル』紙で世界を変える 10 人に選ばれるなど、注目を集める気鋭の学者。

訳者

池村千秋　Chiaki Ikemura

翻訳者。訳書に『パンダが来た道』（白水社）、『ワーク・シフト』（プレジデント社）、『ヒトはなぜ先延ばしをしてしまうのか』（阪急コミュニケーションズ）、『マネジャーの実像』（日経 BP 社）などがある。

図４－２：©iStock.com
図６－３：Courtesy of Aude Oliva, Massachusetts Institute of Technology
図６－４：Digital Image©Museum of Modern Art/Licensed by SCALA/Art Resource, New York

インサイドボックス　究極《きゅうきょく》の創造的思考法《そうぞうてきしこうほう》

2014年5月15日　　　第1刷

著　者　ドリュー・ボイド　ジェイコブ・ゴールデンバーグ
訳　者　池村《いけむら》千秋《ちあき》
発行者　飯窪成幸
発行所　株式会社　文藝春秋
〒102-8008　東京都千代田区紀尾井町3-23
電話　03-3265-1211（代）
印刷所　大日本印刷
製本所　大口製本

定価はカバーに表示してあります。
万一、落丁・乱丁の場合は送料小社負担でお取り替えします。
小社製作部宛にお送りください。

ISBN 978-4-16-390064-3　　　Printed in Japan